供应链网络运行与控制

赵 钢 杨 冰 杨英宝 著

科学出版社

北 京

内 容 简 介

本书在介绍供应链系统特性、供应链系统优化设计理论以及总结国内外学者近年来在供应链系统复杂性研究、网络化复杂系统研究的基础上，从复杂系统理论的角度出发，系统阐述和研究复杂供应链网络拓扑结构特征、复杂供应链网络中的主要集群动力学行为以及复杂供应链网络系统的可控性。构建复杂供应链网络拓扑模型、复杂供应链网络风险扩散集群动力学模型、复杂供应链网络集群耦合动力学模型并进行模拟与实证研究，揭示复杂供应链网络的主要拓扑特征、复杂供应链网络中的主要集群动力学行为特征与规律，系统研究复杂供应链网络的结构可控性与状态可控性。本书从一个新的视角研究供应链系统的复杂性，有关研究内容可为供应链系统设计与管理人员提供理论与决策参考。

本书可供高等院校和研究单位的供应链管理、物流工程与管理专业的科研工作者、研究生以及高年级本科生阅读，也可供企业从事供应链与物流管理的专业人员参考。

图书在版编目(CIP)数据

供应链网络运行与控制/赵钢，杨冰，杨英宝著. —北京：科学出版社，2017.8

ISBN 978-7-03-054043-0

Ⅰ. ①供…　Ⅱ. ①赵…　②杨…　③杨…　Ⅲ. ①供应链管理
Ⅳ. ①F252.1

中国版本图书馆 CIP 数据核字(2017)第 182776 号

责任编辑：余　江　张丽花/责任校对：郭瑞芝
责任印制：吴兆东/封面设计：迷底书装

科学出版社 出版
北京东黄城根北街16号
邮政编码：100717
http://www.sciencep.com

北京虎彩文化传播有限公司 印刷
科学出版社发行　各地新华书店经销

*

2017 年 8 月第 一 版　开本：720×1000　B5
2019 年 2 月第二次印刷　印张：12 1/4
字数：247 000

定价：72.00 元

(如有印装质量问题，我社负责调换)

前　　言

产业结构和流通模式的变革驱动着供应链网络结构特征和运行管理的变化，供应链网络的演进也在影响着产业结构和流通模式的变化。在科学技术发展和新理念的驱动下，供应链网络的演化已经在持续改变着经济全球化新阶段的内容与特征。供应链网络在全球化经济调整、国家和地区的产业结构调整以及经济社会发展中的作用越来越重要。

许多供应链往往不是孤立存在的，而是相关供应链结成一个庞大而复杂的供应链网络。供应链网络中多条供应链的成员企业相互影响，一条供应链上的成员企业及其关系很可能受到另外一条供应链成员企业及其关系的影响，每个企业或其他市场主体无一例外都处在不同的供应链网络之中。多条相关的供应链组成复杂供应链网络，复杂供应链网络是在一条或多条价值链上形成的具有战略伙伴关系的市场主体及它们之间的供需关系构成的网络系统。复杂供应链网络中的每个成员节点企业可看作供应链网络中的一个实体节点，这些节点之间由于存在直接的业务关系而相互作用，同时这些节点受到其他供应链实体节点和经济大环境的影响。复杂供应链网络是一个复杂适应系统，具有涌现、自组织、动态、非线性和演化等特征。在复杂供应链网络中，任何一个环节上的细微变化都可能给整个供应链网络系统带来巨大变化。复杂供应链网络中局部的微观特征的累积或变化可能会给供应链网络全局带来完全不同于局部的特征涌现。作为一种复杂的网链结构，复杂供应链网络的动力学行为特征直接影响着供应链网络的运行管理，复杂供应链网络的拓扑结构深刻影响着它的动力学特性。

本书旨在深入探究复杂供应链网络的拓扑特征、集群动力学行为以及供应链网络系统的可控性，研究复杂供应链网络的静态性质与动态特征关系，考察复杂供应链网络在拓扑结构上的本质特征以及不同形成过程如何影响到供应链网络的动态过程；在分析复杂供应链网络拓扑结构特征的基础上，建立复杂供应链网络的主要集群动力学模型并进行模拟与实证研究，揭示复杂供应链网络的风险扩散行为与集群协作同步行为的特征规律；然后探究复杂供应链网络控制系统的状态可控性和结构可控性，并研究实现复杂供应链网络全局可控的方法。作者试图探究供应链网络系统管理的新技术、新理论，拓展供应链系统管理理论研究的内容与方法，为供应链网络系统运行管理的策略制定提供一定的科学依据。

本书分 8 章，第 1 章讲述供应链系统特征、供应链类型以及供应链与生产管理模式的发展历程。第 2 章介绍供应链管理的主要内容、供应链的集成管理。第 3 章论述供应链系统设计与优化，主要阐述供应链系统设计的主要内容与原则、供应链系统中的组织设计、供应链产品流设计、信息流和资金流设计、基于产品的供应链设计以及供应链的推拉设计。第 4 章分析供应链网络复杂性研究的进展，从 5 个方面总结论述供应链网络复杂性的研究发展历程。第 5 章论述复杂供应链网络拓扑结构特征，分析复杂供应链网络的拓扑结构特性，研究其主要拓扑特征参数。以农产品复杂供应链网络为实证研究对象，考察农产品复杂供应链网络的主要拓扑特征和拓扑参量。第 6 章探讨复杂供应链网络风险扩散集群动力学行为。在定义并分析复杂供应链网络运行阈值、自由度与弛豫过程以及分析供应链网络风险来源、风险管理基本目标和基本步骤的基础上，结合复杂供应链网络结构域组分特征，建立复杂供应链网络风险扩散集群动力学模型，研究复杂供应链网络的风险扩散机制。考察复杂供应链网络在不同拓扑演进阶段的风险扩散动力学行为变化，探究供应链网络拓扑演进对风险扩散的影响，在实际农产品复杂供应链网络中进行模型的应用分析。第 7 章讨论复杂供应链网络运行中的集群协作同步动力学行为。建立复杂供应链网络集群协作同步动力学模型，探究复杂供应链网络成员协作同步运行区域，分析复杂供应链网络协作同步稳定性，探讨供应链网络协同运行中的协作同步动态过程特征，并对复杂供应链网络协作同步动力学模型进行仿真模拟。分析复杂供应链网络协作同步运行能力，考察复杂供应链网络拓扑变动下协作同步运行能力的变化，讨论复杂供应链网络的部分拓扑参数对协作同步运行能力的影响。第 8 章探讨复杂供应链网络控制系统的可控性。在分析复杂供应链网络系统基本调控模式及其技术性能的基础上，考察复杂供应链网络的控制系统宏观结构，探究复杂供应链网络控制系统状态可控性、结构可控性及其相应判据。考察复杂供应链网络控制系统的控制输入在不同受控点介入时的控制效果，探究复杂供应链网络控制系统的状态可控和结构可控的控制输入数下限值的确定方法及其最优控制方案。

本书主要内容取自作者及所在研究团队近年来的研究成果，部分内容借鉴了当前较为成熟的研究成果。在撰写本书时，作者查阅了大量的国内外相关文献，力求做到内容新颖，取材丰富。本书作者赵钢在南京航空航天大学获得工学博士学位并进行博士后研究，主要从事供应链与物流系统管理、交通系统规划领域的研究与教学工作；杨冰系南京航空航天大学博士研究生，在澳大利亚悉尼大学获得国际商务硕士学位，在澳大利亚悉尼科技大学获得信息技术硕士学位，主要从事航空物流、航线网络规划、国际商务、交通运输系统领域的科研与管理工作；杨英宝在中国人民大学获得经济学博士学位，是南京航空航天大学特聘教授、博士生导师，长期从事民航安全与经济管理研究，主要研究领域为交通系统规划、供应链技术与系统管理。

本书科研工作及出版得到教育部人文社会科学研究青年基金（编号：15YJC630185）和中国博士后科学基金（编号：2016M591845）的资助，在此表示衷心感谢。

由于作者学识有限，加之时间仓促，书中难免存在一些不足之处，敬请读者不吝指正。

作　者

2017 年 5 月

目　　录

第1章 供应链的系统性

1.1 供应链系统性的内涵

在自然界和人类社会中，事物往往是以系统的形式存在的，大到宇宙、地球、生态系统、经济系统、社会系统，小到细胞、原子、微生物环境等。我们日常生活中所见到的事物、科学研究的对象都可以看成一个系统。人们在认识和改造客观世界的过程中，用综合分析的思维方法看待事物，根据事物内在的、本质的、必然的联系，从全局的角度进行分析与研究，这就是用系统的观点来看待事物。系统观是指以系统的观点看事物，它揭示了自然界物质和社会系统的整体性、关联性、层次性、开放性、动态性和自组织性。

系统的思想来源于人类长期的社会实践。人类很早就有了系统思想的萌芽，主要表现在对整体、组织、结构、等级、层次等概念的认识。人们不仅用自发的系统观点考察自然现象，还基于这些概念去改造自然。人类从有生产以来，无时不在依据自己的生存需要而建立一些人为系统，以增强人与自然相适应的程度。人们从统一的物质本源出发，把自然界当作一个统一体，在社会实践中已经很自然地使用系统的思想改造自然、促进社会发展了。

长期以来，系统概念的定义及其特征的描述并无统一规范的定论。如果我们用一种笼统的、思辨的语言来表述系统的概念，则系统就是把考察的事物或对象看成由相互联系、相互依赖、相互制约、相互作用的事物与过程而形成的整体；系统各组成部分的运动规律是由各部分建立的整体的特性所决定的，整体性质又是各组成部分相互关系总和的统一性结果。人们一般采用我国著名科学家、系统工程倡导者钱学森提出的定义：系统是由相互联系、相互制约的若干组成部分结合而成、具有特定功能的有机整体。

从供应链管理产生以来，许多学者从不同角度对供应链给出了不同的定义。虽然各自的表述不完全一致，但它们的共同之处是认为供应链首先是一种系统。人类生产和生活所需的物品都要经历从最初的原材料生产、零部件等中间产品、产品装配或化合、分销、零售到最终消费的过程。这里既有物质材料的生产和消费，也有非物质形态产品的生产和消费。各个生产、流通、交易、消费环节形成了完整的供应链系统。

早期的观点认为，供应链是制造企业中的一种内部过程，是指把从企业外部采购的原材料和零部件，通过生产转换和销售活动，再传递到零售商和用户的整个过程。早期的供应链管理关注企业自身的资源利用和优化，局限于企业内部操作层面，供应链仅仅被视为企业内部的一种物流过程，它所涉及的主要是物料采购、库存、生产和分销诸部门的职能协调问题，最终目的是优化企业内部的业务流程，降低物流成本，从而提高经营效率。

进入 20 世纪 90 年代以后，随着供应链管理的发展，人们更加关注企业供应链管理与其他企业的联系，注重供应链中各企业的外部环境，认为它是一种"通过链中不同企业的制造、组装、分销、零售等过程将原材料转换成产品，再到最终用户的转换过程"，这是更大范围、更大系统的概念。供应链不再只是一种生产链，而是一种涵盖了整个产品运动过程的增值链。例如，美国的 Stevens 认为，通过增值过程和分销渠道控制，从供应商的供应商到用户的流就是供应链。它开始于供应的源点，结束于消费的终点。Evens 认为，供应链管理是通过前馈的信息流和反馈的物料流及信息流，将供应商、制造商、分销商、零售商，直至最终用户连成一个整体的管理模式。这些概念都开始关注供应链的整体性和供应链成员运营的协调一致性[1]。Handfield 和 Nichols 将供应链管理描述为，整合与协调沿着供应链运动的物流、信息流以及资金流的整体化管理方法。

随着信息技术和社会经济的发展，今天的企业间关系正在呈现日益明显的网络化趋势。供应链管理理念不断发展，人们对供应链概念的认识也正在从线性的单链转向非线性的网链，更加关注围绕供应链核心企业的战略联盟关系，如供应链核心企业与一级供应商、二级供应商乃至一切前向的关系，核心企业与一级分销商、二级分销商等直到最终用户的一切后向的关系。供应链的概念已经不同于传统的销售链，它跨越了企业界限，从扩展企业的新思维出发，从全局和整体的角度考虑产品经营的竞争力，使供应链从一种运作工具上升为一种管理方法体系，一种运营管理思维和模式。例如，苹果、三星、联想、麦当劳、丰田等公司的供应链管理都从网链的角度来理解与实施。Harrison 认为，供应链是执行采购原材料，将它们转换为中间产品和成品，并且将成品销售到用户的功能网链。我国国家标准《物流术语》将供应链定义为生产与流通过程中所涉及将产品或服务提供给最终用户的上游与下游企业所形成的网链结构。

供应链是由一系列有供需关系的企业组成的网链，供应链中的企业之间相互作用、相互影响、相互制约。供应链的组成、结构及运行具有一定的规律。供应链是一个系统，是由相互作用、相互依赖的若干组成部分结合而成的具有特定功能的有机整体。供应链系统是指为末端用户提供商品、服务或信息，从最初的材料供应商一直到最终用户的整条链上的企业的关键业务流程和关系的一种集成。供应链的系统性主要体现在以下几点。

1. 供应链的层次性

供应链成员企业、运作单元、业务流程、供应链系统、整个运作环境构成了供应链不同层次上的主体，每个主体具有自己的目标、经营策略、内部结构和生存动力。供应链中的各成员企业都分别是一个系统，同时是供应链系统的组成部分；供应链是一个系统，同时是它所从属的更大系统的组成部分。供应链系统的层次结构和协调运营是供应链系统结构性的反映。供应商与核心企业、核心企业与分销商、供应商与供应商、分销商与分销商之间组成层层分布的网络结构。从系统层次性的角度来理解，相对于传统的基于单个企业的管理模式而言，供应链管理是一种针对更大系统的管理模式。

2. 供应链成员间的密切相关性

供应链中的成员企业、运作单元与组织元的特性和行为会相互制约、相互依赖、相互影响。供应链中成员之间具有竞争、合作、动态等多种性质的供需关系。这种关系基于共同利益的合作伙伴关系，以实现供应链系统为目的，受益的不只是一家企业，而是一个企业群体。供应链管理改变了企业的竞争方式，强调核心企业通过与供应链中的上下游企业之间建立战略合作伙伴关系，使每个企业都发挥各自的优势，在价值增值链上达到多赢互惠的效果。因此，各成员企业均应具有局部利益服从整体利益的系统观念。

3. 供应链的整体功能性

供应链系统的整体功能取决于其各成员企业或部门的协调关系。整体功能是组成供应链的任一成员企业都不具有的特定功能，是供应链合作伙伴间的功能集成，而不是简单叠加。要打造以全程供应链为核心的市场能力，必须从最末端的供应控制开始，到最前端的消费者，在整个全程供应链上不断优化、不断建设，然后集成外部资源。供应链系统的整体功能集中表现在供应链的综合竞争能力上，这种综合竞争能力是任何一个单独的供应链成员企业都不具有的。

4. 供应链系统的目的性

在供应链里流动的有产品流、信息流、资金流，如何有效地降低库存，加速物流及相关流的周转，提高企业生产及商品流通的效率，迅速对市场机遇作出反应是供应链系统需要解决的问题。供应链系统有明确的目的，这就是在复杂多变的竞争环境下，以最低的成本、最快的速度、最好的质量为用户提供最满意的产品和服务，通过不断提高用户的满意度来赢得市场，这一目的也是供应链各成员企业的共同目的。

5. 供应链系统的环境适应性

供应链系统与其外界市场环境进行产品、资金、信息等交换，外界市场环境的变化必然会对供应链系统内部成员企业、组织元及它们之间的关系产生深刻影响。供应链系统要保持其功能性，维持其正常运行就必须具有对外部环境的适应能力。在经济全球化迅速发展的今天，企业面对的是一个迅速变化的买方市场，用户在时间方面的要求越来越高，用户不但要求企业按时交货，而且要求的交货期越来越短，这就要求企业能对不断变化的市场作出快速反应，不断地开发出定制的个性化产品去占领市场以赢得竞争。供应链需要具有灵活快速响应市场的能力，通过各节点企业业务流程的快速组合加快对用户需求变化的反应速度，以期不断地适应市场环境。

1.2 供应链系统的特征与类型

1.2.1 供应链系统的特征

在供应链中，商品流经一系列企业组织节点，每一个企业组织节点都在商品上增加价值。从一个企业组织的视角来看，在这个企业组织之前的行为称为上游，之后的行为称为下游。从结构上看，供应链是由有上下游供销关系的企业组成的，一般有一个核心企业。供应链系统的结构可以表示为图 1.1 的形状。核心企业在

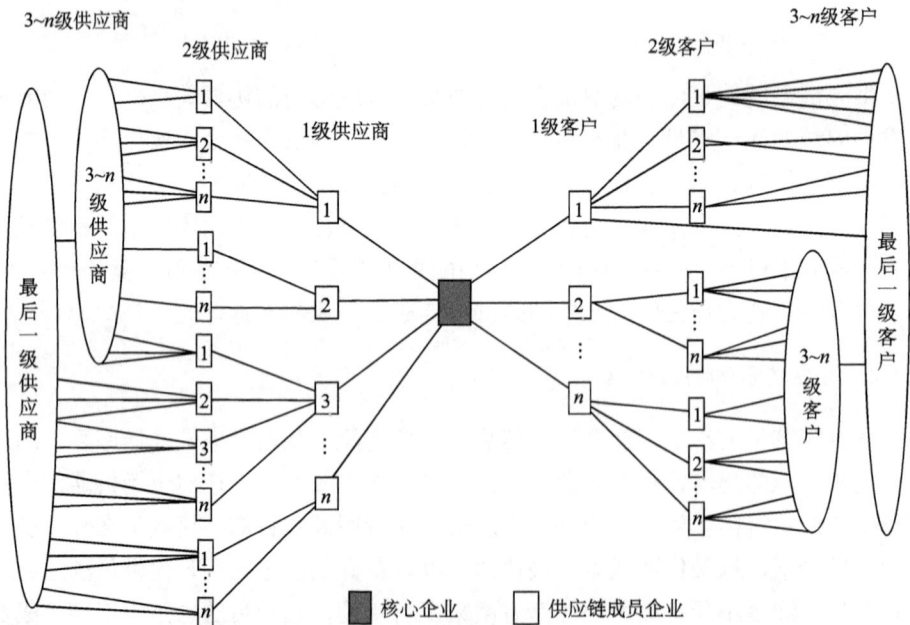

图 1.1　供应链系统结构

供应链中对供应链上的信息流、资金流和物流起调度和协调中心的作用。核心企业可以是制造企业，也可以是零售企业。其他非核心的成员企业在核心企业供需信息的驱动下，通过供应链的职能分工与合作，以资金流、物流、服务流为媒介实现产品的不断增值和整个供应链的有效运行。企业的供应商可以分为若干级，企业的直接供应链称为 1 级供应商，企业供应商的供应商称为该企业的二级供应商，直到第 n 级供应商。用户也可以分为若干级，企业的直接用户称为 1 级客户，企业用户的用户称为 2 级客户，一直到最后一级客户。

一般来说，供应链系统具有以下主要特征。

1. 动态性

供应链系统中的成员企业不是永久不变的。因企业适应市场需求变化和企业战略变动的需要，其供应链中的上下游企业需要动态更新，这就使得供应链系统具有明显的动态性。

2. 交叉性

一条供应链的成员企业也可能是另外一条供应链的成员企业，众多的供应链形成交叉结构，构成复杂的供应链网络，增加了协调运营的难度。

3. 复杂性

供应链一般由多个、多类型甚至多国的企业组成，所以供应链系统结构比一般单个企业的结构模式复杂得多。

4. 市场需求响应性

供应链的形成、存在、重构都是基于一定的市场需求而发生的。在供应链的运作过程中，用户的需求拉动是供应链中信息流、产品流、服务流、资金流运作的驱动源。

一条供应链就是一个较为复杂的系统，多条供应链组成的供应链网络更是十分复杂的大系统。供应链高效运作和成员企业的良好运营与供应链结构密切相关。企业必须认清不同情况下供应链系统的结构特征，这样才能有目的地选择适合所在供应链和适合本企业的运作模式。

1.2.2 供应链系统的类型

依据不同角度和不同的划分标准，可以将供应链分为以下几种类型。

1. 平衡供应链和倾斜供应链

根据供应链综合能力与用户需求的关系,供应链可以划分为平衡供应链和倾斜供应链。供应链的综合能力满足用户需求时,供应链处于平衡状态,这样的供应链称为平衡供应链,如图 1.2(a)所示。倾斜供应链是指供应链的综合能力不能满足用户需求或远远超过市场需求,如企业不在最佳的运营状态,整个供应链成本增加、库存增加、浪费增加等,供应链这样的状态称作供应链倾斜状态,处于倾斜状态的供应链称为倾斜供应链,如图 1.2(b)所示。

(a) 平衡供应链　　　　　　　　　　　　(b) 倾斜供应链

图 1.2　平衡供应链和倾斜供应链

一个供应链在一定时期具有相对稳定的综合能力(所有节点企业能力的综合,包括供应商、制造商、运输商、分销商、零售商等形成的设备容量和生产能力),但市场中用户的需求处于不断变化的过程中,当供应链的综合能力满足市场中用户的需求时,供应链处于平衡状态。当市场需求变化加剧,造成供应链成本增加、库存增加、浪费增加等现象时,企业不是在最佳状态下运作,供应链则处于倾斜状态。当供应链的能力远超用户需求时,供应链成员企业利润严重降低,企业运营受到影响,供应链的平衡状态被打破,趋于倾斜状态,供应链需要自发调节,寻求新的平衡。

平衡的供应链可以实现采购、生产、分销、资金运转等各主要功能之间的均衡,实现低成本采购、生产规模效益、低运输成本以及良好的资金运转。失衡的供应链通常会使采购、生产、分销、资金运转等主要功能及其绩效水平降低。

2. 稳定供应链和动态供应链

根据供应链动态变化的时间尺度可以将供应链划分为稳定供应链和动态供应链。供应链的稳定性只是相对的,在较长时间尺度内供应链相对稳定即称为稳定供应链。相反,供应链系统变动频繁,即称为动态供应链。一般情况下,基于相对稳定、单一的市场需求而组成的供应链稳定性较强,而基于相对频繁变动、复杂的需求而组成的供应链动态性较高。

3. 效率型供应链和响应型供应链

根据产品在市场上的表现特点或者根据产品的用户需求模式，可以将产品分为功能型产品和创新型产品。在供应链管理领域，功能型产品一般是指满足消费者基本需求，需求较稳定，市场需求可预测性较强，生命周期较长，边际收益较低的产品。创新型产品一般具有高边际利润、市场需求可预测性低、生命周期短、需求不稳定的特点。

由于功能型产品具有需求相对稳定、边际收益低、生命周期长等特点，经营功能型产品一般更注重降低运营成本(包括降低采购成本、仓储成本、运输成本、管理成本等)，注重提高运营效率。而基于创新型产品的高边际利润、市场需求可预测性低、生命周期短、需求不稳定、供求不平衡风险大等市场特点，经营创新型产品更注重快速响应，对市场需求的快速响应、快速创新响应、上下游企业之间的快速协调响应等。经营创新型产品更注重研究新产品在整个周期内的销售量或其他市场信号并快速作出反应；选择供应商要考虑的不是低成本，而是供货的速度和灵活性。

在实施供应链管理的时候，应该根据不同产品的特点选择或设计不同类型的供应链系统。根据支持创新型产品还是支持功能型产品，人们提出了响应型供应链和效率型供应链。响应型供应链主要体现供应链对市场需求的响应功能，即把产品分配到满足用户需求的市场，对未预知的需求作出快速反应等。效率型供应链主要体现供应链的物料转化功能，即以最低的成本将原材料转化成零部件、半成品、成品以及在供应链中运输配送等活动。

在判断企业的供应链流程设计是否与产品的市场特性一致时，一般情况下，效率型供应链流程适用于功能型产品，响应型供应链流程适用于创新型产品。两种类型的供应链比较如表 1.1 所示。

表 1.1   效率型供应链和响应型供应链比较

	效率型供应链	响应型供应链
主要目标	低成本满足有效需求，需求可预测	快速响应不可预测的用户需求
产品设计战略	以最低生产成本取得最大销售业绩	允许产品差异化；使用模块化设计，延迟产品差异化
生产战略	提高设备利用率，形成规模效益，降低成本	维持边际生产能力弹性，满足非预期需求
提前期	在不增加成本的前提下缩短提前期	采取主动措施缩短提前期，即便成本高昂
供应商选择	以成本和质量为核心	以速度、柔性、质量为核心
库存战略	追求高回报，使供应链中的库存最小	消除大量零部件和产品缓冲库存
定价战略	边际收益较低，价格是吸引用户的主要驱动因素	边际收益较高，价格不是吸引用户的主要驱动因素

4. 敏捷型供应链和风险规避型供应链

效率型供应链和响应型供应链的划分主要是从市场需求变化的角度出发的，其重点是处理市场需求不确定情况下的供应链运作问题。在供应链运作管理过程中，不仅要处理来自需求侧的不确定性问题，而且需考虑如何处理来自供给侧的不确定性问题。从供应这一端来看，也有两种情况，一种是稳定的，另一种是变化的。稳定的供应背后是成熟的制造流程和技术、完备的供应基地；而在变化的供应过程背后，制造流程与技术都处于早期开发阶段，处于迅速变化的时期，供应商可能在应对数量和需求变化的经验上都有限。在有些情况下，供给端的不确定性对全局供应链运作绩效影响会更大。

针对生产零部件和原料供应不稳定的功能型产品的供应链称作风险规避型供应链。风险规避型供应链通过弹性设计或者共同经营、能力共享、共享资源来减小因供应变化不定而带来的风险。针对生产零部件和原料供应不稳定的创新型产品的供应链称为敏捷型供应链。敏捷型供应链结合了响应型供应链和风险规避型供应链的优点。敏捷型供应链可以针对用户需求作出迅速灵活的反应，同时通过共享资源规避风险。

综上所述，从供给端不确定性和需求端不确定性对供应链运行产生影响的角度，可以将供应链类型进一步细分为效率型供应链、响应型供应链、风险规避型供应链、敏捷型供应链。效率型供应链针对具备稳定的零部件及生产资源供应的功能型产品，风险规避型供应链针对供应变化不定的功能型产品，响应型供应链适合具备稳定供应的创新型产品，敏捷型供应链针对供应不稳定的创新型产品。

5. 推动式供应链和拉动式供应链

以供给推动方式运作的供应链称作推动式供应链，以需求拉动方式运作的供应链称作拉动式供应链。供应链推动式运作是以制造商为核心，产品生产建立在需求预测的基础上，根据产品的生产和库存情况，有计划地把商品推销给用户，其驱动力源于供应链上游制造商的生产。拉动式供应链通常在用户订货前进行生产，产品生产出来后从分销商逐级推向最终用户。拉动式供应链是根据市场需求而不是预测需求进行生产组织与协调的。拉动式供应链的驱动力产生于最终的用户，生产是受需求驱动的。在拉动式供应链中，需求不确定性很高，周期较短，整个供应链要求集成度较高，信息交换迅速。在推动式供应链中，运营决策都是根据长期预测的结果作出的。制造商利用从零售商处获得的订单进行需求预测。推动式供应链可以缩短交货周期，提高供应链下游对市场的响应速度，也可以充分利用生产企业产能，实现规模效益，降低产品生产成本，一定程度上有利于合理制订生产运营计划。

推动式供应链与拉动式供应链各有优劣。拉动式供应链运作可以较为有效地消除市场需求波动带来的风险；推动式运作可以缩短交货周期，提高供应链下游对市场的响应速度，也可以充分利用生产企业产能实现规模效益。推动式供应链的运作风险主要存在于需求波动上，拉动式供应链的运作劣势主要存在于供应风险和规模效益的发挥上。供应链绝大多数都是推拉动结合运作的，很少有供应链从头到尾全部采用拉动式运作或推动式运作。供应链中推动式运作和拉动式运作的结合对于供应链运营有非常重要的影响。

1.3　供应链与生产管理模式的发展

1.3.1　供应链的产生和演化

供应链的产生和发展与生产管理模式的发展密切关联。所有新领域都是在已有领域的基础上发展起来的，现代供应链管理也不例外。现代供应链管理是在采购/供应管理、生产运营管理和物流管理等基础上逐步发展起来的，是对产品流、资金流和信息流的集成管理。在竖向集成盛行的年代，大公司倾向于将供应链的供应、生产、销售集中于公司内部。例如，20世纪早期的福特汽车公司，从钢铁到汽车零部件再到整车，都曾试图集中在自己公司内部。20世纪最后十几年，传统竖向集成逐渐解体，外包开始盛行。供应、生产、物流越来越依赖供应链成员合作。例如，零部件来自供应商，生产靠外包制造商，物流靠第三方物流企业。对这三部分的集成管理是供应链管理的重点。竞争不再局限于单个企业之间的竞争，而是转变成供应链与供应链之间的竞争。

在20世纪80年代以前，管理理论基本上基于亚当·斯密的分工理论不断发展，强调分工是传统管理模式的主要特征。20世纪80年代以后，随着以高科技为主导的时代的到来，经济增长的推动因素逐渐由劳动力、资本转化为科技知识。同时，世界经济一体化发展越来越快，由此导致人类社会实践的规模和范围越来越大，复杂性逐渐增加。现代企业的许多管理问题是跨企业、跨国界的，它打破了传统的分工界限，管理的指导思想从着重分工转为管理集成。这种管理哲学的变革对供应链及其管理思想的产生起到了积极的促进作用。由于全球化市场竞争越来越激烈，企业面临着急剧变化的市场需求及缩短交货期、提高质量、降低成本和改进服务的压力。原来各个分散的企业逐渐意识到，要在竞争激烈的市场中生存下来，必须与其他企业通过核心能力实现优势互补，建立一种合作联盟的关系，并且在一种跨企业的集成管理模式下，使各个企业能够统一协调起来，从而更好地适应环境变化，供应链及其管理思想就是在这样的背景下产生的。最后，核心能力概念的提出补充和完善了供应链及其管理思想。并不是任何一些企业组合起来形成的供应链都具有竞争优势，只有那些拥有核心能力的企业集成起来的供应链才拥有强大的竞争优势。

以上是从宏观层面分析，在微观层面，企业供需关系网络是供应链的雏形。企业的供需关系不仅是为了满足各企业产品的生产而发生的企业与供应商之间的供需关系，而且是为了满足企业的销售目标而发生的企业与用户之间的供需关系。这里的供需关系不仅仅是指实体产品的供给与需求关系，还包括服务的供给与需求关系、企业间或企业内部产品的研发和生产之间的供需关系，以及为了满足企业的正常运作而发生的企业与银行等金融机构之间就资金借贷而发生的供需关系等。在以目标企业为中心的供需网络中发生着物质、信息、资金的流动，从而形成供应链的雏形。目标企业通过物流、信息流和资金流在关系网络中的合理流动来维护和巩固与供应商和用户的关系。

产品链的静态层面演化基于核心能力的企业链形式，这种企业链结构通过增强企业的核心能力，通过企业与企业之间的有效集成，就演化成为供应链结构。企业链是产品链中具有供需关系的企业间的一种有效连接，以此来实现要素产品从供应商向制造商，再从制造商向用户的转移。企业链把企业供需网络中松散的、非合作关系的各企业进行有效连接，这种有效的连接进一步演化就是有效的集成，通过有效的集成产生功能倍增或功能涌现的集成体，即供应链结构的形成。研究从产品链的静态层面向供应链演化的目的是便于对供应链的拓扑结构进行研究。

物流、信息流和资金流是企业链中供需关系的具体表现，三流相互依存。下面从产品链的动态层面对供应链进行描述，主要从物流层面进行分析。对于一个具体的企业，物流包括原材料、在制品和制成品在企业内部流动，以及制成品从企业流向用户的全过程，而对于一个具体的企业供需网络而言，物流是在这样一个链状结构的基础上从一个节点向另外一个节点流动的过程。物流是企业链中各企业供需关系的实体表现，因而先有企业供需网络结构，再有物质实体在企业链中各节点间流动，物流以产品链为基础从动态的层面向供应链演化。由供需关系连接而成的企业供需网络作为供应链的雏形，其物流在各节点企业间通过各企业的独立运作进行连接，上下游企业之间对物流及商流的运作都是建立在各自利益最大化基础上的，因而是一种松散的企业网络结构，只是供应链的雏形。图 1.3 所示为供应链组织产生的宏观进程。

在企业管理中，物流被认为是继降低人工和材料成本、扩大销售之后的第三利润源。随着市场竞争的不断加剧，企业获取第一、第二利润源的难度加大，作为企业第三利润源的物流引起了企业界和理论界的重视。为了获取最大的第三利润源，企业对供需网络中的物流活动进行了改进，将各企业独立运作物流转变为企业链中各企业合作与协同基础上的集成式一体化物流，企业供需网络中各企业

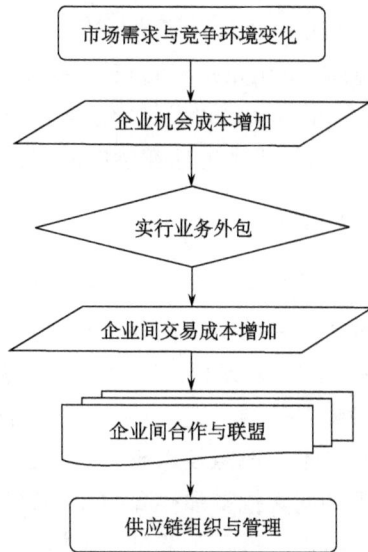

图 1.3　供应链组织的产生

由松散的非合作关系转换为紧密的合作关系，企业供需网络通过物流集成转换为供应链。分析从物流、信息流和资金流等层面向供应链演化的目的是便于从动态、关联的角度对供应链运作进行研究。

供应链的发展过程是一个不断集成的过程。集成过程可归纳为 4 个阶段：初始阶段、功能集成阶段、内部集成阶段和外部集成阶段。集成供应链是供应链发展到第四个阶段的产物。

1.3.2　生产管理模式的发展

科学技术的飞速进步与生产力的快速发展推动着经济社会各方面的变革。供应链管理领域中的生产技术与模式、采购技术与模式、销售技术与模式以及消费理念与模式都在发生着深刻变革。从生产领域到服务领域的技术和经营管理模式的变革推动着供应链结构与供应链管理的不断演进。

外部环境的变化对管理模式产生深刻影响，人们从技术和组织管理的角度采取了许多方法和措施，提出了许多适应竞争环境变化的有效方法。从 20 世纪末到 21 世纪初，企业为了增加效益，采取了许多当时看来比较新的制造技术和管理模式，如柔性制造系统(Flexible Manufacturing System，FMS)、准时制生产(Just in Time，JIT)、制造资源计划(Manufacturing Resource Planning，MRPⅡ)、企业资源计划(Enterprise Resource Planning，ERP)、计算机集成制造系统(Computer Integrated Manufacturing Systems，CIMS)等。在计算机集成制造系统中，产品生命周期中的各项作业都已有了其相应的计算机辅助系统，如计算机辅助设计

(Computer Aided Design，CAD)、计算机辅助制造(Computer Aided Manufacture，CAM)、计算机辅助工艺规划(Computer Aided Process Planning，CAPP)、计算机辅助测试(Computer Aided Test，CAT)以及计算机辅助质量控制(Computer Aided Quality，CAQ)等。目前，这些技术和方法在供应链领域仍然产生着重要的影响。

1. 成组技术(Group Technology，GT)

成组技术也称群组技术，其概念发端于 20 世纪 50 年代的苏联和欧洲一些国家，由米特罗凡诺夫首先提出，目的是解决零件品种多、批量小带来的问题。后来，经过德国、美国和日本等国的研究和推广应用，又与数控技术、计算机技术、产品设计、生产管理、资源配置等结合起来，将成组的概念扩展到生产运营管理的整个系统，发展成为成组技术。成组技术研究的问题是如何改善多品种、小批量生产的组织管理，以获得如同大批量那样高的经济效益。成组技术的基本原则是根据零件的结构、形状、特点，以及工艺过程和加工方法的相似性，打破多品种界限，对所有产品零件进行系统的分组，将类似的零件合并、汇集成一组，再针对不同零件的特点组织相应的机床形成不同的加工单元，对其进行加工，经过这样的重新组合可以使不同零件在同一机床上用同一组加工工具，稍加调整就能加工，从而变小批量生产为大批量生产，提高生产效率。

成组技术的核心是成组工艺，它是把结构、材料、工艺相近似的零件组成一个零件族(组)，按零件族制定工艺进行加工，从而扩大了批量，减少了品种，便于采用高效方法，提高了劳动生产率。零件的相似性是广义的，在几何形状、尺寸、功能要素、精度、材料等方面的相似性为基本相似性，以基本相似性为基础，在制造和装配等生产、经营、管理等方面导出的相似性称为二次相似性或派生相似性。20 世纪 70 年代柔性制造系统出现并成为解决中小批量生产新途径后，成组生产组织的思想被融入到柔性生产系统中，有效地提高了生产柔性效率，很好地解决了多品种小批量生产的问题。

2. 准时制生产

准时制生产又称实时生产系统，是指将必要的零件以必要的数量在必要的时间送到生产线，并且只将所需要的零件、只以所需要的数量、只在正好需要的时间送到生产线。准时制生产是由日本丰田汽车公司于 20 世纪 60 年代创立的一种独特的生产方式，由日本丰田公司副总裁大野耐一提出，后来这种生产方式的独特性和有效性被越来越广泛地认识、研究和应用。

在 20 世纪后半叶，整个汽车市场进入了一个市场需求多样化的新阶段，并且对质量的要求也越来越高，随之给制造业提出的新课题就是如何有效地组织多品种小批量生产，否则生产过剩引起的设备、人员、库存费用等一系列的浪费会影响到企业的竞争能力以至于生存。丰田公司意识到，美国式的"单一品种大批量"生产方式不能够适应市场的这种变化，多品种小批量、高质量、低成本的混合生产才是提高产品市场竞争力的方向。大野耐一综合了单件生产和批量生产的特点，创造了一种在多品种小批量混合生产条件下高质量、低消耗的生产方式，即准时制生产。准时制生产方式是通过生产的计划和控制及库存的管理，追求一种无库存，或库存达到最小的生产系统。准时制生产强调消除生产中的一切浪费，包括过量生产、部件与操作者的移动和等待时间、劣质品的制造、物料储存等。准时制生产是在正确的时间、正确的地点做正确的事情，以期达到零库存、无缺陷、低成本的理想生产模式。它的理想目标是 6 个"零"和 1 个"一"，即零缺陷、零储备、零库存、零搬运、零故障停机、零提前期和批量为一。

准时制生产方式的核心是追求一种无库存的生产系统，或使库存达到最小的生产系统，其实质是保持物质流和信息流在生产中的同步，实现以恰当数量的物料，在恰当的时候进入恰当的地方，生产出恰当质量的产品。这种方法可以减少库存，缩短工时，降低成本，提高生产效率。

3. 柔性制造系统

柔性制造系统是由统一的信息控制系统、物料储运系统和一组数字控制加工设备组成，能适应加工对象变换的自动化机械制造系统。1967 年，英国莫林斯公司首次根据威廉森提出的 FMS 基本概念研制了 6 台模块化结构的多工序数控机床系统，在无人看管条件下可实现昼夜 24 小时连续加工，但最终由于经济和技术上的困难而未能全部建成。同一年，美国的怀特·森斯特兰公司建成 Omniline Ⅰ系统，它由 8 台加工中心和两台多轴钻床组成，工件被装在托盘上的夹具中，按固定顺序以一定节拍在各机床间传送和进行加工。这种柔性自动化设备适于在少品种、大批量生产中使用，在形式上与传统的自动生产线相似，所以也叫柔性自动生产线。

日本、苏联、德国等也都先后开展了 FMS 的研制工作。1976 年，日本 Fanuc 公司展出了由加工中心和工业机器人组成的柔性制造单元，为发展 FMS 提供了重要的设备形式。Fanuc 公司的柔性制造单元由 12 台数控机床与物料传送装置组成，有独立的工件储存站和单元控制系统，能在机床上自动装卸工件，甚至自动检测工件，可实现有限工序的连续生产，适于多品种小批量生产应用。

进入 20 世纪 80 年代，FMS 在技术上和数量上都有了较大发展。在实际应用中，以由 3~5 台设备组成的 FMS 为最多，但也有规模庞大的系统投入使用。1982 年，日本 Fanuc 公司建成自动化电机加工车间，由 60 个柔性制造单元和一个立体仓库组成，另有两台自动引导台车传送毛坯和工件，此外还有一个无人化电机装配车间，它们都能连续 24 小时运转。这种自动化无人车间是向实现计算机集成的自动化工厂迈出的重要一步。与此同时，还出现了若干仅具有 FMS 基本特征，但自动化程度不很完善的经济型 FMS，使 FMS 的设计思想和技术成就得到普及应用。

柔性制造系统的发展趋势大致有两个方面。一方面是与计算机辅助设计及辅助制造系统相结合，利用原有产品系列的典型工艺资料，组合设计不同模块，构成各种不同形式的具有物料流和信息流的模块化柔性系统。另一方面是实现从产品决策、产品设计、生产到销售的整个生产过程自动化，特别是管理层次自动化的计算机集成制造系统。在这类大系统中，柔性制造系统只是它的一个组成部分。

4. 精益生产 (Lean Production, LP)

20 世纪 70 年代后，一些制造企业对丰田生产方式进行研究与应用。20 世纪 80 年代后，麻省理工学院学者以及其他学者对丰田生产方式在全球范围内的应用进行了研究，并发展了该生产管理理论。丰田生产方式的应用、研究和发展促进了精益生产理论以及精益生产管理体系的产生。

1985 年美国麻省理工学院开始进行国际汽车计划 (International Motor Vehicle Program, IMVP) 研究项目。在丹尼尔·鲁斯 (Daniel Roos) 教授的领导下，组织了 53 名专家、学者，从 1984 年到 1989 年，用了 5 年时间对 14 个国家的近 90 个汽车装配厂进行实地考察，查阅了几百份公开的简报和资料，并对西方的大量生产方式与日本的丰田生产方式进行对比分析，最后于 1990 年写出了《改变世界的机器》一书，第一次把丰田生产方式定名为 Lean Production，即精益生产方式。精益生产方式的提出把丰田生产方式从生产制造领域扩展到产品开发、协作配套、销售服务、财务管理等各个领域，贯穿于企业生产经营活动的全过程，使其内涵更加全面，更加丰富，对指导生产方式的变革更具有针对性和可操作性。在 1996 年，丹尼尔·鲁斯的团队又经过 4 年的国际汽车计划 (IMVP) 第二阶段研究，出版了《精益思想》一书。《精益思想》弥补了前一研究成果没有对怎样才能学习精益生产的方法提供多少指导的缺陷，描述了学习丰田方法必须遵循的关键原则，通过例子讲述了各行各业均可遵从的行动步骤，进一步完善了精益生产的理论体系。在此阶段，美国企业界和学术界对精益生产方式进行了广泛的学习和研究，提出了很多观点，对原有的丰田生产方式进行了大量的补充，主要是增加了很多关于 IE 技术、信息技术、文化差异等的内容，对精益生产理论进行完善，以使精益生产理论更具实用性。

精益生产理论和方法是随着环境的变化而不断发展的，特别是在 20 世纪末，随着研究的深入和理论的广泛传播，各种新理论、新方法层出不穷，如大规模定制 (Mass Customization) 与精益生产的结合、单元生产 (Cell Production)、JIT2、5S 的新发展、全面生产维护 (Total Productive Maintenance, TPM) 的新发展等。很多美国大企业将精益生产方式与本公司的实际情况相结合，创造出了适合本企业需要的管理体系。例如，1999 年美国联合技术公司(UTC)的获取竞争性优势(Achieving Competitive Excellence，ACE)管理、精益六西格玛管理、波音公司的群策群力，以及通用汽车 1998 年提出的竞争制造系统(GM Competitive MFG System)等。这些管理体系的实质是应用精益生产的思想，将其方法具体化，以指导公司内部各个工厂、子公司顺利地推行精益生产方式。将每一工序的实施过程分解为一系列图表，员工只需要按照图表的要求一步步实施即可，并且每一工序对应有一套标准以评价实施情况，也可用于母公司对子公司的评估。在此阶段，精益思想跨出了它的诞生地——制造业，作为一种普遍的管理哲理在各个行业传播和应用，先后成功地在建筑设计和施工中应用，在服务行业、民航和运输业、医疗保健领域、通信和邮政管理以及软件开发和编程等方面应用，使精益生产系统更加完善。

精益六西格玛管理是将六西格玛管理法与精益生产方式二者结合得到的一种管理方法，即 Lean Sigma，它能够通过提高用户满意度、降低成本、提高质量、加快流程速度和改善资本投入，使股东价值实现最大化。六西格玛是过程或产品业绩的一个统计量，是业绩改进趋于完美的目标，是能实现持续领先、追求几乎完美和世界级业绩的一个质量管理系统。六西格玛管理法是一种从全面质量管理方法(Total Quality Management，TQM)演变而来的高度有效的企业流程设计、改善和优化技术，并提供了一系列同等的适用于设计、生产和服务的新产品开发工具。六西格玛管理法的重点是将所有的工作作为一种流程，采用量化的方法分析流程中影响质量的因素，找出最关键的因素加以改进，从而达到更高的用户满意度。因此，精益生产管理和六西格玛管理相互融合，一方面可以克服精益生产管理不能使用统计方法来管理流程的缺点；另一方面克服了六西格玛管理无法显著地提高流程速度或者减少资本投入的缺点。

目前，精益生产管理体系在新的科学技术和供应链管理理论发展的推动下仍在不断演化和发展。精益生产管理通过对生产和供应链系统运营组织、运行方式和市场供求等方面的变革，使生产系统能很快适应用户需求的不断变化。精益生产管理已从初期只关注生产现场的持续改善转变为对供应链系统的库存、生产计划、流程再造、供应链协同、产品生命周期管理、成本管理、质量管理、设备资源管理、市场开发、销售管理、员工培养以及人力资源管理等企业经营及供应链运营管理涉及的许多层面。

5. 制造资源计划

制造资源计划(MRPⅡ)是以物料需求计划(Materials Requirements Planning，MRP)为核心，为有效利用资源、覆盖企业生产活动绝大多数领域的生产制造管理方法而提出的人机应用系统。20 世纪 70 年代，生产制造企业为了及时调整需求和计划，开始采用具有反馈功能的闭环 MRP 方法，将财务子系统和生产子系统集成为一体，采用计划—执行—反馈的管理逻辑，有效地对生产各项资源进行规划和控制。20 世纪 80 年代末，人们又将生产活动中的销售、工程技术、成本等主要环节与闭环 MRP 集成为一个系统，成为管理整个企业的一种综合性的制订计划的工具，形成 MRP II 生产综合管理技术。

MRP II 是制造企业在精密的计划下对各种制造资源进行高效利用，实现企业生产整体优化的一整套方法。MRP II 是企业对其生产系统和经营活动建立的一种计划模型，利用该模型把企业的制造资源和经营任务的需求进行平衡，从而保证企业目标的实现。它围绕企业的基本经营目标，以生产计划为主线，对企业制造的各种资源进行统一的计划和控制。企业制造资源既包括企业生产系统的内部资源要素，如生产设备、人力资源、生产能源等以及生产系统的非结构化要素和相应的管理体制，也包括与生产系统发生联系的企业内部和外部资源，如产品销售和原料供应的市场资源、企业筹集资金的财政资源、企业产品开发能力和工艺加工水平的技术资源等。MRP II 的运行可以伴随生产系统的实时运作，即时反映系统运行的状态，是企业的物流、信息流、资金流流动畅通的动态反馈系统，辅助管理者进行决策、指挥和控制。因此，MRP II 的运行体现了动态信息系统的特性。

6. 企业资源计划

企业资源计划(Enterprise Resource Planning, ERP)是由美国计算机技术咨询和评估集团 Gartner Group Inc 提出的一种供应链管理思想，它将企业内部各个部门，包括财务、会计、生产、物料管理、品质管理、销售与分销、人力资源管理、供应链管理等部门，利用信息技术整合、集成在一起。ERP 的作用是将各部门连贯起来，让企业的所有信息在网上显示，不同管理人员在一定的权限范围内，通过自己专门的账号、密码，可以从网上轻易获得与自身管理职责相关的其他部门的数据，如企业订单和出库的情况、生产计划的执行情况、库存状况等。

20 世纪 90 年代初，Gartner Group Inc 根据当时计算机信息处理技术的发展趋势和企业对供应链管理的需要，对信息时代以后的制造业管理信息系统的发展趋势和即将发生的变革作出了预测，从而提出了企业资源计划的概念。二十几年来，伴随着全球经济一体化和信息技术的飞速发展，以及网络技术和电子商务的广泛应用，人们已从工业经济时代步入知识经济时代，企业所处的商业环境发生了根本性的变化。用户需求变化、技术创新加速、产品生命周期缩短等构成了影响企业生存和发展的三股力量：用户、竞争、变化。为适应以用户、竞争、变化为特征的外部环境，企业必须进行管理思想的革新、管理模式和管理手段的更新。以 ERP 应用为主的管理手段得到广泛应用并逐步完善。

ERP 系统支持离散型、流程型等混合制造环境，应用范围从制造业扩展到了零售业、服务业、银行业、电信业、政府机关和学校等事业部门，通过融合数据库技术、图形用户界面、第四代查询语言、用户服务器结构、计算机辅助开发工具、可移植的开放系统等对企业资源进行了有效集成。ERP 系统可以对企业所拥有的人、财、物、信息、时间和空间等综合资源进行综合平衡和优化管理。ERP 的管理思想的核心是实现对整个供应链和企业内部业务流程的有效管理，主要体现在对整个供应链进行管理的思想，精益生产、同步工程和敏捷制造的思想，以及事先计划和事中控制的思想。

7. 计算机集成制造

计算机集成制造(Computer Integrated Manufacturing，CIM)是指借助计算机软硬件，综合应用现代管理技术、制造技术、信息技术、自动化技术、系统技术，将企业生产全部过程中有关人、技术、经营管理三要素及其信息流与物质流有机地集成并优化运行，以实现产品的高质量、低成本、短交货期，提高企业对市场变化的应变能力和综合竞争能力。计算机集成制造系统是基于计算机集成制造思想的工程集成系统，是通过计算机技术把分散在产品设计制造过程中各种孤立的自动化子系统有机地集成起来，实现整体效益的集成化和智能化的制造系统。20世纪70年代以来，随着电子信息技术、自动化技术的发展以及各种先进制造技术的进步，制造系统中许多以自动化为特征的单元技术得以广泛应用，如 CAD、CAPP、CAM、工业机器人、FMS 等单元技术的应用，为企业带来了显著效益。然而，人们同时发现，如果局部发展这些自动化单元技术，会产生"自动化孤岛"现象。"自动化孤岛"具有较大封闭性，相互之间难以实现信息的传递与共享，从而降低了系统运行的整体效率，甚至造成资源浪费。自动化单元如果能够实现信息集成，则各种生产要素之间的配置会得到更好的优化，各种生产要素的潜力可以得到更大的发挥，各种资源浪费可以减少，从而获得更好的整体效益。这正是计算机集成制造系统的出发点。集成制造的概念最先由美国的约瑟夫·哈林顿博士在 1973 年提出。关于集成制造，约瑟夫·哈林顿认为，企业的各个生产环节是一个不可分割的整体，企业生产制造过程实质上是对信息的采集、传递和加工处理的过程。

计算机集成制造系统一般由 4 个功能分系统和两个支撑分系统组成，如图 1.4 所示。

1)管理信息分系统

管理信息分系统具有预测、经营决策、生产计划、生产技术准备、销售、供应、财务、成本、设备、工具和人力资源等管理信息功能，通过信息集成达到缩短产品生产周期、降低流动资金占用、提高企业应变能力的目的。

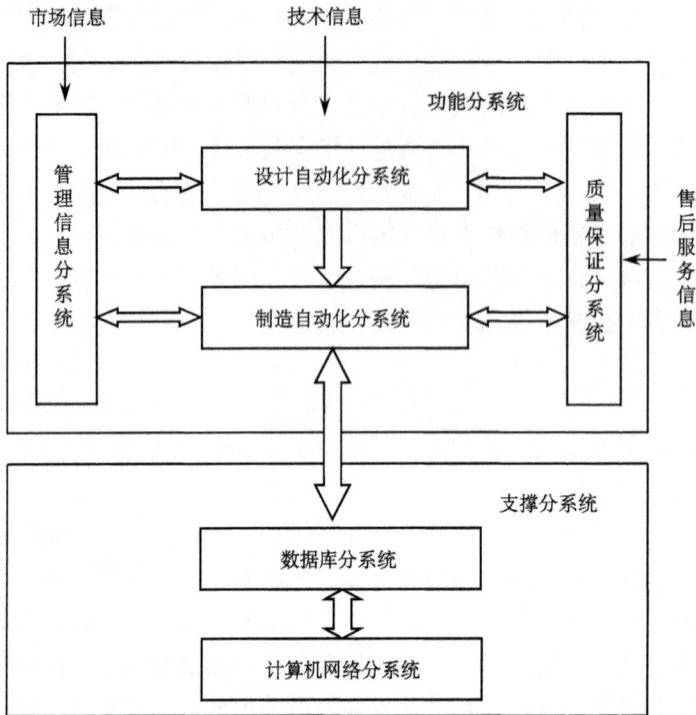

图 1.4 CIMS 的基本组成

2)设计自动化分系统

设计自动化分系统完成计算机辅助产品设计、工艺设计、制造准备及产品性能测试等工作,即 CAD/CAPP/CAM 系统,目的是使产品开发活动更高效、更优质地进行。

3)制造自动化分系统

制造自动化分系统是 CIMS 中信息流和物流的结合点。对于离散型制造业,可以由数控机床、加工中心、清洗机、测量机、运输小车、立体仓库、多级分布式控制(管理)计算机等设备及相应的支持软件组成。对于连续型生产过程,可以由集散控制系统(Distributed Control System,DCS)控制下的制造装备组成,通过管理与控制,达到提高生产率、优化生产过程、降低成本和能耗的目的。

4)质量保证分系统

质量保证分系统具备质量决策、质量检测与数据采集、质量评价、控制与跟踪等功能。该系统保证从产品设计、制造、检测到后勤服务的整个过程的质量,以实现产品高质量、低成本、提高企业竞争力的目的。

5)数据库分系统

数据库分系统是逻辑上统一、物理上分布的全局数据管理系统,通过该系统可以实现企业数据共享和信息集成。

6）计算机网络分系统

计算机网络分系统采用国际标准和工业规定的网络协议，实现异种机型互连、异构局域网络及多种网络互连。它以分布为手段，满足各应用分系统对网络支持的不同需求，支持资源共享、分布处理、分布数据库、分层递阶和实时控制。

需要指出，上述 CIMS 构成是最一般和最基本的构成。对于不同的行业，由于其产品、工艺过程、生产方式、管理模式不同，其各个分系统的作用、具体内容也各不相同，所用的软件也有一定的区别。企业规模和分散程度不同也会影响 CIMS 的构成结构和内容。对于每个具体的企业，CIMS 的组成不必求全。应该按照企业的经营、发展目标及企业在经营、生产中的瓶颈选择相应的功能分系统。对多数企业而言，CIMS 应用是一个逐步实施的过程。随着市场竞争的加剧和信息技术的飞速发展，企业的 CIMS 已从内部的 CIMS 发展到更开放、范围更大的企业间的集成。例如，设计自动化分系统可以在因特网或其他广域网上异地联合设计，企业的经营、销售及服务可以是基于因特网的电子商务和供应链管理，产品的加工、制造也可实现基于因特网的异地制造。

8. 工业 4.0/工业互联网

随着个人计算机向智能设备的演变，一种新的趋势开始显现：越来越多的 IT 基础设施和服务通过云计算来提供。伴随微型化和互联网的持续发展，这一趋势宣告了人们期盼的普适计算已成为现实。通过无线方式，越来越多功能强大的、自主的微型计算机（嵌入式系统）实现了与其他微型计算机和互联网的互连。这意味着物理世界和虚拟世界（网络空间）以信息-物理系统（Cyber-Physical System，CPS）的形式实现了融合。

新的互联网协议 IPv6 于 2012 年推出后，目前已经有足够多的 IP 地址可供智能设备通过互联网实现直接联网。于是，网络资源、信息、物体和人之间已经能够实现物联网及服务互联网。这种趋势也将扩展至工业领域。在制造业中，这种技术演化可以描述为"第四阶段的工业化"，在德国称为"工业 4.0"，在美国称为"工业互联网"，它与我国"互联网+制造"的含义基本一致，均指向一个核心，就是智能制造。简言之，就是利用 CPS 将生产中的供应、制造、销售信息数据化、智慧化，实现快速、有效、个性化的产品供应。工业 4.0 的核心是连接，要把设备、生产线、工厂、供应商、产品和用户紧密地联系在一起。工业 4.0 连接产品数据、设备数据、研发数据、工业链数据、运营数据、管理数据、销售数据、消费者数据。工业 4.0 将无处不在的传感器、嵌入式终端系统、智能控制系统、通信设施通过 CPS 形成智能网络。通过智能网络使人与人、人与机器、机器与机器，以及服务与服务之间能够实现互连，从而实现横向、纵向和端到端的高度集成。

德国工业4.0的战略要点如图1.5所示,其实施过程是制造业创新发展的过程,制造技术、产品、模式、业态、组织等方面的创新层出不穷,从技术创新到产品创新,到模式创新,再到业态创新,最后到组织创新。对于中国的传统制造业而言,转型实际上是从传统的工厂,即2.0、3.0的工厂转型到4.0的工厂,整个生产形态从大规模生产转向个性化定制,整个生产过程更加柔性化、个性化、定制化。美国提出了工业互联网标准,关注设备互连、数据分析以及数据基础上对业务的洞察,他们对传统工业互联网互连互通,其关注点在大数据和云计算。德国拥有强大的机械制造技术,德国提出的工业4.0关注生产过程智能化和虚拟化的深刻改变。美国工业互联网和德国工业4.0的实施路径和逻辑相反,但是目标一致。美国以GE、IBM等公司为支持,侧重于从软件出发打通硬件;德国以西门子、库卡、SAP等公司为主导,希望可以从硬件出发打通软件。无论从软到硬,还是从硬到软,两者的目标是一致的,就是实现智能制造,实现移动互联网和工业的融合。在第四次工业革命的战略选择上,中国政府的策略是,紧盯新一轮产业发展的潮流,选择工业4.0,借鉴德国模式,推进中国制造2025行动纲领的实施。

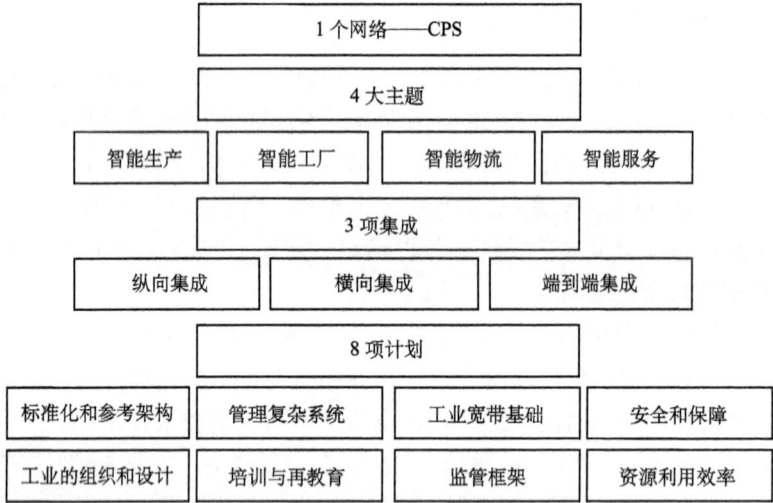

1个网络——CPS

4大主题

智能生产	智能工厂	智能物流	智能服务

3项集成

纵向集成	横向集成	端到端集成

8项计划

标准化和参考架构	管理复杂系统	工业宽带基础	安全和保障
工业的组织和设计	培训与再教育	监管框架	资源利用效率

图1.5 德国工业4.0战略要点框架

1.4 本章小结

供应链是由一系列有供需关系的企业组成的网链,供应链中的企业之间相互作用、相互影响、相互制约。供应链的组成、结构及运行具有一定的规律。供应链是一种系统，是由相互作用、相互依赖的若干组成部分结合而成，具有特定功能的有机整体。供应链系统是一种较为复杂的系统，多个供应链组成的供应链网络是更为复杂的大系统。供应链高效运作与成员企业的良好运营及供应链结构密切相关。本章论述了供应链系统性的内涵、供应链系统的主要特征、供应链类型以及供应链和生产管理模式的发展。供应链的系统性体现在其具有系统的整体功能性、层次性、相关性、目的性、环境适应性等。供应链系统具有动态性、交叉性、复杂性、市场响应性等特征。对供应链系统可以从不同角度进行分类。本章介绍了平衡供应链和倾斜供应链、稳定供应链和动态供应链、效率型供应链和响应型供应链、敏捷型供应链和风险规避型供应链、推动式供应链和拉动式供应链的含义与特征。供应链的产生和发展与生产管理模式的发展密切关联。传统的竖向集成逐渐解体，外包开始盛行。供应、生产、物流越来越依赖供应链成员的合作。竞争不再局限于单个企业之间的竞争，而是转变成供应链与供应链之间的竞争。供应链管理领域中的生产技术与模式、采购技术与模式、销售技术与模式，以及消费理念与模式都在发生着深刻变革。从生产领域到服务领域的技术和经营模式变革推动着供应链结构与供应链管理的不断演进。

第2章　供应链管理的系统观

2.1　供应链管理涉及的内容

20世纪末，供应链管理在欧美兴起。因供应链管理的范围非常广泛，所以在供应链管理的发展过程中，不同领域、不同层次、不同部门对供应链管理的理解有较多不同之处。对于供应链管理的内涵，国外在早期也有许多不同的定义和名称，如有效用户反应、快速反应、虚拟物流或连续补充等。这些称呼因考虑的角度、层次不同而不同，但都关注通过计划和控制实现企业内部和外部之间的合作，实质上它们在一定程度上都反映了对供应链各种活动进行人为干预和管理的特点。

现代供应链管理是一个综合思想，不是对供应链成员企业个体或单个智能层面的局部优化，而是要实现供应链全局的优化。供应链管理需要在一定条件下整合和协调成员企业的运行，从而达到供应链整体运作绩效最佳的效果，使供应链运营达到最优化。供应链管理不像单个企业的管理，不能通过行政手段调整企业之间的关系，只能通过共担风险、共享收益来提高供应链的整体竞争力。从实质上来看，供应链管理就是对贯穿供应链中的产品流、信息流和资金流的集成管理，以最大化用户的价值，最小化供应链成本。产品流从供应商向用户流动，是供应链的实物流，如果是从用户向供应商流动则称为逆向物流。资金流从用户流向供应商，是供应链的血液。信息流是双向流通的，构成供应链的神经系统。因此，供应链管理是一种系统集成的管理思想和方法，是对供应链中的物流、信息流、资金流及贸易伙伴关系等进行的计划、组织、协调和控制一体化的管理过程。在这种环境下，企业不仅要协调企业内部计划、采购、制造、销售等各个环节，还要与包括供应商、分销商等在内的上下游企业紧密配合。

从宏观方面来看，供应链管理主要涉及五个领域：需求、计划、物流、供应、生产运营。之所以产生供应链管理的理念，其根本目标还是在于降低成本和增加效益，这是企业运营永恒的主体目标。在这个根本目标下，有许多具体目标，如提高用户服务水平、快速响应市场、提高供需两端企业的协作等。有些目标是相互一致的，是正相关的，但有些目标是相互矛盾的，是负相关的，这就需要站在系统的高度来统筹全局。供应链管理涉及的内容繁多，在实践操作中，人们将供应链管理精简地概括为三大领域：供应(采购)管理、生产运营管理、物流管理。这三大领域是执行职能，它们由计划职能驱动，供应链管理的计划附属于这三大领域，如采购计划、生产计划等，也有人将计划职能独立出来，使其成为供应链管理的第四大领域。计划是供应链的引擎，很多执行层面的问题是计划不合理、不到位造成的。这也是为什么在供应链运营参考模型（Supply-Chain Operations Reference Model，SCOR）中，计划位于采购、运营和物流之上。在三大职能中，采购和供应管理主要是供应商管理范畴，使供应商成为企业的有机延伸；生产运营管理关注以有效的方式完成产品或服务的增值过程；物流管理则是力求以最低成本、最短的时间、最小的损失把物资从一地运送到另一地[2]。

供应链管理涉及的领域可以进一步细分为基本职能领域和辅助职能领域。基本职能领域主要包括采购（供应）、生产控制、库存控制、仓储管理、分销管理、产品开发、产品技术保障等。辅助职能领域主要包括设计、制造、用户服务、会计核算、人力资源等。除此之外，还包括供应链设计、产品需求预测、供应链协调运作管理、战略合作伙伴管理、企业间供需管理、供应链合作伙伴选择与评价、企业组织设置与运行、企业间资金流管理、逆向物流管理、用户服务与物流管理、供应链风险管理等。

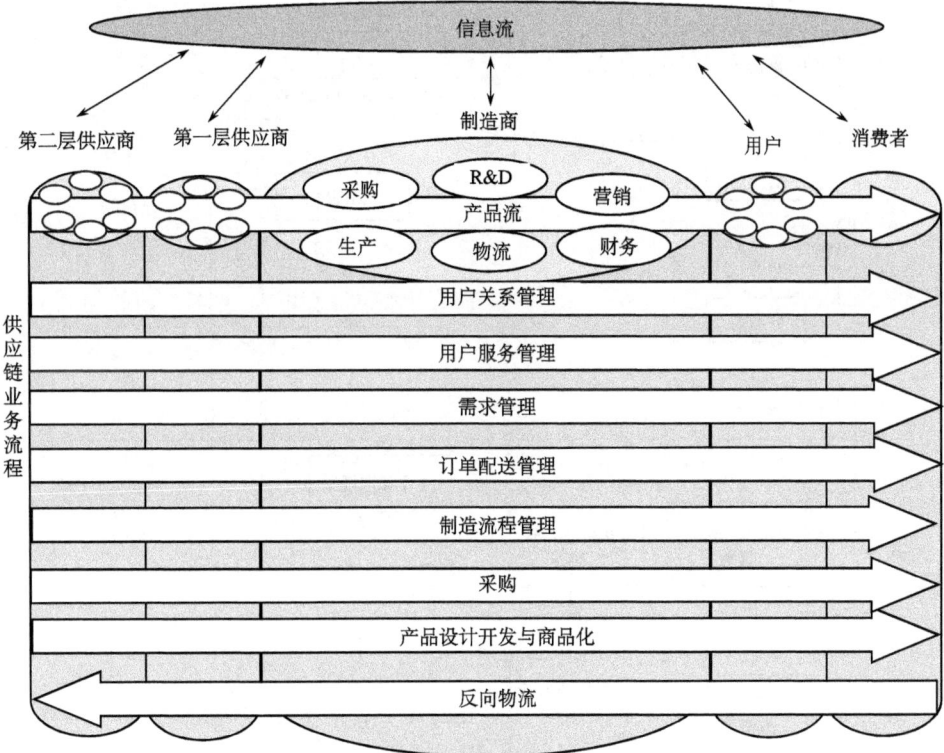

图 2.1　供应链管理业务流程结构

美国学者兰伯特教授将供应链管理划分为供应链网链结构、供应链业务流程、供应链管理元素三个基本部分。供应链网链结构涉及的内容主要包括企业设施节点选址与优化、物流中心选址与优化以及供应链网络结构设计与优化。供应链业务流程主要涉及用户关系管理、需求管理、制造流程管理、供应商关系管理、订单配送管理以及产品设计开发等。供应链管理元素主要包括工作结

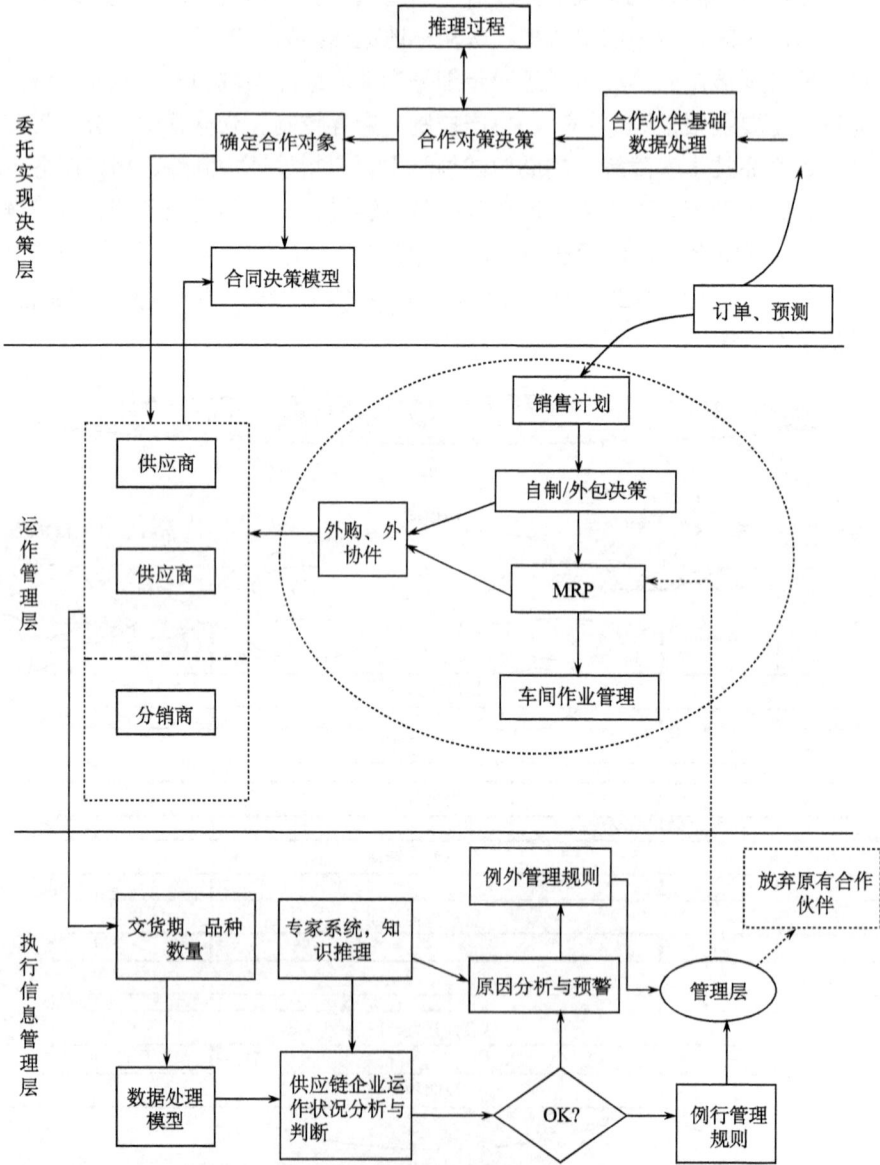

图 2.2　供应链管理系统运作中的主要问题及其联系

构设计、组织和领导结构、运营计划与控制、供应链风险分担和利益共享、产品流形成结构、信息流及其平台结构以及企业文化。图 2.1 为供应链管理业务流程结构图。

目前，越来越多的企业试图把采购职能、运营职能和物流等若干职能集成在一起，组成供应链部或类似部门，但公司的分支部门依旧围绕三个职能部门划分。原因很简单，没有人能掌握所有的采购、运营、物流、计划等众多领域的专业技能，对供应链管理的认识缺乏系统观。现在的趋势是越来越多的企业倾向于集成采购、运营和物流以及计划职能，这是形成集成供应链（Integrated Supply Chain，ISC）的基础。就中国的企业来看，20 世纪 90 年代末，为了打通职能部门之间的横向联系，提高供应链效率，华为公司导入了 IBM 公司的集成供应链概念，这是国内引进集成供应链的先例。华为公司经营的电信设备品种多、批量小、复杂度高，集成供应链的确是关键解决方案之一。近些年，越来越多的企业意识到以系统观认识供应链的价值，认识到打通部门之间的壁垒，通过全局优化来提高企业运营绩效的重要性[2]。图 2.2 为供应链管理系统运作中的主要问题及其联系。

2.2 供应链系统集成管理

2.2.1 产品流、资金流和信息流的系统集成管理

供应链管理是对从供应商到用户之间的商业流程及其供销关系的集成管理，以提供给用户更具价值的产品、服务和信息，同时降低供应链的运行成本。最简单的供应链可以是一层关系，即一个用户和一个供应商。复杂的供应链则可能有多重用户、供应商关系，供应商可分为一阶供应商（或者称直接供应商、一级供应商）、二阶供应商（或者称二级供应商）到多阶供应商，分销商可分为一阶分销商（或者称直接分销商、一级分销商）、二阶分销商（或者称二级分销商）到多阶分销商等。更为复杂的供应链网络是由多条相互关联的供应链组成的。在供应链中，原料、零部件及产品是从供应商的供应商流向用户的用户，资金则按照相反的方向，从最终用户向供应商端流动，信息流则是双向流动的，如图 2.3 所示。供应链管理在很大程度上是对产品流、资金流、信息流的集成管理。

产品流涉及采购、供应、生产、运输、仓储、配送等，是产品的物理流动。产品流管理的重点是以经济有效的方式进行采购、制造、供应、销售和相关物流活动。产品流是供应链运行的根本，供应链之所以存在，是因为有产品流。如第1章所述，供应链可以分为拉动式供应链、推动式供应链和推拉混合供应链。拉动式供应链的产品流管理和推动式供应链的产品流管理重点不同，推拉结合点在推

拉混合供应链中位置的不同或移动都会深刻影响产品流管理。

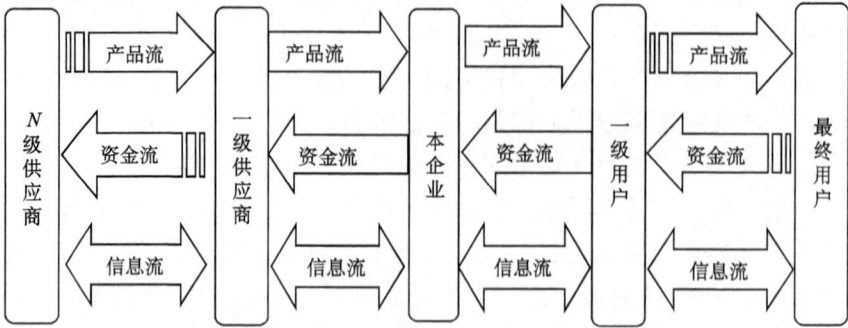

图 2.3　供应链管理的产品流、资金流和信息流集成

供应链中的物流管理是产品流管理的重要内容。产品流不等于物流，产品流还包括生产增值过程，例如，产品流管理还包含生产运作管理、生产设备布局、工艺流程设计与管理等。反之，物流管理也不是产品流管理的全部。物流不仅包括产品的流动、存储，而且包含相关信息流、物流中心和配送系统的设计与管理等。产品流与物流的集合关系如图 2.4 所示。

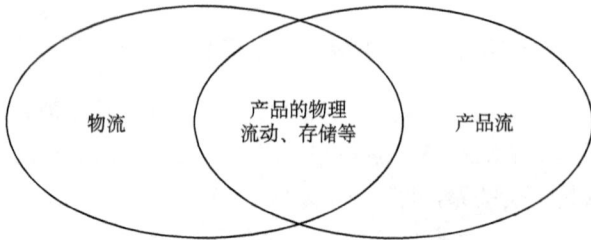

图 2.4　产品流与物流的集合关系

信息流对于供应链的有效运作至关重要。信息流是供应链的神经系统，它是伴随产品流和资金流而产生和流动的，对产品流和资金流有深刻的影响，甚至起到支配作用。对于一个复杂的供应链网络，信息的有效流动至关重要。在很多情况下，信息流往往比产品流更难管理。供应链中的牛鞭效应是供应链管理中的重要内容之一，它就是因需求信息在供应链传递时失真而造成的。信息流源自数据，如何确保数据的准确性，并从中提炼出所需的信息，是供应链管理的一个重要内容。对数据及其产生信息流的管控是对供应链综合掌握的基础。管理者，尤其是高层管理者，往往关注的是数据和信息的管理。供应链改进往往是与信息系统的改进和实施分不开的，供应链重构需要对信息系统进行再造。没有准确有效的数据和信息，就不能实现供应链的有效管理。

信息技术与信息平台是供应链信息流畅通的基础，但是仅有信息技术和信息平台还不能确保信息的畅通，还需要具备良好的组织机制、协调与合作机制和信息分享机制。20世纪末，我国很多大型企业中缺乏应有的信息平台与技术，导致数据与信息传输低效且容易失真。这个时期，很多企业导入先进的信息技术与平台，一些大型企业引入ERP系统，寄希望于ERP能解决很多问题。但是，因为组织机制、协调机制、业务流程等问题，很多引入ERP系统的企业最终没能很好地解决问题。所以，信息流畅通问题是一个系统问题，它不仅仅是硬件和信息平台的问题，更多的是组织系统与流程优化的问题。

生产、销售、运输和仓储等数据信息是信息流的数据基础。信息孤岛的消除、信息透明度的增加是信息在供应链中高效且不失真流动的前提。供应链中信息流问题的难点不是生产、销售、运输和仓储这些数据信息的统计与产生，而是这些数据信息的分享与流动。供应链上产品的生产进度如何、产品现在处于供应链中的哪个节点、数量多少、有多少在途、多少在库存、订单多少、潜在需求多少等，这些数据不仅仅是某个企业或是供应链某很小局部的企业占有的信息，而需要站在供应链战略高度能有效分享，使这些信息透明化，这是信息流的重点问题。条形码、射频识别技术可以增强供应链中的信息透明度。

提升信息流的高效畅通性是提高供应链效率的至关重要的内容，这是人们的共同认识。但是如何优化信息流是一个复杂的系统问题，是硬件设施、软件系统和组织管理机制的协同演进问题。

资金流不畅对于企业来说是一个生存的大问题。资金流是企业的血液，一个企业的资金流中断会导致企业倒闭。在很多情况下，导致企业失败的直接原因不是效益差，也不是连年亏损。即便是效益差、亏损甚至是资不抵债，但只要资金流还在，资金还能周转，企业就不会倒闭，就有可能复苏，有可能摆脱困境。但是，即便是没有亏损，只要资金周转不灵，资金流断裂，这个企业也会倒闭。对于供应链来说也是如此。如果供应链中的资金流不通畅甚至中断，对于供应链的运作是大问题，可能会导致供应链整体的崩溃，并致使供应链中的众多企业都陷入困境。供应链资金流不畅通和企业资金流不畅通是一个问题的不同表现。企业的资金不能周转会导致其所在供应链上下游企业资金流，如果问题严重，会传导到整个供应链全局的资金流上面。如果供应链资金流机制不合理，引起供应链资金流不通畅，会导致某个或某些企业的资金流转不畅，甚至企业资金流断裂，企业倒闭，进而影响供应链正常运行。

产品流、信息流、资金流息息相关，无论优化三个流中的哪一个流，都必须考虑另外两个流，必须站在系统观的高度去统筹兼顾。举个简单的例子，牛鞭效应属于需求放大效应，是需求信息沿着供应链从下游向上游传导的过程中被放大，增大了供应链的生产、供应、库存管理和市场营销的不稳定性，导致供应链全局过量生产、库存积压，从而导致产品流和资金流都不畅通，严重积压资金，最终严重影响供应链全局效益。所以，资金流优化方案、产品流优化方案与信息流优化方案相互影响，资金流优化方案往往取决于信息流优化方案。共享信息可以在一定程度上减弱牛鞭效应，从而降低供应链库存，减小资金积压，盘活资金，提高供应链效益，即通过改善信息流来改善库存，改善产品流，从而改善资金流，用信息流优化换取资金流优化。在实际当中，我们解决供应链中的系统优化问题，需要着眼于产品流、信息流和资金流。改善产品流的措施往往能改善资金流、信息流，改善信息流的措施往往能改善产品流和资金流。对供应链中的产品流、信息流和资金流优化的观点和方法很多，但总的原则是必须站在供应链全局的高度，以系统观来看待三个流，以系统的方法来作出科学合理的优化。

2.2.2　供应链的集成化管理

实现产品流、资金流和信息流的系统集成管理是供应链集成管理的主要内容。所谓供应链集成管理，就是把企业内部以及供应链成员企业之间的各种业务看作一个整体功能过程，形成集成化供应链管理体系，对从供应商到最终用户的产品流、资金流和信息流进行集成管理，让供应链运营效率更高、成本更低、响应速度更快。

从集成域的角度，可以把供应链集成管理分为企业内部供应链职能集成管理和企业外部的供应链层面上的集成管理。本书把前者称作企业域的供应链集成管理，后者称为供应链域的供应链集成管理。在构建集成化供应链管理模式的过程中，一般应先进行企业域的供应链职能集成化，然后进行供应链域的供应链管理集成化。

1. 企业域的供应链集成管理

企业域供应链集成化路径有两种方式，一种是通过企业内部的组织结构重组来进行功能集成，另外一种是不进行组织重构，而是进行各功能环节之间的流程优化，以达到集成管理的目的。

企业域的供应链集成化管理，即企业内部的供应链集成管理，是要实现企业直接控制领域的集成管理，以及企业内部供应链与外部供应链中供应商和用户管理部分功能的集成管理。例如，华为公司设有首席供应官，设置供应链管理部，集成客服、计划、物流等职能。哪些职能应该集成在供应链部门，没有固定原则，常常是随公司运营实际和形势而变化。华为在一段时间内曾把采购集成在公司的供应链部门，而有段时间采购职能又不在公司供应链管理部门的集成范围之内。如果流程不够完善、系统不够健全，那就需要从组织重构上着手解决问题，如成立统一的供应链管理部门，来弥补系统和流程的不足。进行组织重构、优化，构建供应链管理部门，从组织上驱动运营、采购和物流等职能的高度协作，是提高供应链管理能力的一种有效措施。当然，这一措施的有效性是以组织重构的有效性和合理性为基础的。

围绕企业供应链的各传统职能，构建顺畅高效的系统流程，也能形成强大的供应链集成管理能力。如果能将企业内部的各职能或流程很好地串联集成起来，那么优化组织结构、构建供应链管理部门来进行供应链职能集成就显得并不重要。目前在我国的很多企业中还没有形成统一的供应链管理部门，也没有对企业域的供应链管理职能进行集成。这些企业虽然有供应链的概念，但在组织运营上依然是采购、运营、物流、客服和计划部门各司其职，供应链管理还没有集成在统一的部门内。从组织角度而言，企业域的供应链职能依旧分散在采购、运营、物流和计划等各职能部门中。供应链管理在这些企业中还是从各职能部门的角度来解决问题，缺乏跨职能部门的高度协作。运营流程以及系统也是围绕这些独立的职能部门来构建的。这些企业的供应链管理是分散割裂状态，职能部门各管一段，集成管理没有形成。对这些企业来说，一大挑战就是打通这些职能部门之间的壁垒，形成集成的供应链职能，这就是 SCOR 模型里的集成供应链概念。

在企业域的供应链职能集成管理中，无论是采取组织重构以形成统一的供应链管理部门来集成企业内的采购、销售、计划和物流等各职能，还是从各功能环节之间的流程优化来达到集成管理，而不形成具体的供应链管理部门，这两种方法都可以实现供应链集成管理，没有孰优孰劣之分。究竟采用哪种方式，需要依据企业实际情况和企业所面临的市场环境来进行决策。

2. 供应链域的供应链集成管理

在供应链域的集成化供应链管理构建中，关键是要在供应链成员企业中形成战略合作关系。将企业域的供应链职能集成化和供应链域的供应链集成有机结合起来，才能形成集成化的供应链系统。供应链域管理集成的核心是保持上游各阶供应商群、核心企业和下游各阶销售商群之间的主要业务流程协调一致。供应链成员企业间共同制定战略、共同制订计划、信息共享、联合产品开发、供应商管理库存、联合库存管理、联合预测与补货策略的应用都是构建良好合作伙伴关系，形成供应链域集成化管理模式的方法。通过良好的成员企业合作伙伴关系，供应链中的企业可以实现与上游供应商、下游用户及其物流服务等其他服务提供商高效合作，就可以在产品设计、产品生产、采购、市场预测、物流、计划等各方面实现供应链域的联合统一管控，实现协调同步运营。为了实现供应链域的集成，成员企业间的信息交互良好是必需的。供应链成员企业之间除了构建良好的契约机制，还要采用适当的信息技术，建设企业间的信息交互平台。ERP 系统是可以实现供应链集成管理的平台之一。近几年，我国许多企业开始实施 ERP，但很少有成功的案例，大多数企业引进和应用 ERP 系统都是失败的。ERP 系统原本是为了满足企业的供应链管理需求，但在其实际应用中并没有达到供应链管理的目标。很多企业引入 ERP 系统后，最终只是在其企业内部实现资金、信息和物流的管理。

集成化供应链要在战略、业务流程、信息共享、联合预测和产品开发等诸多环节上进行全面的合作，做到整条供应链的计划协调、业务通畅。核心企业与供应商和销售商紧密结合在一起，在各个必要领域进行战略、战术各层次的规划、实施、管理和控制合作，共同参与市场竞争，形成新型的市场竞争主体。前述对供应链的产品流、信息流和资金流集成管理是供应链集成管理的重要基础。

无论是供应链域还是企业域的供应链集成管理，都是促进企业与企业、部门与部门之间的协同运作，都必须从供应链成员企业的内部着手做起。所以，企业域的集成管理是供应链域集成管理的基础。如果供应链成员企业内部不解决部门之间的系统集成，那么对接供应链成员企业之间系统以及流程，实现企业之间产品流、资金流和信息流的集成管理，完成企业之间的集成就很难做到。

2.3　本章小结

供应链管理需要在一定条件下，整合和协调成员企业的运行，从而使供应链整体运作绩效最佳，进而使供应链运营达到最优化。供应链管理是一种系统集成的管理思想和方法，是对供应链中的物流、信息流、资金流及贸易伙伴关系等进行的计划、组织、协调和控制一体化的管理过程。本章首先介绍了供应链管理的主要内容，然后分别从企业域和供应链域阐述了供应链的系统集成管理。实现产品流、资金流和信息流的系统集成管理是供应链集成管理的主要内容。对供应链中的产品流、信息流和资金流优化的观点和方法很多，但总的原则是必须站在供应链全局的高度，以系统观来看待三个流，以系统的方法来作出科学合理的优化。供应链集成管理把企业内部以及供应链成员企业之间的各种业务看作一个整体功能过程，形成集成化供应链管理体系，让供应链运营效率更高、成本更低、响应速度更快。

第3章 供应链系统设计与优化

构建一个高效精简的供应链是供应链管理中极为重要的一环，是建立供应链高效运行机制的重要基础，对于提高供应链管理绩效有深刻影响。虽然从长远来看，供应链的节点构成是动态变化的，但是在实际经营中不可能随意改变供应链上的成员企业。在一定的时间和空间内，供应链节点成员需要保持相对稳定。作为供应链管理的一个重要环节，无论是理论研究人员还是企业实际管理人员，都非常重视供应链的设计问题。随着经济社会的发展，生产技术在迅速发展，产品生命周期在缩短，大量创新产品涌现，提前期在不断缩短，大规模定制技术逐渐成熟，市场需求变化更快，供应链管理日益复杂。这就要求我们不仅要在供应链管理模式和技术方面不断寻求发展，而且要更加重视供应链构建设计方面的工作。

3.1 供应链系统设计的主要内容与原则

绝大多数的供应链设计不是从零开始或者推倒现有体系以实施全新方案，而是在原有的基础上逐步进行改进和优化。所以，供应链设计不是一劳永逸、一蹴而就的，而是一个循序渐近的迭代过程。供应链系统设计与优化是一项庞大、复杂的工程，涉及供应链系统的各个方面。供应链系统设计与优化的主要内容包括以下7个方面：

(1)供应链成员构建与合作伙伴选择；

(2)供应链产品流、信息流和资金流的设计与优化；

(3)供应链运作组织与管理流程设计与优化；

(4)供应链管理组织机制设计与优化；

(5)供应链网络结构设计与优化；

(6)信息支持系统的设计与优化；

(7)物流系统设计与优化。

有些供应链以产品流、信息流和资金流的优化设计来引领整个供应链系统的设计与优化，有些供应链则以供应链合作伙伴构建以及运作流程设计来进行供应链系统的设计与优化。虽然粗看起来这是两种不同的思路，但这两种思路的本质是一致的，是殊途同归的。

供应链设计策略可以分为基于产品的供应链设计策略、基于销售的供应链设计策略以及基于用户要求的供应链设计策略。

1. 基于产品的供应链设计策略

基于产品的供应链设计策略是以产品为核心构建供应链，其重点是供应链各节点企业的产品设计、数量、质量保证以及供应链各节点企业的协作、服务水平。在提高产品质量和服务的同时，还要达到降低生产成本和物流成本，增加效益的目的。基于产品的供应链设计往往要从产品设计和最初的原材料开始，到采购、加工、制造、包装、运输、配送、批发、零售的全过程。

2. 基于销售的供应链设计策略

在买方市场的环境下，销售是生产企业的核心问题。基于销售来构建供应链往往是买方市场环境下很多生产企业的客观需求。随着市场竞争的加剧，这方面的需求在不断增加。基于销售的供应链设计往往更多地关注销售的数量、时间、成本以及服务水平。

3. 基于用户要求的供应链设计策略

基于用户要求的供应链设计策略根据用户的要求，以用户满意为目标来构建供应链。这样的供应链设计除了要考虑企业的实际需要和现有条件，还需要考虑企业所处的市场环境和企业的可操作性。例如，为一个机床制造厂设计一个零部件的采购与供应系统。首先要对该机床制造厂每个生产周期或自然周期(如每年、每月、每天)零配件的使用量，厂区内零部件的存放容量，生产线上零部件的使用数量、使用频率等情况有详尽的掌握。如果采取零库存供货方式，则需要考虑相关的条件能否配套和协调运转，是否符合该企业的现有条件，配套能力能不能达到预定目标等。如果采用零库存管理系统，则需要在供应链设计中考虑该企业的管理水平能否达到要求、物流设施设备条件和物流能力是否符合标准等。其次，外购零配件供应商的合同履行能力、供货率、信誉度以及零部件供应商到企业间的交通运输条件和状况等也是需要考虑的重要内容。

从宏观角度来讲，供应链设计应遵循以下 5 条总的原则。

1)精简性原则

精简性原则是供应链设计的一个重要原则。精简的供应链系统可以促进业务流程的快速协作、组合，提升企业灵活快速响应市场变化的能力。例如，在供应链节点企业中的生产系统应构建精益制造模式，设计精益型生产系统。又如，在供应商选择中，一般以少而精为宜，这样不仅可以降低运行成本，而且有利于促进和加深运行机制创新及产品创新。

2)协调性原则

供应链节点企业之间的协调运作对于供应链运营绩效至关重要。只有协调运作的供应链系统才能发挥其最佳的效能。如果供应链上下游节点企业之间能保持顺畅、同步的协作，供应链的市场响应就会迅速，产品创新周期就会缩短，企业运营成本就会降低。

3）战略性原则

供应链的设计应具有战略性。供应链设计的战略性原则体现在供应链运作和发展的中长期规划，供应链的设计应在企业战略目标框架下进行，应与企业的战略目标相匹配。通过战略角度的考量，有利于培育高度协作同步的供应链上下游企业群，有利于降低各种风险给供应链运行带来的不利影响，也有利于优化供应链组织架构和节点企业组织结构。

4）创新性原则

在供应链设计中，创新性是一个重要原则。创新性可以在供应链系统中的诸多方面体现，包括供应链运营管理机制创新、供应链组织架构设计创新、供应链成员企业组织结构形态创新、供应链契约机制创新、供应链协作机制创新等方面。在供应链设计中，创新性应该服从企业战略目标。创新性应从市场需求的角度出发，综合发挥企业能力和优势。创新离不开与其他企业的协作，创新应发挥供应链的整体优势，充分发挥企业员工的创造性。

5）动态性原则

动态性原则也可以称为不确定性原则。供应链的内部和外部环境是动态的，各种不确定性因素广泛存在于供应链内部和外部环境中。不确定性深刻影响着供应链的运行，可能使供应链运行中断，甚至导致供应链崩溃。所以，对于供应链的不确定性因素及其风险对供应链运作的影响需要有预测和防范措施。

从微观管理的角度来讲，供应链设计应把握的具体原则如下。

1）总成本最小原则

成本管理是供应链管理的重要内容。供应链管理中各种成本的变化常常相互冲突，此消彼长。这是供应链管理中常出现的成本悖反问题。以系统的观点进行总成本分析，判断哪些因素具有相关性，平衡供应链运营的各项成本，使其总成本最小，达到整体最优。这是供应链具体设计中的一个基本原则。

2）多样化原则

针对各类不同的产品，为不同的用户提供不同的服务是供应链设计中的一个基础性原则。面对各类不同产品的多类用户要求以及不同的生产与销售情况，企业需要采取多种运营策略。在供应链设计与优化中需要注重多种策略的应用，奉行多样化原则。

3）延迟原则

延迟原则是供应链具体设计与优化中一个重要原则。供应链运营中应尽可能延迟产品差异化的业务，等用户对产品的外观、功能与数量提出最终要求后才完成产品的差异化业务，一般需要延迟到收到用户订单之后。延迟又可以分为物流延迟、拉动式延迟及类型延迟。物流延迟是运输配送等物流运作延迟到收到用户订单之后。拉动式延迟是根据订单进行产品装配配置，拉动上游供应链商的生产和供应。类型延迟是通过产品标准化来延迟产品差异化和多样化。

4) 标准化原则

在供应链生产运营中执行产品标准化可以通过产品零配件的通用化、模块化以及给同样的产品贴不同的品牌标签而实现。供应链生产运营中执行产品标准化原则可以有效地控制供应链渠道中需要处理多种零部件、多种原材料带来的成本上升问题。产品标准化可较为有效地解决满足市场多样化需求与降低供应链成本的问题。

3.2 供应链系统构建中的组织设计

供应链组织设计包括供应链成员企业的组织结构形态设计和供应链核心企业领导下的供应链组织结构设计。供应链组织结构涉及供应链企业中的核心企业、主要企业、次要企业以及辅助企业等角色定位。

3.2.1 供应链成员企业的组织结构形态

企业组织结构形态可分为传统企业组织结构形态和基于供应链管理的新型企业组织结构形态。传统企业组织结构形态主要如下。

1) 直线型组织结构

直线型组织结构中的各种职务按照垂直系统直线排列，从上到下实行垂直领导，按照统一指挥的原则行使管理职权。其优点是结构比较简单，指挥权相对集中，权责明确，命令统一，信息沟通便捷，决策迅速。缺点是横向协调差，没有职能管理机构来分担具体的管理事务，管理者的负担较重。上级管理者负责其管辖范围内所有雇员的行动，并且有权下达雇员无条件服从的命令，雇员的首要职责是立即按照顶头上司的指令去做，而不该去考虑什么是正确的或者什么需要做，这样就会限制雇员创造性作用的发挥。

2) U 型组织结构

U 型组织结构又称职能型组织结构。企业内部按职能划分为若干不同的部门，企业的决策权集中在最高管理层，实行等级化的集中控制。组织内的生产经营活动按照职能不同分成若干垂直管理的部门，每个部门实行职能分工，并直接由最高主管协调控制。U 型组织结构的优点是分工严密，职责明确，实行专业化职能分工，能确保各部门之间的良好协调，能集中利用有限的资源，提高工作效率。其缺点是高度集中使得企业缺乏灵活性与敏感性，企业组织的中低层管理者缺乏管理的积极性，不利于培养管理人才。

3）直线-职能型组织结构

直线-职能型组织结构以直线型组织结构为基础，在各级行政领导下设置相应的职能部门，扮演参谋的角色，从事专业管理，协助直线工作。这种结构的优点是各级直线主管都有相应的职能机构和人员作为参谋和助手，因而能对管辖范围内的工作实施有效的组织和控制，既可以减轻直线管理人员的负担又可以发挥专家的特长；各职能部门的专业人员由于从事特定职能的工作，这样有利于他们学习，提高专业化技能；集中统一指挥和职能专业化管理相结合，从而可以提高管理效率。缺点是由于权利集中于最高管理层，下级缺乏必要的自主权；各级职能部门横向联系比较差，直线主管与职能主管之间也会因为目标不一致而产生矛盾；信息链较长，信息沟通速度慢，不利于高层做出高效率的决策方案，适应环境的能力较差。

4）M 型组织结构

M 型组织结构又称事业部型组织结构，其基本特征是经营决策权与战略决策权分离，M 型结构实际上可以看作多个 U 型结构的整合。M 型结构有利于改善企业内部的信息传递与人员激励，加强协调与控制。其缺点是往往由于其本身治理机制、控制机制与激励机制不完善而导致各事业部门过分追求局部利益而忽视对整体利益的追求，而且多重管理导致了 M 型组织结构的管理费用畸高，从而降低了企业组织的管理效率。

5）矩阵型组织结构

矩阵型组织结构是把按职能划分的部门和按工程项目划分的小组结合起来。矩阵型结构的优点是将组织的纵向联系和横向联系很好地结合起来，有利于加强各职能部门之间的协作和配合，及时沟通情况，解决问题；把不同部门、具有不同专长的专业人员组织在一起，有利于互相启发，集思广益，有利于攻克各种复杂的技术难题，圆满地完成工作任务；具有较强的机动性，能根据特定需要和环境活动的变化保持高度的适应性；有利于集中调动资源以较高效率完成某些项目。矩阵型结构的缺点是在资源管理方面存在复杂性；权责不清，双重领导可能带来执行人员无所适从、领导责任不清、决策延误等弊端，从而容易使组织工作过程丧失效率；企业管理者需要花费很大精力来维持权力平衡。

基于供应链管理的新型企业组织结构模式主要有流程导向型组织结构、扁平化组织结构、网络化组织结构及柔性组织结构。

1）流程导向型组织结构

流程导向型组织结构也称流程化组织结构，如图 3.1 所示。

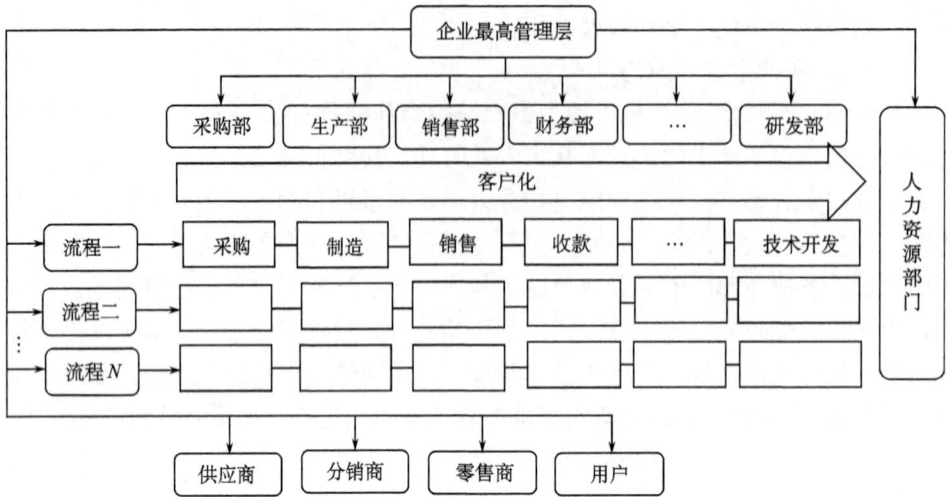

图 3.1　流程导向型组织结构

流程导向型组织结构的特征如下。

（1）在业务流程的制定过程中关注整个价值链，强调组织整体的反应速度，要求能够从整体上提升企业的竞争优势，这是流程导向型组织结构的最主要的特征。

（2）企业向流程化组织结构转变并不意味着职能部门不再存在，而是不再占据主导地位，它们更多地发挥激励、协调、培训等作用。

（3）流程化管理更加强调工作任务的集成，这对员工素质和能力提出了更高的要求。

（4）供应链管理战略的定位是完全面向用户的，因而只有用户才是流程效率高低的最终考评者。

流程导向型组织结构的设计步骤：第一步，目标建模，确定业务流程；第二步，任务合成；第三步，部门设置；第四步，业务流程间接口优化；第五步，人员及权力配置。

2）扁平化组织结构

扁平化组织结构的特点是以工作流程为中心建立组织，分权和集权相结合，团队式管理。扁平化组织结构的设计步骤：第一步，流程设计；第二步，设定管理层级、部门、岗位，进行权责分配；第三步，人员配备，有机整合。扁平化组织结构如图 3.2 所示。

3）网络化组织结构

网络化组织结构的特征是组织边界模糊；以具有一定功能的工作任务节点为构造基础；具有自组织、自适应的特性；以知识网络为支撑。网络型组织结构的设计步骤：第一步，横向结构设计；第二步，纵向结构设计；第三步，整体结构设计。网络化组织结构如图 3.3 所示。

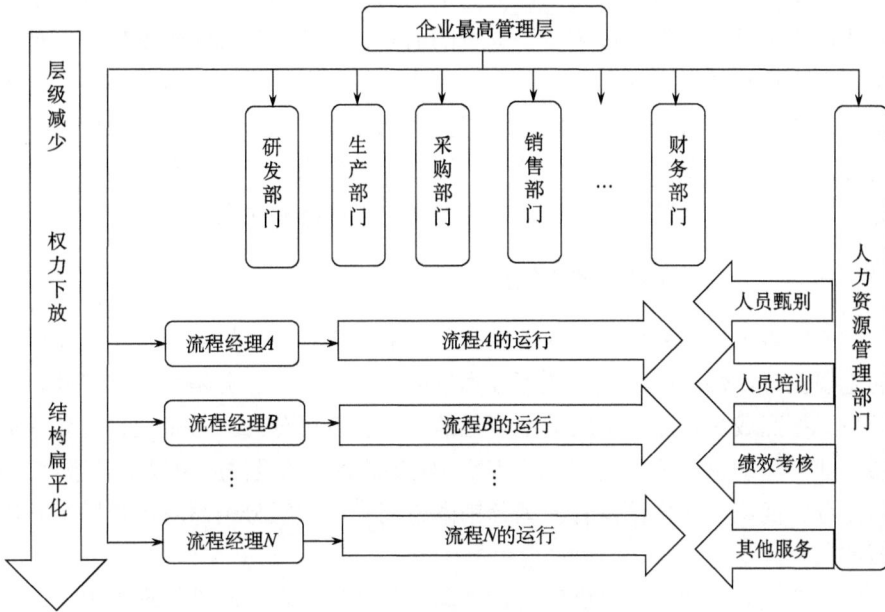

图 3.2　扁平化组织结构

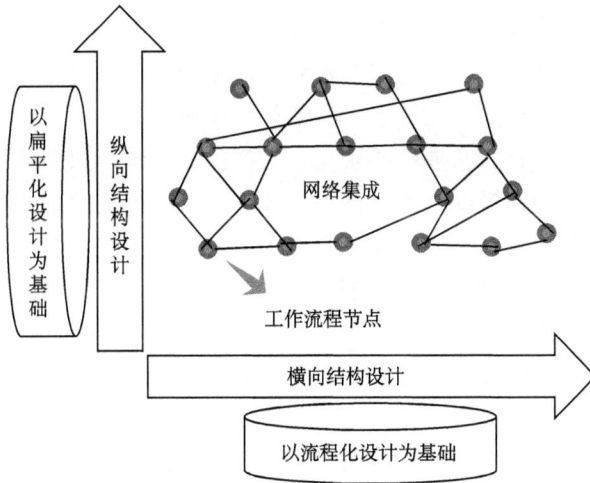

图 3.3　网络化组织结构

4)柔性组织结构

柔性组织是一种与动态竞争条件相适应,具有不断适应环境和自我调整能力的组织。柔性组织无论在管理体制上还是在机构设置上都有较大的灵活性,对企业的经营环境有较强的应变能力。柔性组织以科学技术为支持，具有开放性、合作性和动态性。柔性组织的基本特征包括：第一，弹性领导关系，柔性组织虽然有正式的组织结构，但为适应市场竞争的需要，灵活性的临时组织较多，使领导关系常有变动和调整，弹性增强；第二，决策权分散，权力下放到基层，让每个员工或每个团队获得独立处理问题的能力和独立履行职责的权力，以应付各种突变情况，适应各种变化的条件；第三，增加横向沟通，各部门和岗位的任务、职责分工比较笼统，常常需要通过横向协调而加以明确和调整。

3.2.2 核心企业主导供应链的组织结构

供应链组织结构依据不同的角度有不同的分类方式。按照成员企业在供应链中的主要业务，供应链组织结构可分为供应商、制造商、分销商、零售商以及最终用户。按照成员企业在供应链中角色的重要程度可分为核心企业、重要企业、次要企业和辅助企业等。供应商可以有一级供应商、二级供应商以至多级供应商。同样，分销商或用户也可以有一级分销商或用户、二级分销商或用户以至多级分销商或用户。

供应链核心企业是指对供应链运行起主导作用，在供应链管理中占主动和领导地位的企业。核心企业的运营对供应链有深刻影响，其参与或退出供应链都会使供应链发生重大的组织结构变动。核心企业一般拥有较强的行业地位和运营实力，或拥有决定性资源。在供应链中，核心企业可以是一个，也可以是两个甚至多个。核心企业可能是供应链上游的资源生产型企业，也可能是供应链中游的制造生产型企业，还可能是供应链下游的销售型企业。

供应链重要企业是指掌握核心企业生产产品的关键零部件或生产原料，或是掌握核心企业主要销售资源，主导核心企业主要销售渠道的企业，对核心企业的生产或销售有重要影响。重要企业的引入与退出对供应链运营成本以及供应链的重构有重要影响。核心企业与其上游和下游的重要企业一般需要达成战略合作伙伴关系。重要企业的经营状况对供应链整体效率有重要影响，对产品在市场上的竞争力有深刻影响，所以核心企业与其供应链的重要企业在信息共享、同步协作、合作创新等方面的契约机制就显得非常重要。供应链中核心企业与重要企业、重要企业与重要企业间的合作出现不稳定或者破裂都会对整个供应链的运营造成巨大影响，甚至导致供应链崩溃解体。

供应链中的次要企业一般是指对于核心企业的生产、销售等运作影响不大的企业。对于核心企业来讲，上游次要企业提供的零部件、生产原料，下游次要企业提供的销售渠道在市场上都可以找到较多的替代企业，且剔除次要企业的成本不是很高，对供应链结构的影响不是很大。

辅助企业一般是给供应链提供边缘服务，或者是因某种原因而准备引进供应链但尚在培育期(其提供的产品或服务在供应链中并不缺乏),对核心企业和供应链的运营效率影响比较小的企业。辅助企业的引入和退出对核心企业和供应链的运营和基本结构影响甚微。

供应链具有丰富的动态性,这个特性也反映在供应链组织结构领域。从长期来看,供应链中的重要企业、次要企业、辅助企业的角色地位不是固定不变的。次要企业可能会变为重要企业,重要企业可能降为次要企业,辅助企业也可能会成长为次要甚至是重要企业。这些变化完全取决于市场情况、企业运营情况以及战略目标。但在一定时期内,供应链组织结构需要保持相对稳定,基本不变。

3.3　供应链产品流、信息流和资金流的优化设计

3.3.1　供应链产品流优化设计

产品流对供应链运营产生根本影响。所以,以产品流优化设计为驱动进行供应链设计是很多企业进行供应链优化设计的思路。产品流从供应链供给端到需求端,贯穿供应链始端和末端,它包括原材料、半成品和成品的流动、加工与储存。它影响到产品设计、生产流程、供应链节点企业的选择、供应商与渠道商空间布局、厂房和仓库等设施选址、物流网络设计以及信息流和资金流等内容。产品流设计也涉及供应链推动式运营、拉动式运营、推拉结合运营,以及推拉结合点在供应链中位置的确定等内容。所以,产品流优化的结果往往会带来供应链结构和运营的优化。

对产品流的优化设计可以从两个方面入手,一个方面以重新设计产品结构、优化产品设计和工艺流程为驱动;另一个方面以生产商、供应商和销售商选择和空间布局以及生产、仓储、物流设施建设为驱动。有些企业可能只需要优化这两个方面中的一个,有些企业则需要两个方面都作优化。对产品设计和工艺流程的优化很有可能引起外包生产、供应商以及物流设施的变动,所以第一个方面往往会对第二个方面产生影响。

罗尔斯·罗伊斯(Rolls-Royce)是以优化产品设计和工艺流程为驱动来优化其产品流的。罗尔斯·罗伊斯公司在十几年前进行的旨在重构供应链系统的"40天引擎计划",就是从产品设计推行简化设计和标准化设计着手,采取了一系列的改进优化措施,从根本上优化产品流,从而大幅缩短交货周期,降低库存成本,缩短用户订货的提前期。

苹果公司则是通过优化外包生产商、供应商和销售商等供应链成员节点空间布局来优化其产品流的。20世纪90年代,苹果计算机的设计在美国本土,零部件在我国台湾采购,成品在爱尔兰组装,产品在全世界销售。苹果公司的产品在

日本和中国的销售量巨大。苹果公司将零部件从中国台湾空运到爱尔兰，在那里组装好产品，然后又将大多数成品运到日本、中国销售。这样的产品流导致了供应链管理混乱、低效。从 20 世纪末库克到苹果公司，逐步优化苹果供应链的产品流，关掉了北爱尔兰和北美的生产设施，把成品组装生产外包给亚洲生产商。这样，苹果产品的零部件在亚洲采购，成品在亚洲组装生产，大部分产品在亚洲销售，产品流得到优化，供应链运营效率得以提升[2]。

在进行供应链产品流具体设计时，供应链推动式运作、拉动式运作以及推拉结合点设计是对供应链运营有深刻影响的重要设计内容。这些将在 3.5 节进行讨论。

3.3.2 供应链信息流和资金流优化设计

信息流对产品流和资金流产生深刻影响，支配着产品流和资金流。所以，信息流是供应链的神经，信息流设计是供应链设计的重要内容。供应链中的很多运营实践都离不开信息流。例如，市场需求信息的不真实性沿着供应链逆向传导，使订货量从下游到上游逐级放大，形成需求变异放大效应，即牛鞭效应，以及随之而来的需求预测修正、短缺博弈等。造成牛鞭效应的原因主要是信息流的扭曲。缓解供应链中牛鞭效应的主要措施是提高供应链企业对需求信息的共享性，重新设计供应链上下游供需企业之间的信息流是解决供应链中牛鞭效应的重要措施。又如，供应链中的双重边际效应，也可以通过重构供应链信息流得到一定的缓解。供应商管理库存(Vendor Managed Inventory，VMI)的实施首先需要上下游企业一起确定供应商订单业务处理过程中所需的信息和库存参数信息。库存状态信息在供应链上下游企业间透明共享是成功实施 VMI 的关键。联合库存的实施必须重构信息渠道，即对信息流的优化设计。所以，VMI 以及联合库存的实施不仅是对产品流的优化设计，而且是对供应链上下游企业间信息流的优化设计。

产品流优化设计有时候伴随着信息流的优化(如 VMI 的实施、联合库存的实施)。有时候信息流的优化设计独立于产品流，但即便是设计时独立于产品流，信息流的优化也会显著影响产品流。在实施协同式供应链库存管理(Collaborative Planning Forecastingand Replenishment，CPFR)中，沃尔玛把销售数据直接传递给部分供应商，避免了销售数据在沃尔玛内部产生延迟，改善了信息流的准确性和时效性。在这一过程中，沃尔玛补货及时，库存下降，缺货率降低，产品流得以改善。产品流优化设计有的以重新设计产品结构、优化产品设计和工艺流程为驱动，有的以生产商、供应商和销售商选择和空间布局以及生产、仓储、物流设施建设为驱动，或者兼而有之。可见，产品流优化设计大多属于战略层次的决策，优化设计成本较高。信息流的优化很多在执行层面上就可以实施，比产品流优化要相对容易。

供应链产品流和信息流的优化往往会影响资金流，资金流的设计往往也伴随着产品流和信息流的变动。VMI 的实施、联合库存的实施不仅改变了产品流、信息流，同时因为结账周期的变动(一般会变得更长)，资金流也会得以改善。在供应链实践中的付款条件其实也是资金流设计的一部分，如订金比例、折扣或折扣率、结账日期或结账周期的协商规定。供应链中的产能投资等也跟资金流设计有关。苹果公司在开发某些新产品的时候，供应商需要构建新产品的产能，苹果公司会对供应商一次性投入大量资金，换取供应商对苹果公司新产品的产能和后续供货的保障，而苹果公司对其供应商的后续现金支付就降低一些。又如，有些产品需要设计和制造模具，产品采购方或者一次性给供应商支付模具费用，或者分摊到后续的采购中，这也是个资金流的设计问题[2]。

产品流、信息流、资金流往往相伴而生，所以三个流的优化设计通常需要并行考虑，系统设计。产品流、信息流和资金流的管理、设计与优化无论是企业决策层还是执行层都会涉及，是供应链管理中的核心内容。

3.4 基于产品的供应链设计

产品多样性、产品的市场需求预测、产品生命周期、产品原材料供给特性、产品服务的市场标准以及提前期等对供应链构建有根本性影响。所以，供应链的设计应与产品的市场特性相一致。基于产品的供应链设计首先要明确用户或市场对产品的需求。美国学者 L.Fisher 较早提出供应链应以产品为中心进行构建的观点。

3.4.1 产品类型

根据产品在市场上的表现特点或者根据产品的用户需求模式，可以将产品分为功能型产品和创新型产品。功能型产品和创新型产品的特点对比如表 3.1 所示。

表 3.1 功能型产品和创新型产品的特点对比

比较项目	功能型产品	创新型产品
需求特征	可预测	不可预测
产品寿命周期	>2 年	3 个月～1 年
边际收益	5%～20%	20%～60%
产品多样性	低	高
平均预测误差幅度	10%	40%～100%
平均缺货率	1%～2%	10%～40%
平均季末降价比例	接近 0	10%～25%
MTO 产品的提前期	6 个月～1 年	1 天～2 周

功能型产品的特点如下。

(1)能满足基本需要,因而需求稳定且可以预测,从而使供求可以达到近乎完美的平衡,这使市场调节变得很容易。但是,稳定性会引起竞争,进而导致利润率较低。

(2)产品生命周期长。

(3)生产这种产品的企业可以集中精力使物质成本最小化。在大部分功能型产品的价格弹性给定的情况下,最小化物质成本是一个极其重要的目标。在这一目标中,整个供应链中的供应商、制造商和零售商要协调他们的活动以便能以最低的成本满足市场预测的需求。

创新型产品的特点如下。

(1)需求不可预测。创新型产品能使公司获得更高的利润,但是创新型产品的新颖性使需求不可预测。

(2)生命周期短。这是因为仿制品或同类产品大量出现,使得创新型产品的竞争优势很快丧失,从而公司被迫进行一连串更新颖的创新。生命周期缩短和产品的多样化使需求更加具有不可预见性。

(3)具有高边际利润、不稳定需求的特点。因此,市场具有不确定性,这增加了供求不平衡的风险。对创新型产品而言,市场调节成本是主要的。最重要的是要仔细研究新产品在整个周期内的销售量或其他市场信号,并快速作出反应。选择供应商要考虑的不是低成本,而是供货的速度和灵活性。

3.4.2 基于产品的供应链设计策略

企业可以通过判断需求及供应的不稳定性程度来设计适合企业自身的供应链。按照稳定还是变化,可将产品市场需求和产品生产原料供应分为稳定需求和不稳定需求、稳定供应和不稳定供应,相应地产生 4 种分类:产品市场需求稳定且生产原料供应稳定、产品市场需求稳定而生产原料供应不稳定、产品市场需求不稳定而生产原料供应稳定、产品市场需求不稳定且生产原料供应不稳定。从需求侧来看,功能型产品的市场需求通常是相对稳定的。而创新型产品的生命周期短,市场需求可预测性较低,例如,高端电子产品、时装和时尚家具等时尚产品都属于这一类产品。从供应侧来看,稳定的供应背后是成熟的制造流程和技术以及完备的供应基地。而在变化的供应过程背后,制造流程与技术都处于开发阶段,处于迅速变化的时期,而供应商可能在数量和应对需求变化的经验上都有限。

由此产生 4 种对应的供应链策略类型:效率型供应链、响应型供应链、风险规避型供应链和敏捷型供应链。企业在确定了自己的产品在需求和供应两端各自属于哪一种类型之后,就能够构建适合的供应链。

1. 效率型供应链

效率型供应链一般针对具备稳定的原料和零部件供应的功能型产品。效率型供应链主要体现供应链的物料转化功能，即以最低的成本将原材料转化成零部件、半成品、成品，以及在供应链中运输配送等活动。日常消费品、型号稳定的汽车、普通电子电器产品等适应这样的供应链类型。例如，丰田汽车就属于这一类型的供应链，它的特征是遵循精益原则。精益原则能够帮助公司获得制造和供应链的高效性，同时消除不能够增加价值的行为。效率型供应链的另一个重要特征就是追求规模经济，应用最佳技术，将产能和分销能力都发挥到最大限度。同时，企业必须重视与供应链中的各方保持有效、准确的信息沟通。

2. 响应型供应链

响应型供应链针对具有稳定原料和零部件供应的创新型产品。响应型供应链主要体现供应链对市场需求的响应功能，即把产品分配到满足用户需求的市场，对未预知的需求作出快速反应等。例如，生产个人计算机产品的公司的供应链需要快速和灵活地满足多样且多变的用户需求，就是这一类型的供应链。联想、惠普等公司都建立起了响应型供应链。延迟策略加上模块化设计都是常用的方法。企业通过按订单生产或者大规模定制来做到快速响应。

3. 风险规避型供应链

风险规避型供应链针对供应流程变化不定的功能型产品，它的特征是通过弹性设计或者共同经营和共享资源来减轻因供应不稳定而带来的风险。能力共享是应对供应不稳定的一个有效方式。例如，与其他公司共同拥有缓冲库存，针对一种零部件设立多家供应商，或者利用分销商的库存能力来减小供应风险等。但是，针对一种零部件设立多家供应商可能会使得供应链的协作成本、创新成本等其他成本升高。所以，在构建供应链时，针对一种零部件设立多家供应商要系统考量。

4. 敏捷型供应链

敏捷型供应链结合了响应型供应链和风险规避型供应链的长处，它对用户需求反应迅速而且灵活，同时通过共享库存或者其他的能力资源规避了风险。这种类型的供应链一般针对供应流程变化不定的创新型产品。全球领先的可编程逻辑解决方案生产商赛灵思公司(Xilinx Inc.)就是依靠这一类型供应链赢得了竞争。它与上游晶片制造工厂结成紧密的战略合作伙伴关系，对方负责为其制作晶片并将之存在芯片仓库中。当从用户订单中得知有对于特殊芯片的需求后，赛灵思就会运送裸片到韩国和菲律宾的合作伙伴处进行最后的测试和组装。

如上所述，效率型供应链和响应型供应链主要是从市场需求变化的角度出发的，其重点是处理市场需求不确定条件下的供应链运作问题。在供应链运作管理的过程中，不仅要处理来自需求侧的不确定性问题，而且需考虑如何处理来自供给侧的不确定性问题。在有些情况下，供给侧的不确定性对供应链全局运作绩效影响会更大。图 3.4 是需求不确定性和供给不确定性对某些行业影响的示意图。

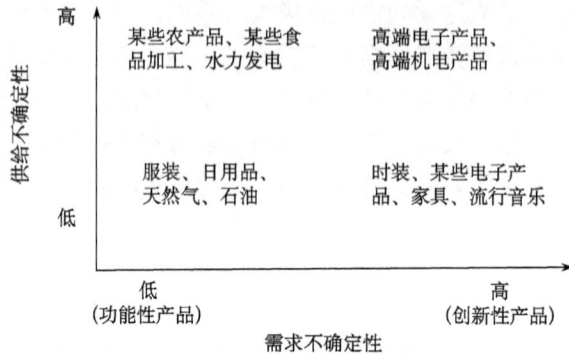

图 3.4 需求和供给不确定性对某些典型行业的影响

管理者可以依据产品在市场上的表现特点和供应链特性判断企业的供应链流程设计是否与产品的市场特性一致。在实施供应链管理的时候，应该根据不同产品的特点选择或设计不同类型的供应链系统。当知道产品在市场上的表现特点和供应链特性后，可以设计出与产品需求一致的供应链。这就是基于产品的供应链设计策略。图 3.5 为供应链设计与产品策略示意图。

若用效率型供应链来提供功能型产品，可采取如下措施：

(1)削减企业内部成本；

(2)加强企业与供应商、分销商之间的协作，从而有效降低整条链上的成本；

(3)降低销售价格，这是建立在有效控制成本的基础上的，一般不轻易采用，需要根据市场竞争情况而定。

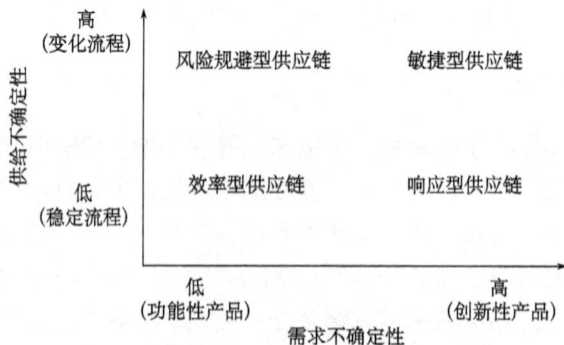

图 3.5 供应链设计与产品策略

用市场响应型供应链来提供创新型产品时，应采用如下策略：

(1)通过不同产品拥有尽可能多的通用件来增强某些模块的可预测性，从而减小需求的不确定性；

(2)通过缩短提前期与增加供应链的柔性，企业就能按照订单生产，及时响应市场需求，在尽可能短的时间内提供用户所需的个性化产品；

(3)当需求的不确定性已被尽可能地降低或避免后，可以用安全库存或充足的生产能力来规避其剩余的不确定性，这样当市场需求旺盛时，企业就能尽快地提供创新型产品，从而减少缺货损失。

除了以上类型的供应链策略以外，根据产品生命周期也有不同的供应链策略，如表 3.2 所示。

表 3.2　基于产品生命周期的供应链策略

产品生命周期	特点	供应链策略
引入期	无法准确预测需求量 大量的促销活动零售商可能在提供销售补贴的情况下才同意储备新产品 订货频率不稳定且批量小 产品未被市场认同而夭折的比例较高	供应商参与新产品的设计开发 在产品投放市场前制定完善的供应链支持计划 原材料、零部件的小批量采购 高频率、小批量的发货 保证高度的产品可得性和物流灵活性 避免缺货发生 避免生产环节和供应链末端的大量储存 安全追踪系统，及时消除安全隐患或追回问题产品 供应链各环节信息共享
成长期	市场需求稳定增长 营销渠道简单明确 竞争性产品开始进入市场	批量生产，较大批量发货，较多存货，以降低供应链成本 作出战略性的用户服务承诺以进一步吸引用户 确定主要用户并提供高服务水平 通过供应链各方的协作增强竞争力 服务与成本的合理化
成熟期	竞争加剧 销售增长放缓 一旦缺货，将被竞争性产品所代替 市场需求相对稳定，市场预测较为准确	建立配送中心 建立网络式销售通路 利用第三方物流公司降低供应链成本并为用户增加价值 通过延期制造、消费点制造来改善服务 减少成品库存
衰退期	市场需求急剧下降 价格下降	对是否提供配送支持及支持力度进行评价 对供应链进行调整以适应市场的变化，如供应商、分销商、零售商等数量的调整及关系的调整等

3.4.3　基于产品的供应链设计步骤

一般情况下，完成基于产品的供应链设计需要进行以下 9 个步骤，如图 3.6 所示。

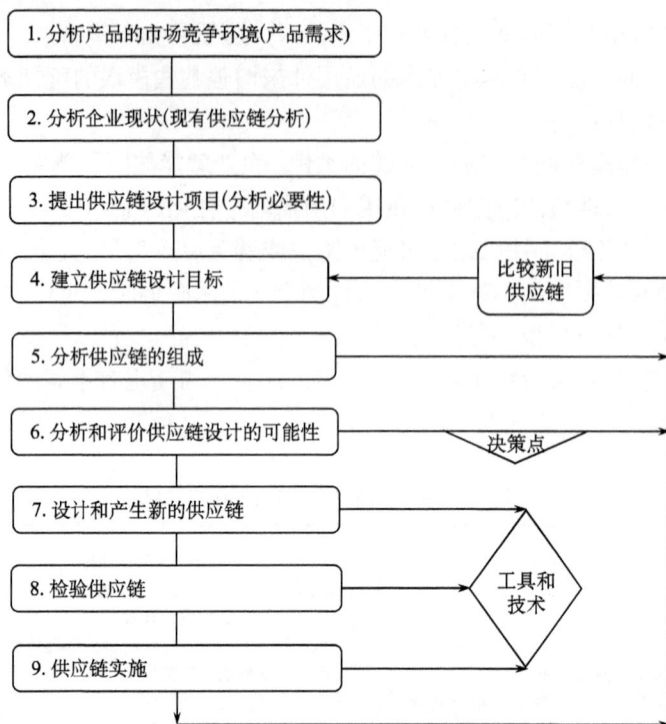

```
1. 分析产品的市场竞争环境(产品需求)
        │
2. 分析企业现状(现有供应链分析)
        │
3. 提出供应链设计项目(分析必要性)
        │
4. 建立供应链设计目标    ◄──────  比较新旧供应链
        │
5. 分析供应链的组成
        │
6. 分析和评价供应链设计的可能性    决策点
        │
7. 设计和产生新的供应链
        │                      工具和技术
8. 检验供应链
        │
9. 供应链实施
```

图 3.6　基于产品的供应链设计步骤

第一步，分析市场环境。

适应市场竞争环境的供应链才是高效的供应链。所以，进行供应链设计首先要分析产品所面临的市场环境。需要了解市场对产品的需求有哪些特征，包括产品类型、市场区域、消费群体等，了解产品的细分市场的情况，需要调查分析供应商的供应能力、产品原材料和零部件的市场行情、竞争者实力和市场份额、下游销售商的渠道能力和市场拓展能力。此外，还要对产品市场的不确定性进行分析和评价，对行业管理、宏观政策环境等市场大环境可能产生的影响进行分析。

第二步，分析企业现状。

分析企业运营管理现状主要侧重于对核心企业的供应链管理现状进行分析，找出供应链运作过程中存在的问题。如果核心企业还未建立供应链管理体系，则分析其供应和市场销售管理现状。考察企业运营中存在的问题，分析企业运营中对所在供应链运营的影响以及供应链设计的主要影响因素。这一步骤需研究供应链构建设计的总方向或者供应链设计定位。

第三步，提出供应链设计项目。

针对供应链运营和核心企业供应链管理中存在的问题提出供应链设计项目，并分析其必要性。

第四步，根据基于产品的供应链设计策略提出供应链设计的目标。

基于保障供应链运营可靠和供应链运营成本经济性两大基本要求，提出供应链设计的目标。设计的基本目标应包括提高服务水平和降低运营成本目标之间的平衡，最大限度地避免目标之间的冲突。同时可能包括以下具体目标(在不同企业和不同供应链实际情况下，供应链设计的具体目标可能只是下面的一部分目标)：

(1)进入新市场；

(2)开发新产品；

(3)开发新的分销渠道；

(4)改善售后服务水平；

(5)提高用户满意度；

(6)降低成本；

(7)通过降低库存来提高工作效率等。

在以上这些设计目标中，有些目标之间可能存在悖反冲突，这就要求供应链设计从系统设计的高度明确首要目标或主要目标，随企业运营阶段状况的变化确定实现这些目标的先后次序和重要程度。

第五步，分析供应链成员组成和组成供应链的各类资源要素，提出组成供应链的基本框架。

供应链中的成员组成分析主要包括供应商、生产商、分销商、零售商、用户的选择与定位，各类资源要素组成分析包括工厂、生产设备、生产工艺、产品设计公司、物流设施设备、物流服务提供商等的选择与定位。确定供应链成员组成和资源要素的选择与评价标准，提出组成供应链的基本框架。

第六步，分析和评价供应链设计的技术可能性。

分析和评价供应链设计的技术可能性是实现供应链管理的重要步骤。它在可行性分析的基础上，结合企业的实际运营情况为设计与构建供应链提出技术建议和支持。这个步骤是一个决策的过程，如果认为方案可行，就可进行之后的供应链设计；如果不可行，就要重新进行设计。结合企业本身和供应链内部资源(如产品设计公司、外协加工方、物流服务提供商等)的情况进行可行性分析；如果不可行，则需要重新设计供应链，调整成员企业或更新产品设计。

第七步，设计和产生新的供应链。

这一步主要解决以下问题：

(1)确定供应链成员组成，包括供应商、分销商、生产制造商等；

(2)确定供应链主要组成资源，包括设施设备、产品设计公司、外协加工方、物流服务提供商等；

(3)生产原料和零部件的来源，包括原材料和零部件供应、价格、物流运输等问题；

(4)生产设计，包括市场需求预测、产品型号和种类、生产能力、生产计划、跟踪控制、生产物流管理等问题；

(5)分销任务与能力设计，包括产品市场细分、用户区域、用户群体特征、渠道、价格、销售物流等问题；

(6)信息管理系统设计与构建；

(7)物流管理系统设计与构建等。

在供应链设计中，需要广泛地应用到许多技术工具，包括：归纳法、流程图、仿真模拟、设计软件等；第三方物流的选择与定位，计划与控制；确定产品和服务的计划，运送和分配，定价。设计过程中需要供应链成员企业参与交流，以便于以后的有效实施。

第八步，检验供应链。

供应链设计完成以后，应通过一定的技术方法进行测试检验或试运行，如不行，则返回第四步重新进行设计；如果没有什么问题，就可实施供应链管理了。

第九步，供应链实施。

供应链实施过程中需要核心企业的协调、控制和信息系统的支持，负责从工业设计到批量生产、物流等全方位的供应链控制、协调，使整个供应链成为一个整体[1]。

3.5 供应链推动式与拉动式设计

3.5.1 供应链推动式运作与拉动式运作

供应链推动式运作是以制造商为核心，产品生产建立在需求预测的基础上，根据产品的生产和库存情况，有计划地把商品推销给用户，其驱动力源于供应链上游制造商的生产，如图 3.7 所示。拉动式供应链通常在用户订货前进行生产，产品生产出来后从分销商逐级推向最终用户，用户处于被动接受的末端，如图 3.8 所示。

图 3.7 推动式供应链

图 3.8 拉动式供应链

供应链拉动式运作是根据用户实际需求而不是预测需求进行生产组织与协调的。供应链拉动式运作的驱动力产生于最终的用户，产品生产是受需求驱动的。在供应链拉动式运作模式中，需求不确定性很高，周期较短，整个供应链要求集成度较高，信息交换迅速。

在推动式供应链中，生产和分销的决策都是根据长期预测的结果给出的。制造商利用从零售商处获得的订单进行需求预测。一般情况下，当产品的市场需求不确定性较低、可预测性较高的时候，产品生产按预测进行，产品流运作应以推动式为主。推动式运作可以缩短交货周期，提高供应链下游对市场的响应速度，也可以充分利用生产企业的产能实现规模效益，降低产品生产成本，一定程度上有利于合理制订生产运营计划。

推动式运作的风险主要在于需求波动上。万一预测偏差较大或者遭遇市场需求意外突发的大幅降低，推动式运作就会产生大量的库存积压，甚至出现产品过时等现象，导致供应链成本大幅上升，所以供应链的推动式运作有库存风险。反过来，在需求高峰时期，难以满足用户需求，导致服务水平下降。另外，由于推动式供应链对市场的响应速度是建立在对市场需求预测的基础上的，如果产品的市场需求不确定性较低，可预测性较高，则供应链对市场的响应速度就较快。如果需求预测不准，供应链进行转换调整，生产和销售的周期就会大幅增加，供应链对市场响应速度就会变慢。

当市场需求很难预测时，一般情况下，供应链应采取拉动式运作。在供应链拉动式运作中，生产和分销是以下游的实际需求为导向的，依据订单来安排生产。所以，在实际运行中，拉动式供应链的生产是由订单驱动的，主要的生产策略是按订单生产，按订单组装和按订单配置。拉动式供应链和分销能与用户的真正需求而不是预测需求相协调。拉动式供应链运作可以较为有效地消除市场需求波动带来的风险。在拉动式供应链中，企业不需要持有太多库存，只需要对订单作出反应。归纳起来，拉动式供应链有以下优点：

（1）制造商库存水平和供应链整体库存水平有较大幅度下降，从而提高了资源利用率；

（2）通过更好地预测零售商订单到达情况，可以缩短提前期；

（3）由于提前期缩短，零售商的库存可以相应地减少；

（4）由于提前期缩短，供应链系统的变动性减小，尤其是制造商面临的变动性减小。

但是，订单驱动的拉动式供应链当遇到紧急订单时，交货期比一般情况下大幅缩短，会仓促安排生产，导致生产总成本升高，影响产品的质量、数量和交货期，存在产品供应风险。另外，由于拉动式供应链系统不可能提前较长时间作计划，因而生产和运输的规模优势也难以体现。拉动式供应链虽然具有许多优势，但要获得成功并非易事。其一，必须有快速的信息传递机制，能够将用户的需求信息(如销售点数据)及时传递给不同的供应链参与企业。其二，虽然能够通过各种途径缩短提前期，但如果提前期不太可能随着需求信息缩短时，拉动式供应链是很难实现的。

当产品是创新型产品，市场需求是以前不存在的、产品驱动的创新型需求时，这样的市场需求很难预测，供应链下游销售企业也不可能在产品没有推向市场前而发出订单。创新型产品需要快速推向市场以获取高额利润，在这样的情况下，虽然需求很难预测，可预测程度很低，但供应链仍宜采取推动式运作。当产品推向市场一段时间后，供应链下游销售企业就可以作出一定的市场需求预测，从而生成产品订单，这时供应链可转向拉动式运作。在某些缺货损失较大的产品流中，即使是产品需求难以预测，有时候也采取推动式运作。这种供应链设计的代价是较低的库存周转率、较高的库存成本。

对一个特定的产品而言，在实际的供应链管理过程中，企业是应该采用推动还是拉动战略，不仅要考虑来自需求端的不确定性问题，还要考虑来自企业自身生产和分销的规模经济问题。在其他条件相同的情况下，需求不确定性越高，就越应当采用根据实际需求管理供应链的模式——拉动战略；相反，需求不确定性越低，就越应该采用根据长期预测管理供应链的模式——推动战略。同样，在其他条件相同的情况下，规模效益对降低成本起着重要的作用，组合需求的价值越高，就越应当采用推动战略，根据长期需求预测来管理供应链；如果规模经济不那么重要，组合需求也不能降低成本，就应当采用拉动战略。

3.5.2 供应链推拉结合点定位

供应链拉动式运作和推动式运作各有优势和劣势，所以几乎所有的供应链都是推拉结合的，很少有供应链是纯粹拉动式运作或纯粹推动式运作的。总体来看，能进行市场预测的供应链局域宜采用推动式运作，难以进行市场预测的供应链局域宜采取拉动式运作。推动式运作与拉动式运作的接口处被称为推拉结合点，如图 3.9 所示。供应链中推动式运作和拉动式运作的结合点对于供应链运营有非常重要的影响。

一般情况下，供应链中产品的市场预测准确度越低，产品定制化程度越高，推拉结合点离最终用户越远，更靠近供应链上游的位置。在产品品种多且批量小的制造行业，产品制造商一般要依据下游用户的订单来驱动装配生产，供应链推拉结合点在零部件采购环节。对于各种产品通用的零部件，其需求不确定性较低，可预测性较高，各通用零部件供应商和其下游的产品装配生产制造商组成的供应链局部是推动式运作。产品装配制造商等到下游用户订单来了，再进行最后产品的组装，制造商和其下游用户组成的供应链局部是拉动式运作。所以，对于通用

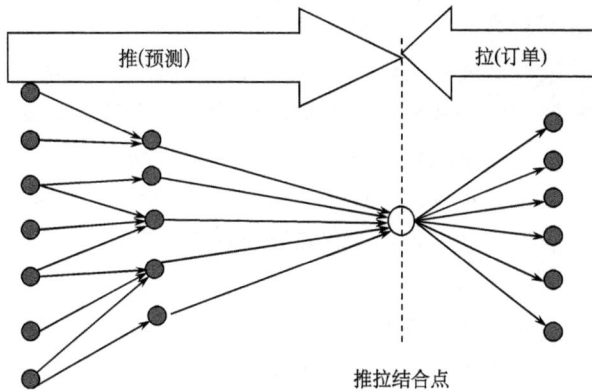

图 3.9　供应链推拉结合点

零部件来说，供应链的推拉结合点在装配制造商处。对于非通用的零部件，制造商往往等到用户订单后再给上游非通用零部件供应商下单，上游非通用零部件供应商按照订单来组织生产，是推动式生产，这样，推拉结合点就会沿供应链向上游移动。相反，产品的需求可预测程度越高、标准化程度越高的情况下，供应链中的推拉结合点就越靠近最终用户。

另外，有的行业虽然产品的可预测性程度很低，很难进行较为准确的预测，但是对产品的时效性要求很高，一旦缺货，损失很大。这种情况下，供应链中的推拉结合点不是远离最终用户，而是靠近最终用户。对产品时效性要求越高，其推拉结合点就越靠近最终用户。例如，机场的飞机维修关键备件一旦缺件而导致飞机停飞，航空公司损失非常大。飞机维修备件的交货时间一般很短，通常以小时计量，对时效性要求很高。所以，飞机维修备件供应的推拉结合点就在机场的飞机维修点。在很多行业，备件供应链的推拉结合点就在用户的生产设施附近。这样做势必导致库存较高，库存周转率较低(有些飞机维修备件年周转率甚至低到1 次左右，国防工业更低)，但这是必然要付出的代价。

在供应链领域，很多实践都与有效定位推拉结合点有关。例如，有些供应链中采取的延迟策略，产品中的通用零部件可预测程度高，采用推动式运作，以取得规模效益，降低成本；差异化部分用拉动式生产，以降低需求变动带来的库存风险。又如，戴尔公司曾经用过的直销模式在成品层次是典型的拉动式运作，根据订单进行组装生产，在零部件阶段却是典型的推动式运作，因为很多零部件通用性高，用量可预测程度很高。直销模式和延迟策略的成功就在于完美结合供应链的推与拉，很好地进行了供应链推拉结合点的定位。

不同供应链中的推拉结合点在供应链中的位置一般是不同的。即便在同一个供应链中，推拉结合点在供应链中的位置也会随着产品生命周期、产品创新性等因素而变动。很多创新型产品在生命周期的初期市场可预测性低，为了获得高额利润，供应链下游采取高库存运作，推拉结合点靠近最终消费者，但库存风险较高。在产品生命周期的中期和后期，市场可预测程度提高，如果产品的模块化和零部件通用化水平低，则供应链推拉结合点向上游移动，逐渐远离最终消费者，供应链下游采取低水平库存，库存风险降低；如果产品的模块化和零部件通用化水平提高，则供应链推拉结合点的位置靠近最终用户，可在分销商处，但其库存风险比在产品生命周期的初期要低。

在创新型产品生命周期的初期，因库存成本高、风险大，有些企业为了降低成本，采取直销模式。在直销模式下，供应链推拉结合点的位置比在分销模式下更靠近成品生产商，在供应链中位于更上游的位置。戴尔在创立直销模式时，计算机还是创新型产品，产品降价速度快，成品层次的可预测程度低，库存风险成本高，直销模式是总成本最低的供应链模式。但是，计算机逐渐成为大众商品后，产品的市场可预测性越来越高，产品的模块化和零部件通用化水平升高，配置越来越标准化，供应链中推拉的最优结合点也相应发生位移。在计算机的库存风险成本普遍显著降低的情况下，戴尔直销模式高昂的运营成本再也无法从库存风险成本节支来抵消，其直销模式的总成本不再是低成本模式。在这样的情况下往往需要进行供应链转型，重新构建渠道，重新设置推拉结合点。

供应链中的推拉结合点选择适当会有效地平衡供应链的运行成本、响应速度和服务水平。如果推拉结合点选择失当，则会增加供应链的总成本，造成供应链运营的诸多问题。例如，时装行业常见的订货会模式，其供应链的推拉结合点在经销商处，品牌生产商要求经销商提前 1~2 个季度订货，由经销商的订单驱动整个供应链。这种模式对品牌商而言是拉动式生产，对经销商则是推动式运作，即他们的订单依赖预测。但是在很多情况下，经销商对服装产品的预测准确度很低，所以在很多时候会导致产品要么短缺，要么积压，致使经销商效益下降，成本上升。低效益高成本很快会传导到品牌商，品牌商效益也会下降，导致供应链运营效益低下，成本升高。对积压库存的降价销售会挽回一些损失，但是经常降价销售会有损品牌，导致品牌贬值。这是有些服装品牌商陷入困境的重要原因之一。为了应对这些状况，一些服装品牌商改善供应链成员协作，改善或重新设计供应链中的信息流系统，提高供应链响应速度，及时共享零售商的销售数据，及时调整品牌商的生产运营计划。一些服装品牌商采取直营模式，品牌商进入零售领域，推进竖向集成，这种做法的实质就是将供应链推拉结合点移到品牌商处[2]。

推动式运作与拉动式运作是供应链管理中最根本的决策之一。推动式运营可以获得规模效益，但库存风险大；拉动式运营降低了库存风险，但同时丧失了规模效益。片面采用任何一种方式都忽视了供应链管理的根本准则。企业在设计供应链时不仅要考虑产品特点、市场需求，而且要考虑企业自身生产和分销规模经济的重要性，只有系统综合考虑，才能作出适合企业的推动式、拉动式或者是推拉结合的供应链设计。

3.6 本 章 小 结

供应链网络既具有动态性又具有相对稳定性。构建高效精简的供应链是供应链管理中极为重要的一环，是建立供应链高效运行机制的重要基础，对于提高供应链管理绩效有深刻影响。本章首先概述了供应链系统设计的主要内容，介绍了供应链设计的宏观原则和微观原则，然后介绍了基于产品的供应链设计策略、基于销售的供应链设计策略以及基于用户要求的供应链设计策略。重点阐述了供应链设计中的组织结构设计、基于产品的供应链设计以及供应链中的推拉设计。供应链的设计不是一劳永逸的，而是一个不断迭代优化的过程。绝大多数的供应链设计不是从零开始或者推倒现有体系以实施全新方案，而是在原有的基础上逐步进行改进和优化。供应链系统设计与优化是一项庞大、复杂的工程，涉及供应链系统的各个方面。供应链组织机制设计包括供应链成员企业的组织结构形态设计和核心企业领导下的供应链组织结构设计。产品流对供应链运作产生根本影响，以产品流优化设计为驱动进行的供应链设计往往是很多企业进行供应链优化设计的思路。产品多样性、产品的市场需求预测、产品生命周期、产品原材料供给特性、产品服务的市场标准以及提前期等对供应链构建有根本性影响。所以，供应链的设计应与产品的市场特性相一致。供应链拉动式运作和推动式运作各有优势和劣势，几乎所有的供应链都是推拉结合的，很少有供应链是纯粹拉动式运作或纯粹推动式运作的。企业在设计供应链时不仅要考虑产品特点、市场需求，而且要考虑企业自身生产和分销规模经济的重要性，只有系统综合考虑，才能给出适合企业的推拉设计。

第4章 供应链网络复杂性研究的进展

4.1 复杂供应链网络含义

科学技术的发展推动经济全球化新阶段的到来，全球主要经济体几乎都在经历着产业结构的转变。新兴市场日益崛起，经济模式的超级大调整趋势明显。电子商务推动着新兴商业模式的兴起与发展。供应链网络的结构正在经历着前所未有的变革。在新科学、新技术、新理念驱动下的供应链网络演化已经在持续改变着全球化新阶段的内容与特征。供应链网络在全球化经济调整、国家和地区产业结构调整以及经济社会发展中的作用越来越重要。经济模式的变革尤其是产业结构和流通模式的变革驱动着供应链网络结构特征和运行管理的变化，供应链网络的变化也在影响着经济模式的变革。

在世界经济全球化的今天，供应链管理能力已经列为企业一种重要的战略竞争资源。我国是制造业大国，对制造业零部件厂家进行合理布置，建立协作体系，从供应链管理的角度来考虑企业的生产经营活动，形成这方面的核心能力，对经济发展越来越重要。我国现阶段正处在经济转型和经济结构调整的关键时期，资源配置和经济发展模式需要持续而深刻的变革。经济转型侧重于调结构，新一轮的经济转型包括消费主导时代的转型与变革、城市化时代的转型与变革、城乡一体化的转型与变革、公共产品短缺时代的转型与变革和低碳经济时代的转型与变革。经济转型会直接而深刻地影响到供应链网络的结构、发展与运行。供应链网络的结构特征、运行特征、管理特征在经济转型、经济结构调整与产业互联的趋势中呈现出新的变化。

供应链早期的企业内部从生产到用户的过程链扩大为由供应商、生产商、分销商、零售商和最终用户组成的功能网链系统，从生产链演进为涵盖整个产品运动过程的增值链，从区域运筹到全球运筹，经历了从简单链式系统到复杂网络系统的过程。现代供应链通过对产品流、信息流、资金流、价值流及其工作流的协调与控制，从采购原材料到制成最终产品，最后由销售网把产品送到最终用户手中。每个有形或无形产品都有其所属的供应链，它们或简单或复杂。

在社会经济活动中，许多供应链都不是孤立存在的，而是相关供应链结成一个庞大而复杂的供应链网络。供应链网络中多条供应链的成员企业相互影响，一条供应链上的成员企业及其关系可能受到另外一条供应链成员企业及其关系的影响，每个企业或社会经济活动参与者无一例外地都处在不同的供应链网络之中。

供应链网络不仅是连接供应商到用户的物流网络、信息网络、资金网络，而且是产品增值网络，物料在供应链网络上因加工、包装、运输等过程而增加其价值。现代经济社会中价值链的持续变革、企业运筹空间尺度的不断扩大、生产协作分工的细化以及产销模式的不断革新使现代供应链网络的复杂程度越来越高。复杂供应链网络是在一条或多条价值链上形成的具有战略合作伙伴关系的市场主体及它们之间的供需关系构成的网络系统。复杂供应链网络系统具有非线性、大规模、高维度的特征，且具有时间和空间尺度特性。复杂供应链网络同时具有复杂性、动态性、协调性等特征。从较大的时间尺度来看，复杂供应链网络中的企业合作伙伴关系不是长期固定不变的，因为外界因素的影响和内部目标的转变，供应链网络的合作伙伴会处在一个动态调整的过程中。复杂供应链网络因企业战略转型和适应市场需求的变化，其中的节点企业需要动态更新。

复杂供应链网络是一种复杂适应系统，具有涌现、自组织、动态、非线性和演化等特征。在复杂供应链网络中，除了存在产品流、信息流和资金流以外，还存在控制流、决策流、价值流、知识流等影响供应链网络整体运行的流。这些流相互作用、相互影响，增加了供应链网络管理的难度，也增加了供应链网络的复杂性。从某种角度看，复杂供应链网络由链条型供应链网络和平面型供应链网络演化而来，在这些供应链网络的基本构成和一般特征的基础上，复杂供应链网络的特征变得更加突出，这些因素是目前引起供应链合作、优化、风险等方面问题难以解决的原因之一。在现代社会中，供应链网络的运行对社会经济和生活产生无法估量的巨大影响。

在复杂供应链网络中，任何一个环节上的细微变化都可能给供应链网络系统带来巨大变化。而这些变化和供应链网络本身的拓扑结构及宏观性质紧密相关。复杂供应链网络局部微观特征的累积或变化可能会给供应链网络全局带来完全不同于局部的特征涌现。作为一个复杂的网链结构，复杂供应链网络由众多节点企业组成，每个节点企业可看作供应链网络中的一个实体节点，这些节点之间由于存在直接或间接的业务关系而相互作用，同时这些节点受到其他供应链实体节点和经济大环境的影响。复杂供应链网络的动力学行为特征直接影响供应链网络的运行，而复杂供应链网络的拓扑结构又深刻影响着它的动力学行为。

4.2　供应链网络复杂性研究的进展

4.2.1　网络化复杂系统拓扑性质

系统的特性和功能除了受其所处的外部环境影响之外，更多的是受其内部结构的影响。许多现实系统的结构可以用网络的形式表达出来，如蛋白质结构网络、计算机网络、合作网络等。人们经过多年的研究认识到自然事物或社会事物聚合而形成的一定结构的自然网络、科技网络、社会网络的某些结构特性具有迷人的普适性。这样的规律特性的发现大大推动了复杂系统科学的研究，使网络科学成为研究复杂系统的主要工具之一。国际上的两项工作开创了复杂系统与复杂网络研究的新纪元。一是美国康奈尔大学的博士 Watts 和其导师 Strogatz 在 *Nature* 杂志上发表的文章，引入了小世界网络模型，以描述从完全规则网络到完全随机网络的转变[3]。小世界网络既具有与规则网络类似的聚类特性又具有与随机网络类似的较小的平均路径长度。二是美国圣母诺特丹大学 Barabási 和其博士生 Albert 在 *Science* 杂志上发表的文章指出，许多实际复杂网络的连接度分布服从幂律形式，具有无标度(Scale-Free)特性[4]。在这两项开创性的工作之前，国际上研究的通常是均质网络。有相互作用的结构中的均质性意味着几乎所有的点在拓扑意义上是相当的，如规则网和随机图。对随机网络来说，任意两点间的连接概率相同，因此度分布是二项分布，当图的规模趋向无穷大时，度分布趋于泊松分布。那时人们对实际网络进行研究时，总期望网络的度分布在某个均值周围，具有明确的二次波动平均。但事与愿违，人们在研究不同领域的实际网络时发现，大多数现实网络的度分布具有幂律的特性。因为幂律在所有标度上都具有同样的性质，所以这样的网络被称作无标度网络，这类网络具有高度非均匀性。

复杂网络的无标度概念提出之后，人们对大量的实际网络拓扑特征进行了广泛的实证研究。这些对实际网络的研究来源于社会领域网络、信息领域网络、技术领域网络和生物领域网络等。对实际网络的研究结果表明，大多数实际网络内在不同，但是具有相同的拓扑属性，如较短的特征路径、较高的聚集系数、度分布的胖尾形状、度相关性以及社团结构。实际网络的所有这些特征与规则网格和随机图截然不同。这引起了人们对理解形成网络拓扑结构的演化机制和体现实际网络最重要特征的网络模型的极大关注。

近些年来，许多复杂网络模型相继问世，其中有些模型可以成功地复制实际网络的重要拓扑结构特征，并取得了一定的实际应用。近几年，复杂网络的研究重点逐步转移到各种动力学过程与其他学科的交叉融合方面。中外很多科研工作者为此做出了卓越的贡献。近些年来，复杂网络理论研究的工作主要集中在以下几个方面：揭示刻画网络结构的统计性质，以及度量这些性质的合适的方法；揭示现实网络中的共有性质，研究实际网络的形成机理，构建复合实际网络特性的复杂网络模型；通过把复杂网络看成动力系统或在网络中引入动力学单元，研究网络的动力学行为和过程，如鲁棒性、同步、传播、混沌、分形以及级联失效；基于单个节点的特性和整个网络的结构性质预测网络的行为；提出改善已有网络性能和设计新网络的有效方法，特别是稳定性、同步性和数据流通等方面；网络搜索与导航；复杂网络动态控制等。现在，在复杂网络理论的前沿领域，科研工作者主要集中于以下方面进行深入研究：不同性质网络间相互作用的量化；对于不同网络结构的规范分类方法；对更多实际网络的分析，力图发现其新的共性；社会网络的不相配性和生物、科技网的相配性的原因；描述普遍的复杂网络的独立统计参量以及两种或几种统计参量之间的函数关系；网络演化的模拟；在网络中发生的动力学过程怎样影响网络的拓扑结构；网络的可控性；网络动力学的普遍性质等。

Latora 和 Marchiori 提出复杂网络全局效率的定义：网络中两个节点之间测地线长的倒数之和的平均值[5]。这个定义可以在一定程度上表示复杂网络中节点之间平均交通的难易程度。如果网络是不连通图，则不连通的节点网络平均距离的定义式发散。为了解决这个问题，Latora 和 Marchiori 给出了测地线谐平均距离的概念，把测地线谐平均距离定义为全局效率的倒数[5]。例如，在交通网络、互联网等基础设施网络中，需要知道哪些节点和哪些边对于网络正常运作是至关重要的。一般来讲，那些关键的节点应该是网络中的枢纽节点，然而在一些情况下，这些度值高的枢纽节点对于网络系统的运行及其功能不一定是最重要的节点。文献[6]认为找到一个复杂网络的关键部分的一个方法是寻找最脆弱的顶点，该文献中定义了顶点的脆弱性，以网络全局效率和从网络中去掉某个节点后的效率来计算该顶点的脆弱性，并定义网络的脆弱性是脆弱性最大节点的脆弱性。这些定义对描述实际的物质、信息、能量等传输网络有重大意义。

Newman 研究了网络的度相关性，给出了网络同配性系数的计算公式，他将网络的同配性系数定义为一条边两个端点度值的皮尔森系数的平均值[7]。Catanzaro 等对社会网络的研究[8]、Park 和 Newman 对因特网的研究[9]、Berg 等对蛋白质相互作用网络的研究[10]中都考察了度相关性或同配异配性。度相关性和同配异配性对网络的动力学过程有非常重要的影响。Brede 和 Sinha 研究了网络的度相关性和同配异配性对网络不稳定性的影响[11]，Bernardo 等研究了网络的度相关性和同配异配性对网络同步的影响[12,13]，Madar 等研究了网络的度相关性和同配异配性对网络传播的影响[14,15]。

复杂网络邻接矩阵的特征谱包含了网络的重要信息，对于了解网络的结构涌现和动力学特性有非常重要的作用。Farkas 等研究定义了网络谱密度及其 K 阶矩，研究了无标度网络的特征谱[16,17]。我国学者史定华等分析研究了网络谱序列中存在的标度不变性以及结构涌现网络，研究了拉普拉斯矩阵的特征谱与网络同步之间的关系以及在分析网络社团结构中的应用[18]。近些年，在复杂系统与复杂网络部分领域的研究中体现了从简浅到深刻的趋势，例如，判断一个分布是不是服从幂律的方法，标度指数如何确定，离散和连续分布的区别等，又重新成为学术界争论的焦点。层次网络[19, 20]、阿波罗网[21, 22]和伪分形图[23, 24]等网络的度分布和标度指数就一直是存在一定争议的问题。

4.2.2 网络上的传播、级联失效与控制

网络中的传播受网络拓扑结构的影响。文献[25]和文献[26]指出在随机网络和规则网络中存在传播阈值，当网络节点的感染高于此阈值时，疾病就会在被感染网络中长期存在，如果网络节点的感染率低于此阈值，被感染节点则会迅速减少；无标度网络无明显的传播阈值，传染病毒更容易在无标度网络中传播并长期存在；在小世界网络中，传染病毒的传播比在规则网络中更容易，速度也更快。文献[27]~文献[31]研究了复杂网络上的传播与其拓扑结构的相互作用以及自适应合作演化，同时研究了显示网络拓扑和节点动力学的相互作用会产生更为丰富的动力学行为；网络的传播过程中涌现出来的分布式自组织、自适应特征使得传播网络更为复杂；在自适应网络中，个体规避病毒感染的行为会对网络结构产生适时调整，从而能够有效抑制病毒的传播；传播过程会出现在静态网络中不存在的双稳态和振荡域。文献[32]~文献[35]在研究网络传播动力学时，以模块作为网络结构的特征参量，考虑了网络的社团结构。其中文献[32]研究传播动力学模型在具有社团结构的小世界网络的社会接触网络上的传播行为，研究发现，网络中社团结构对传播行为影响很大，传播阈值会因网络社团的存在而降低，但是病毒的最终传染规模也会因社团结构的存在而降低。文献[33]研究无标度网络的社团结构对传播动力学行为的影响，研究指出在具有社团结构的无标度网络中，社团结构的存在会降低病毒传播的危害强度。文献[34]在研究具有社团结构的网络传播时发现随着传播速率的增加，感染密度具有稳定于一个固定的平衡点或者 2 周期振荡、不稳定振荡等特性。Salathé 和 Jones 的研究发现，在具有社团结构的网络中，免疫桥接节点比免疫度大的节点能够更有效地控制病毒在网络中的传播[35]。Kitsak 等对网络传播过程中节点对传播的影响程度进行了研究，指出在传播源仅有一个的情况下，介数高的节点或者度值大的节点不一定是最有影响力的节点，而通过 K 壳分解确定的 K 壳值大的网络核心节点才是最有影响力的节点[36]。

1999 年，Barabási 和 Albert 等探索了几个大型网络的数据库，首次提供了某些大型网络能够自组织成无标度网络的证据，表明这些网络的度分布以幂律衰减，经过长时间的演化后将导致网络中绝大多数点只有少数连接边，而少数点具有大量连接边。为了寻找无标度网络的形成机理，Barabási 和 Albert 发现增长和择优连接在网络演化中起重要作用，并据此提出了著名的网络演化模型，即 BA 模型。Moreno 等在文献[37]中提出了一种研究 BA 无标度网络的级联失效模型，这种模型是一种负荷-容量节点动态模型，文献中赋予了网络中每个节点一个满足Weibull 分布的安全阈值，将节点承担的负荷定义为外部作用与网络总节点数的比值。若节点负荷大于安全阈值，则表明节点发生故障。节点发生故障时将其负荷平均传给无故障的邻居节点，并从网络的极大连通子图中移除该故障节点。节点

负荷的再分配可能引起非故障节点发生故障，产生级联失效。当网络中所有未移除节点的负荷都小于安全阈值时，级联失效消失，网络达到平衡态。Motter 等建立了与文献[37]不同的另一种负荷-容量节点动态模型，假定信息或能量总是在节点之间沿着测地线(短程线)进行交换，节点的负荷定义为该节点的介数，节点的容量定义为节点可承载的最大负荷，它正比于其原始负荷[38]。Motter 等指出，正常情况下，网络在自有流状态运行，当某节点发生故障时，会导致网络最短路径的分布发生变化，网络中无故障节点的负荷也可能发生改变。同样，当节点负荷超过其容量时，该节点就会失效，从而引起节点负荷新的一次再分配。如果网络的节点负荷分布是异质的，且移除的节点负荷较高，就会导致级联失效。前面提出的模型考虑的是节点的动态行为，文献[39]研究了 BA 无标度网络中由于节点之间连边的拥堵引发的级联失效，不是给节点赋予负荷而是给连边赋予负荷，连边的负荷服从某种统计分布，并定义每条边的容量为 1，如果边的负荷超过容量，则表明该边发生拥堵，这样就需要按照一定的动态规则重新分配负荷，如果相邻的所有边都发生拥堵，则必须丢弃或者将负荷全局分配给整个网络里没有发生拥堵的其他连边。边的负荷的再分配可能引发其他边的拥堵，从而产生级联失效，如果发生拥堵的连边较多，网络最终将可能不存在极大连通子图。Crucitti 等提出了既考虑节点又考虑边的动态级联失效模型，该模型用无向权图来表示一般的传输网络，边权越大，表示该边的信息传递效率越高[40]。他们定义节点负荷为某时刻的效率最优路径的条数，定义了边权的演化公式。在他们的研究中，当网络中某节点失效时，网络中节点之间的效率最优路径将会发生变化，导致负荷的再分配，从而可能引发其他正常节点的负荷过载，然后引起新的负荷再分配，最终导致级联失效。Crucitti 等用级联失效结束后，即网络达到稳定后的平均效率来衡量网络的受损程度[40]。我国学者汪小帆等提出了一种基于耦合映像格子的相继故障模型[41]。

复杂网络鲁棒性和抗毁性研究最早始于 Albet 等在文献[42]中的工作，开始关注拓扑结构对复杂网络鲁棒性的影响，他们分别把传统的 ER (Erdös-Rényi)随机网络和 BA 模型无标度网络置于两种类型的攻击策略之下，一是随机故障策略，即完全随机地移除网络中的一部分节点，这与网络中节点的随机故障相对应；二是蓄意攻击策略，按照节点度值从大到小的顺序移除网络中度值最大的节点，他们用最大连通子图的尺寸与网络规模之比、平均路径长度与移除节点占原始网络总节点数比例的关系来度量网络的鲁棒性或抗毁性。研究发现，在随机节点故障情形下，无标度网络相对随机网络有着更强的鲁棒性。无标度网络对节点随机失效下的高鲁棒性源于其度分布的极端不均匀性：绝大多数节点度值很小，只有少数节点度值很高。而在选择性的蓄意攻击下，无标度网络要比随机网络崩溃得快，只要少数度值最大节点被移除，就会对整个网络的连通性产生很大影响，整个网络就会陷入瘫痪，无标度网络这种对选择性蓄意攻击的高度脆弱性同样源于其度分布的极端不均匀性。所以，无标度网络节点度的极端非均匀性既造就了无标度网络对随机故障的鲁棒性，也造就了无标度网络对选择性蓄意攻击的高度脆弱性。文献[43]采用优化算法来优化网络结构以对抗网络相继故障，发现平均路径长度和聚类特性模块对网络抗毁性有很大的影响。Gallos 等把网络被攻击策略推广到更为一般的形式，给每个节点分配一个被定义为节点度的函数的故障概率，运用仿真和解析的方法研究了不同故障模式下网络崩溃临界值[44]。我国学者谭跃进等提出了复杂网络拓扑结构鲁棒性的谱测度方法，分析了结构属性对复杂网络拓扑结构鲁棒性的影响，并且提出了基于禁忌搜索的复杂网络拓扑结构鲁棒性的仿真优化方法[45]。

网络的拓扑特性对网络的控制产生深刻的影响。复杂网络系统的共性控制研究是从近十年才开始的，复杂网络的牵制控制成为研究热点。牵制控制的核心思想是通过对网络中的一部分节点施加控制而达到控制全局网络动力学行为的目的。汪小帆等对网络牵制控制的可行性和有效性进行了研究，研究显示可以通过对部分节点加以线性反馈使整个网络稳定在同步状态，只要网络的耦合强度和反馈控制增益合适，那么只需控制部分节点就能够实现控制目标[46,47]。Parekh 和 Sinha 将耦合映像格子的时空混沌控制拓展了反控制，即通过牵制控制，使得耦合映像格子变为混沌状态，或进一步增强其混沌[48]。文献[49]和文献[50]指出可以只对网络的一个节点加以控制，使网络达到同步的状态。文献[50]还研究了在内部耦合函数不同的情况下，网络达到同步状态所需要的参数条件。文献[51]和文献[52]将牵制控制推广到网络的耦合矩阵具有时间延迟的加权网络和不能对角化的网络中。文献[53]将牵制控制应用到动态自适应网络中，除了对少量的节点增加控制以外，网络中每个节点的状态更新只依赖于邻居节点的状态。文献[54]提出了反应渗透网络结构控制的概念，通过控制网络结构来影响其上的动力学行为。席裕庚探索了用大系统控制论解决复杂网络的结构分解和复杂网络结构可控性以及牵制控制问题，对大系统控制理论中用标准标记法得到冗余控制列的算法进行了改进，尝试了运用改进标记法解决复杂网络的可控性问题，并分析了运用该方法解决复杂网络可控性时出现的问题和难点[55]。陈关荣在文献[56]中分析探讨了复杂动态网络的能控性、牵制控制以及若干不同性质或不同尺度网络耦合构成的超网络系统的建模和控制等研究中遇到的新问题。

4.2.3 供应链系统复杂性研究

国内外一些学者从不同的角度对供应链系统的复杂性进行了探索研究。目前，运用复杂系统科学理论从复杂系统的角度对供应链系统的运作与管理进行的研究还处于初步阶段。

Helbing 是较早从网络化复杂系统科学角度研究供应链网络的学者。Helbing 等研究发现复杂供应链网络拓扑结构对供应链管理中的信息放大效应有重要的影响；良好的供应链结构可以减弱信息波动与放大效应[57]。Helbing 等学者认为供应链网络是个复杂适应系统，具有自组织、涌现、非线性和演化等特征。在供应链网络中，任何一个环节或节点的细微变化都可能导致其他环节的变化，甚至带来供应链网络全局的改变，而这些都和供应链网络的拓扑结构相关[58,59]。

Laumanns 等把供应链运作过程看作物料流动的过程，把每一个网络节点看成一个转换器，产品或物料通过网络中某个节点的时候都要发生某种变化，他们将这样的变化用微分方程进行描述，然后将鲁棒最优控制的方法运用在供应链最优化目标的实现中[60]。Kühnert 等研究发现城市的物资供应网络服从幂律分布，具有无标度特征，少量的枢纽节点在城市物资供应链网络中的物资转运和物流配送服务中发挥了重要作用[61]。

Choi 和 Dooley 运用复杂性理论对供应链进行了研究，分析了供应链系统的复杂适应性本征，指出供应链成员之间的供需网络连接层次决定了供应链系统的复杂程度，供应链成员企业之间具有多种复杂关系，既有合作与协同发展也存在一定的竞争；他们还对供应链中宏观性质的涌现、维度以及网络拓扑结构的链接特点进行了研究，并分析了供应链成员企业与外部环境协同演化的状态变化与均衡、供应链系统内外部环境的动态复杂性以及供应链系统的非线性特征[62]。Venkatasubramanian 等研究了供应链系统的拓扑网络结构特征，模拟分析了供应链系统出现的结构涌现，运用自组织理论方法分析了供应链主体与系统目标之间的联系以及供应链的拓扑网络结构特征[63]。他们提出了供应链系统生存适应能力的概念，指出供应链网络系统的生存适应能力由网络的鲁棒性、效率以及外环境选择的压力决定。供应链系统为了获得最大生存适应能力，将会自发地优化其自身网络拓扑结构，通过供应链系统自适应地调整使其生存适应能力最大化，自适应与自发的结构调整将会引发供应链网络拓扑结构的特征涌现。他们通过改变参量数值来演化模拟出不同特征结构的拓扑网络，并运用于供应链系统的复杂性分析中，最后经过仿真分析验证了其理论分析结论。

Strader 等学者研究了运用 Swarm 平台对复杂供应链的成员个体行为进行建模，对供应链网络的复杂行为进行仿真，研究信息共享方式对不同拓扑结构和产品结构的供应链性能的影响[64]。Pathak 等利用 Multi-Agent 仿真对供应链系统的订单完成情况进行了研究[65]。Pathak 认为供应链网络系统具有复杂适应系统特征。在文献[66]中，Pathak 在对供应链网络的演进本征进行分析研究的基础上，对供应链网络的演化和涌现这两个基本问题进行了深入研究，对供应链网络的演化和涌现是否存在某些规律特性和控制条件进行了分析。在该文献中，以网络化复杂系统理论、生命周期理论、复杂适应系统(Complex Adaptive Systems，CAS)理论以及博弈论为基础建立了供应链网络统一模型，构建了研究供应网络中演化与涌现行为的统一框架；并采用仿真方法对供应链网络的演化过程和涌现行为进行分析，研究了供应链系统涌现行为的机制与特征。文献[67]对供应链网络的复杂适应性进行了研究，运用 CAS 理论建立了基于复杂适应性的供应链系统概念模型，并以 Multi-Agent 方法对模型进行仿真分析。Langdon 和 Sikora 在 Pathak 等研究的基础上，运用非合作博弈理论和微观经济学理论对供应链系统协调进行了研究[68]。

国内一些学者从复杂系统的角度对供应链进行了研究。文献[69]为解决供应链管理问题提供了一个新的研究思路，作者认为供应链是一个开放的复杂巨系统，是企业适应市场变化的结果，提出用综合集成研讨厅体系的思想来研究供应链运作与管理。文献[70]利用文献[69]提出的方法研究了敏捷型供应链的复杂性，认为敏捷型供应链具有复杂巨系统特征，给出了敏捷型供应链管理的研究框架，并提出将集成信息系统体系结构应用到敏捷型供应链管理的综合集成研讨厅中，从而实现核心企业的敏捷型供应链管理。张涛等指出供应链系统属于复杂适应系统，具有自适应、自组织、复杂性、动态性等特征，他们建立了供应链系统的复杂适应性概念模型，运用 Swarm 对供应链系统进行了仿真和性能评价[71]。周庆和陈剑运用复杂适应系统理论，结合 Petri 网建模方法，建立了供应链的 Multi-Agent 模型，研究了供应链配送系统中的动态组合问题，最后利用 Swarm 平台进行了仿真[72]。他们提出了基于 Agent 的遗传分层有色 Petri 网的新方法，并利用这种方法建立了供应链配送系统主体执行层模型，进行供应链成员自适应性、自治性和动态性的描述。文献[73]认为供应链同时具有离散系统和连续系统特征，采用连续系统与离散系统混合建模的方法，建立混合 Petri 网模型，运用该模型对供应链进行了仿真，将其仿真结果与离散 Petri 网仿真结果进行了对比分析。文献[74]研究了供应链管理中信息价值的量化，利用 Agent 方法进行仿真，研究了供应链系统的共享信息价值量化问题。

文献[75]研究了集成供应链系统在生产决策准则影响下的生产决策行为、稳定性、产品转移定价的混沌时序建模和混沌预测等复杂性问题，揭示出当生产商生产决策准则超过可行集范围内的某一确定值时，集成供应链管理系统将呈现不稳定状态，并且当制造商在当期投入再生产的资金达到前一期销售额的一定占比时，集成供应链系统将呈现混沌特征。有些学者运用自组织理论方法对供应链进行了分析，从新的视角对供应链管理的科学决策提出了建议[76,77]。文献[78]建立了供应链复杂系统的回声模型，分析了供应链系统呈现的共享机制与个体机制转化过程以及涌现、混沌、自相似、分形和系统培育机制，可以为供应链的科学有效管理提供新的决策依据和合理措施。盛方正等运用自组织临界理论研究了供应商在发生突发事件的情况下，使用转移支付合同协调供应链中的问题。利用自组织临界特性和极值理论求出了突发事件在某时间段内发生的概率，构建了时序突发事件两阶段模型，分析了可以协调供应链的转移支付合同应满足的条件[79]。

胡一竑分析了复杂网络理论在供应链管理中应用的可能方向及其前景，对复杂网络在供应链管理中的应用进行了探索，在此基础上考察了供应链主体竞争合作中存在的复杂适应性，采用基于 Agent 的建模方法对供应链网络中的主体竞争合作问题进行了仿真，研究表明在供应链系统中采取竞争合作策略的企业比仅采取合作策略或是仅采取竞争策略的表现要好，结论符合实际供应链成员企业之间既竞争又合作的复杂环境和现状表现[80,81]。孙会君等利用统计方法实证分析了一类供应链配送网络，得出这类供应链配送网络的节点度分布服从幂律分布，具有无标度特征[82]。文献[83]从供应链复杂性度量、信息不确定性和供应链动态性方面分析了供应链优化控制，研究了供应链的动态博弈。文献[84]运用复杂网络理论对供应链网络动态演化特性进行了研究，建立了供应链网络演化生长模型，该模型综合考虑网络规模增长、新节点企业的加入和节点企业关系三种情况，作者证实了在其构建的生长机制下的供应链网络具备无标度特性，文章还分析了作者的研究结果对供应链鲁棒设计具有的意义。张怡等构建了可调参数供应链网络演化模型，提出供应链网络鲁棒性测度，指出供应链网络的拓扑结构对供应链系统的鲁棒性有重要的影响，通过改变网络的演化机制，可以达到改善供应链网络鲁棒性的目的[85]。陈晓和张纪会运用复杂网络理论并结合供应链网络的结构特征，提出一种局域世界的演化机制，以此机制建立了供需网络的局域世界演化模型，通过解析的方法得到模型的度分布、聚类系数和平均路径长度，研究结果说明他们构建的局域世界演化模型生成的供应链网络具有无标度、小世界的特性，并通过数值仿真对研究结果进行了验证[86]。郭进利构建了有向供应链网络的演化机制，表明节点到达过程是更新过程，新增入边和出边数服从伯努利分布；作者研究了该演化机制下供应链网络成员节点企业的瞬态度分布和稳态平均度分布，并利用更新过程理论对供应链网络进行了分析。该文的研究表明，虽然以此机制演化的供应链网络成员节点企业稳态度分布不存在，但其稳态平均度分布符合双向幂律特征，文章得到了网络节点的瞬态度分布以及网络的稳态平均度分布的解析表达式[87]。文献[88]分析了受到随机和非随机干扰的供应链网络在有无局部联盟情形下的稳定鲁棒性和性能鲁棒性表现，通过仿真得出供应链鲁棒性遵循一定的统计变化规律。文献[89]在分析复杂供应链网络结构特点的基础上，从成员节点企业及其关系和节点外部环境等方面分析了复杂供应链网络结构，系统地提出了供应链成员节点之间存在的 8 种流，构建了复杂供应链网络结构模型。有学者提出了检测供应链网络级联效应的系统化方法，给出了动态的节点重要性评价方法，设定了供应链中节点重要性的界定规则[90]。文献[91]以 ER 网络模型为初始网络，在局域世界中选择新增节点的连接边，依据节点之间的网络路径值作为局域世界选取的原则，建立了供需复杂网络的动态演化模型，模型既考虑网络的规模增长，又考虑网络内部连边的动态演化和节点的退出问题，给出了该生成模型的相应算法。文献[92]探讨了供应链战略协同的自组织机制，作者首先分析了供应链自组织行为产生的机理，阐述了供应链战略协同的特点，在此基础上，对促进供应链战略协同形成的自组织机制进行了分析。供应链复杂网络间的内外耦合矩阵具有时变性，有学者研究了具有时变拓扑结构的线性延迟耦合的供应链复杂网络，运用线性反馈控制和牵制控制理论研究多时滞延迟耦合的供应链复杂网络的同步准则，构建了供应链复杂网络单节点的混沌动力系统模型，并进行了数值仿真，通过控制一个节点实现了网络同步，验证了所设计的控制器的有效性[93]。文献[94]运用复杂网络理论研究了分层加权供应链网络，作者考虑了供应链网络的整体宏观行为，通过分析节点企业的产生、衰亡及退出等生长演化规律，以节点多属性参数组合作为优先连接的依据，构建了分层加权供应链网络演化模型，并考察了该模型演化得到的供应链网络的主要拓扑性质。

4.2.4 供应链系统建模方面的研究

供应链建模的目的是更好地设计供应链，为供应链管理与运作提供决策支持。供应链的建模方法经历了从简单模型到复杂模型，从单产品模型到多产品模型，从单阶段模型到多阶段模型，从确定型模型到随机模型的发展历程。对于不同的求解问题、不同的结构和不同的管理层次，供应链管理中的模型需要有与之相适应的算法。按照内容和时间范围，供应链运行与管理中的活动可以划分为经营性行为和策略性行为，供应链中不同位置、不同层次的决策需要处理的问题不同，所以需要建立不同的模型。供应链中战略层和战术层的策略性决策一般涉及的范围很广，参变量很多，因此需要建立很大的模型；供应链中的经营性决策针对的主要是供应链的日常运作，考虑的时空范围较小，涉及的变量不多，通常具有很强的针对性。

纵观供应链建模方法的发展，常用的供应链的建模方法基本可分为基于运筹学理论的建模方法、基于控制论的建模方法以及基于系统仿真的建模方法[95-97]。

1. 基于运筹学理论的建模方法

这类方法一般运用线性规划、非线性规划、策略评价模型、网络流理论、博弈论模型、排队论、决策论、概率论等方法来描述和求解供应链运作与管理中遇到的问题，模型涉及供应链管理的绝大多数领域。求解方法主要有单纯形法、割平面法、制约函数法、拉格朗日松弛法、行生成算法、列生成算法、本德(Bender)分解方法等。这类建模方法一般需要较强的假设条件与数学抽象。由于实际的供应链系统内部和外部环境包含了很多复杂的、不确定的因素，同时供应链协调的复杂性导致此类模型的结构十分复杂，模型的求解变得非常困难，致使运用运筹学理论建立的模型有时候不能很好地解决问题。

2. 基于控制论的建模方法

基于控制论的建模方法主要是应用控制理论，把供应链系统中内外部的输入与输出关系抽象描述为差分方程组或者微分方程组进行建模求解。这类建模方法主要包括离散时间差分方程模型和连续时间微分方程模型。根据供应链系统的复杂动态特征，求解这类模型的方法有根轨迹图法、传递函数法、频域分析等方法。在建模之前一般都会假定供应链系统属于离散系统或者是连续系统。这类方法建立在对供应链系统作大量假设的基础上，所以对于描述供应链系统的微观行为和局部行为比较适合，但是实际的供应链系统不完全满足这些初始假设条件，当模型的规模很大时，采用这种方法描述供应链系统的运营与管理就很复杂，且求解也会很困难。

3. 基于系统仿真的建模方法

系统仿真是通过设置仿真变量建立仿真模型，利用计算机软件平台来仿真实际系统的运行过程从而得到相关结果的研究方法。早期的供应链模型大多是采用解析的方法，由于供应链系统的动态行为非常复杂，解析的方法在分析真实的系统时有很大的局限性，仿真技术的发展为供应链建模提供了一个全新的平台。供应链系统仿真建模主要是利用数理公式、逻辑表达式、图形坐标等方式来描述供应链的内部运作状态和供应链成员之间的供销关系，利用仿真软件对所建模型进行系统分析，解决供应链管理中网络结构设计、成员企业协调、库存管理决策等战略决策问题。供应链系统的模拟仿真包括在一定条件下供应链系统的演变过程和这些过程的观测结果，以便推断出实际供应链系统在一定条件下的运行特性。系统仿真建模方法在描述供应链的复杂运作过程方面具有一定的优势，同时，模拟仿真方法也可以对供应链系统的运作效率和性能进行优化。目前，供应链系统仿真建模已经成为分析、研究复杂供应链系统的有力工具，常用的供应链系统仿真软件主要有 Arena、Extend+BPR、Extend+Manufacuring、QUEST、FlexSim、Witness、ProModel、Supply Chain Analyzer、Supply Chain Guru、ShowFlow、SIMAnimation 以及 eM-Plant 等。

目前，对供应链系统进行仿真建模的方法主要有系统动力学方法、基于离散事件仿真的建模方法、基于 Multi-Agent 的仿真建模方法等。基于系统动力学的仿真模型一般用 Dynamo 语言建立方程并计算求解，可以得到供应链系统随时间变化的动态曲线。系统动力学的 Dynamo 方程由水准方程、速率方程、辅助方程、补充方程、常量方程组成。Dynamo 语言建立的方程采用差分方程来描述系统行为。供应链系统的仿真大多是利用离散事件仿真，并综合利用运筹学和软计算等优化建模技术，通常采用模块化设计，利用图形过程建模方法建立系统模型。Petri网的仿真建模方法就是基于离散事件仿真的建模方法。随着人工智能技术的发展，运用具有一定自主决策、自主推理能力的 Multi-Agent 及其组成的 Multi-Agent System 来优化、控制和仿真供应链系统的运行成为研究供应链管理与运作的重要手段。Multi-Agent System 是基于人工智能（Artificial Intelligence，AI）的分布式问题求解，是一种分布式求解工具，可以看作一种由问题求解器松散组合而成的网络，这个网络通过各个问题求解器协调工作，可以解决超越单个问题求解能力和知识范围的问题。Multi-Agent System 的特征符合实际供应链运行中呈现的自治、分布、并行和弱耦合特性。

4.2.5　供应链风险与供应链控制研究

近些年来，国内外对供应链风险的研究大多集中在供应链风险的识别、控制以及传导模式的研究上。位于英国的欧洲著名的克兰菲尔德管理学院把供应链风险定义为供应链的脆弱性，认为各种不确定性因素的存在是供应链风险的根本来源，由于供应链企业相互依赖，任何一个供应链成员出现问题都有可能波及和影响整个供应链的正常运作，使风险放大[98]。与世界著名咨询公司麦肯锡齐名的Deloitte 公司认为供应链风险是对一个或多个供应链成员产生不利影响或破坏供应链运行，使其达不到预期目标甚至导致供应链失败的不确定性因素或意外事件[99]。Tang 认为供应链风险管理旨在识别潜在的风险并采取适当的行动以规避或消除风险，其定义为"通过供应链伙伴间的协调或合作来确保供应链节点企业的利益和连续性"[100]。Bailey 和 Clayton 把供应链风险分为外部环境风险、自然灾害风险和运作风险三大类，在这三大类风险的基础上又划分出 21 种风险，指出要有效地降低供应链风险，应该制定将所有的风险都考虑进去的综合风险管理战略[101]。马士华把供应链风险归纳为内生风险和外生风险两大类，并研究了供应链风险防范的过程和理论模型[102]。Harland 等把供应链视为供应网络，在研究分析的基础上归纳出了对供应网络运作及其环境有现实影响的九大类风险[103]。Cavinato 从物流、资金流、信息流、关系网和创新网五个方面分析了供应链风险的来源[104]。Agrawal 和 Seshadri 运用博弈论的方法制定了在面对风险的情况下，供应链上的参与者的不同期望效用模型与预期利润模型[105]。周勇等利用两阶段和无期限重复博弈模型研究发现，参与方信任和控制信任共同作用，减少了供应商的败德风险[106]。文献[107]研究了基于 Stackelberg 博弈的供应链信用风险。杨康和张仲义将病毒传播动力学中的 SIS（易感-感染-易感）模型引入供应链风险传播领域的研究中，构建了供应链网络的SIS-RP（风险传播）模型，并对该模型进行了仿真，分析了企业的处理风险能力和效率对供应链网络中风险传播的影响[108]。供应链网络拓扑结构对供应链管理中的信息放大效应和风险传导有重要的影响，良好的供应链网络结构可以减弱信息波动与放大效应，降低风险传导，增加供应链网络的抗风险能力[109,110]。

Simon 在文献[111]中把经典控制理论引入到供应链领域中，运用拉普拉斯变换建立了一个简单的生产库存模型。Vassian 把控制论引入到离散情况下的供应链中，他把拉普拉斯变换的离散形式 Z 变换应用到生产库存中[112]。Towill 首次在供应链中使用方框图的表示方法。他考虑供应链动态行为主要基于两个目标：一是恢复库存水平的速度；二是订单波动相对于实际需求波动的放大程度[113]。Dejonckheere 等学者在文献[114]中指出一种补货策略可以很好地降低牛鞭效应，但是其恢复库存水平的速度比较慢；而另一种补货策略在提高恢复库存水平速度的同时，也带来了很大的牛鞭效应。Disney 和 Towill 运用传递函数及光谱分析的方法得出了正态分布需求下单层供应链牛鞭效应的解析表达式[115]。

John 和 Naim 等在传统的 OUT（Order-Up-To，订至点）策略的基础上提出了 APIOBPCS（Automated Pipeline, Inventory and Order Based Production Control System，基于库存和订购的生产控制系统）策略，进行适当的参数选取，这个策略可以降低供应链的牛鞭效应[116]。文献[117]运用随机统计的手段得出正态分布需求下供应链的牛鞭效应的解析表达式。Disney 和 Towill 在文献[115]中指出 D-E 策略对提前期及其他一些参数的鲁棒稳定性，并且牛鞭效应较小。Riddalls 和 Bennett 分析了 APIOBPCS 策略中两个参数的比例情况对系统稳定性及牛鞭效应的影响[118]。Kai 等学者研究得出基于现有库存的 OUT 订货策略的系统是不稳定的，而基于库存水平的 OUT 策略的系统都是稳定的[119]。Kai 等还比较了在信息不共享和信息共享情况下两层供应链的牛鞭效应，得出了信息共享可以有效降低多层供应链牛鞭效应的结论[119]。文献[120]对多层供应链作的研究表明，信息共享可以降低供应链的牛鞭效应，但是不可以彻底消除牛鞭效应，也就是说，通过信息共享不能够完全消除订单的波动变大现象。文献[121]中，Disney 和 Towill 通过因果反馈图、方框图、Z 变换的手段得到了订单与需求的传递函数，从而得到稳定性及牛鞭效应的一些结论。Lalwani 等表示出了离散时间条件下供应链系统的状态空间模型，并对其进行了稳定性及可控、可测性分析[122]。但是在他们建立的模型中，各状态变量缺乏现实意义，所以不利于后续的成本方面的研究。

在需求、生产等内外因素不确定的条件下，动态供应链网络的鲁棒控制和牛鞭效应控制可以有效抑制供应链网络中不确定性的影响，有利于降低供应链网络的运作成本[123,124]。刘会新研究了不可退货条件下供应链的稳定性，建立了切换系统，并分析了各个子系统的稳定性，仿真了整个切换系统的稳定性情况[125,126]。Aharon 等研究了多层供应链的鲁棒性，仿真了多层供应链的鲁棒稳定性[127]。程永生研究了大系统方法在供应链管理中的应用，分析了典型的供应链大系统信息传递流程，按照分解综合的方法，先建立外部模型(粗粒度广义算子模型)，再逐层深入分解，针对每个决策点或控制环节再建立更细粒度的广义算子模型，建立了多粒度的供应链大系统广义算子模型[128]。从同步耦合的角度看，在较大尺度的时间中，供应链网络系统的内耦合矩阵、外耦合矩阵往往具有时变性。通过牵制控制结合反馈控制的方法可实现具有时变拓扑结构的时滞延迟耦合供应链网络的同步[93]。有学者将正交神经网络应用到动态供应链模型的稳定性分析与求解中[129]。Mousavi 等学者通过改进粒子群优化算法，研究了两级供应链系统的优化控制问题[130]。供应链网络的结构因产品不同、地域不同其特征也会有较大差异,在研究供应链网络鲁棒控制及优化模型时,常常需要结合一定产品和地域的供应链网络来进行[131,132]。

4.3 本 章 小 结

作为一个复杂的网链结构，复杂供应链网络由众多的节点企业组成，每个节点企业可看作供应链网络中的一个实体节点，这些节点之间由于存在直接或间接的业务关系而相互作用，同时这些节点受到其他供应链实体节点和经济大环境的影响。供应链网络中多条供应链的成员企业相互影响，一条供应链上成员企业及其关系很可能受到另外一条供应链成员企业及其关系的影响，相关供应链结成一个庞大而复杂的供应链网络。本章首先明确了复杂供应链网络的含义，然后从网络化复杂系统拓扑性质、网络上的传播、级联失效与控制、供应链系统复杂性、供应链系统建模、供应链风险与供应链控制等方面分析了供应链网络复杂性研究的进展。

第5章 复杂供应链网络拓扑结构特征

5.1 复杂供应链网络拓扑结构的重要参量

在社会经济活动中，任何供应链都不是单独存在的，而是若干条相关供应链结成一个庞大而复杂的供应链网络，复杂供应链网络中多条供应链的成员企业相互影响，一条供应链上的成员企业很可能受到另外一条供应链成员企业的影响。复杂供应链网络是在一条或几条价值链上形成的具有战略合作伙伴关系的企业组织及它们之间供需关系构成的网络系统。复杂供应链网络系统具有动态性、协调性、非线性、大规模、高维度等特征。复杂供应链网络的运行是处于不同价值增值环节、不同地域的企业主体的协同运行。复杂供应链网络的运行特征直接反映在供应链网络的动力学行为当中。复杂供应链网络的拓扑结构是供应链网络运行与功能实现的内在基础，对供应链网络的动力学行为有根本性影响。

复杂供应链网络结构可以分为横向结构和纵向结构。横向结构指跨越供应链层次的数目，纵向结构指每一个层次出现的供应商或用户、销售商等的数目。复杂供应链网络的核心企业可以拥有多级供应商和分销商、用户，即供应链网络的横向结构可以很长，也可以只有一级或两级即级数较少的供应商和分销商、用户。层级数目较多的供应链网络，其核心企业的每一级供应商和分销商数目往往不太多，而层级数目较少的供应链网络，其核心企业的每一级供应商和分销商数目往往较多。所以，一般情况下有这样的现象，纵向结构较长的复杂供应链网络横向结构较短，而纵向结构较短的复杂供应链网络横向结构较长。

复杂供应链网络的拓扑结构特性对系统运行有深刻的影响。设有一个具有 N 个成员企业组织节点的复杂供应链网络拓扑结构 $S(X, E)$，X 是复杂供应链网络拓扑结构中企业组织节点的集合，E 是复杂供应链网络拓扑结构中企业组织节点间连边的集合，表示企业供销渠道选择的集合或产品和物料流通的路径集合。

5.1.1 渠道相关参量

在本书中，复杂供应链网络短程渠道路径是指连接两个供应链网络成员企业组织节点的边数最少的渠道通路。设 x_i、x_j 是供应链网络中的任意两个成员企业组织节点，P_{ij} 表示连接 x_i 与 x_j 的渠道通路，$E(P_{ij})$ 表示 P_{ij} 上边的集合，$\text{Nume}(P)$ 表示渠道通路 P 上边的数量。用 $w(e)$ 表示边 e 上的权。

如果 $e \in E(P_{ij})$，那么 $W(P_{ij}) = \sum_{e \in E(P_{ij})} w(e)$ 是渠道通路 P_{ij} 的长度。设 $w(e) = 1$，定义

$$\min_{i,j}\left\{\sum_{e \in E(P_{ij})} w(e)\right\} = \min_{i,j}\left\{\mathrm{Nume}(P_{ij})\right\} = \mathrm{Nume}(P_{ij}{}^{\min})$$

其中，$P_{ij}{}^{\min}$ 称作供应链网络企业组织节点 x_i 与 x_j 的短程渠道路径；$\min(\sum_{e \in E(P_{ij})} w(e))$（当 $w(e) = 1$）或 $\min(\mathrm{Nume}(P_{ij}))$ 称为供应链网络中企业组织节点 x_i 与 x_j 之间的渠道距离，记为 d_{ij}，即有

$$d_{ij} = \min_{i,j}\left\{\sum_{e \in E(P_{ij})} w(e)\right\} = \min_{i,j}\left\{\mathrm{Nume}(P_{ij})\right\}$$

其中，$w(e)$ 取 1。

本章提出供应链网络短程渠道效应的概念，供应链网络往往存在短程渠道效应。把供应链网络中的短程渠道效应定义为：在供应链网络中，如果两个企业组织节点间存在若干条供销渠道，两个企业组织节点通过短程渠道路径发生供销业务联系的概率大于通过非短程渠道路径发生供销业务联系的概率。短程渠道效应反映了供应链网络中商品或物料渠道链路选择的特性之一。产生短程渠道效应的重要原因之一是企业追求最大利润最小成本的选择结果。如图 5.1 所示，从 A 企业到 E 企业存在三条渠道，其中 A 选择渠道 b 进行销售的概率最大。

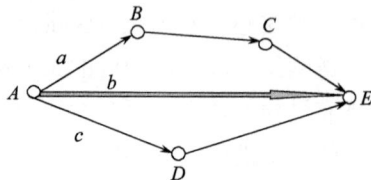

图 5.1　供应链网络的短程渠道效应

本书把复杂供应链网络拓扑结构中企业组织节点间的渠道距离的平均值定义为复杂供应链网络的特征渠道路径长度，特征渠道路径长度反映了连接供应链网络内部两个成员节点之间最短供销关系链的平均长度。复杂供应链网络的特征渠道路径长度定义为

$$L_{\mathrm{avg}} = \frac{1}{C_N^2}\sum_{i,j}\min\left[\mathrm{Nume}(P_{ij})\right] = \frac{2}{N(N-1)}\sum_{i,j}\min\left[\mathrm{Nume}(P_{ij})\right]$$

把复杂供应链网络横向结构中任意两个组织节点之间的测地距离平均值称作复杂供应链网络横向特征渠道路径长度。在供应链网络中，两个企业组织节点之

间的特征渠道路径可能有多条，也可能只有一条。可以利用广度优先搜索算法求得复杂供应链网络中从一个节点企业到其他所有节点企业的短程渠道路径。一个含有 N 个节点，E 条连边的复杂供应链网络的特征渠道路径长度可以用时间量级为 $O(EN)$ 的广度优先搜索算法来确定。

定义复杂供应链网络横向结构直径为复杂供应链网络横向结构中任意两个组织节点之间渠道距离的最大值，也可以称作复杂供应链网络的横向结构长度，用 D 表示，定义为

$$D = \max_{i,j}\left\{\min_{i,j}\left\{\mathrm{Nume}(P_{ij})\right\}\right\} = \max_{i,j}\left\{d_{ij}\right\}$$

复杂供应链网络的短程渠道路径、渠道距离(尤其是供应链网络中非核心节点企业与核心节点企业的渠道距离)以及特征渠道路径长度、横向结构直径是反映复杂供应链网络结构的重要统计参数，它们直接影响供应链网络的物资转运与信息传输，对供应链网络运作效率、运作成本以及供应链网络协调控制造成重大影响。复杂供应链网络的特征渠道路径长度和横向结构直径影响供应链网络中的牛鞭效应。复杂供应链网络的特征渠道路径越长或横向结构直径越大，供应链网络中的牛鞭效应就可能会越明显且发生越频繁。

在复杂供应链网络中，特征渠道路径长度 L_{avg} 反映了连接供应链网络内部两个企业组织之间最短供销关系链的企业实体的平均个数。在许多实际的复杂供应链网络中，尽管供应链网络规模很大，但是整个供应链网络的特征渠道路径长度很小，这样的供应链网络显示出明显的小世界现象。在电子商务平台和企业互联不断发展的驱动下，供应链网络的特征渠道路径长度和横向结构直径均呈现下降的趋势。

在供应链网络中，企业组织节点间的渠道距离往往给企业间的供销运作效率带来直接影响。在同样的组织管理条件下，企业组织节点间的渠道距离越小，它们之间的联系与供销业务运作就会越高效。所以，可以将供应链网络中两个企业组织节点间渠道距离的倒数设定为两个成员企业间业务联系与运作效率的主要影响因子。定义复杂供应链网络全局拓扑效率参量为

$$E_g = \frac{\lambda}{C_N^2}\sum_{i,j}\frac{1}{d_{ij}}$$

系数 $\lambda > 0$，与企业管理水平、交易平台与方式、物流运作相关。如果供应链网络中的企业平均管理水平高并且企业间有互联平台、物流运作水平高，那么 λ 的取值就相应偏大。供应链网络全局拓扑效率参量可以在很大程度上反映供应链网络中节点之间供销业务运作的平均效率或难易程度。

5.1.2 企业组织节点的相关参量

在复杂供应链网络中，与某个成员企业有直接且长期稳定的供销业务联系的节点企业的数量称作该成员企业组织节点的度，在复杂供应链网络拓扑结构中表现为与该成员节点企业有邻居节点(直接连接节点)的数量或该节点的邻边数。复杂供应链网络节点度是供应链网络结构特性中简单而又最重要的概念。复杂供应链网络中企业组织节点 i 的度记为 k_i，所有节点的平均度记为 $<k>$。给定一个具有 N 个企业组织节点的供应链网络拓扑结构 S，其邻接矩阵 $\Gamma_A = (\gamma_{ij})_{N \times N}$。其中

$$\gamma_{ij} = \begin{cases} 1, & \text{节点} x_i \text{与} x_j \text{有边相连} \\ 0, & \text{节点} x_i \text{与} x_j \text{无边相连} \end{cases}$$

$$k_i = \sum_{j=1}^{N} \gamma_{ij} = \sum_{j=1}^{N} \gamma_{ji}, \qquad <k> = \frac{1}{N} \sum_{i,j=1}^{N} \gamma_{ij} = \frac{1}{N} \sum_{i=1}^{N} k_i$$

如果将复杂供应链网络的拓扑结构设置成有向网络，那么节点企业度包括出度和入度。供应链网络成员节点企业的入度等于其直接供应商的数量，成员节点企业出度等于该节点直接用户的数量。成员节点企业 i 的出度和入度分别以 k_i^{in} 和 k_i^{out} 表示。设有向供应链网络的邻接矩阵 $\Gamma_A = (\gamma_{ij})_{N \times N}$，则有 $k_i^{\text{in}} = \sum_{j=1}^{N} \gamma_{ji}$，$k_i^{\text{out}} = \sum_{j=1}^{N} \gamma_{ij}$。有向供应链网络的平均入度记为 $<k_i^{\text{in}}>$，平均出度记为 $<k_i^{\text{out}}>$，有

$$<k_i^{\text{in}}> = <k_i^{\text{out}}> = \frac{1}{N} \sum_{i,j=1}^{N} \gamma_{ij} = \frac{E}{N}$$

其中，E 表示供应链网络中节点连边的总数目。可见，虽然各节点的出度和入度不尽相同，但从供应链网络全局来看，其平均入度和平均出度是相等的。所以，在复杂供应链网络局部不成立的性质，在全局层面上可能成立。供应链网络中度大的节点称作该供应链网络的枢纽节点。供应链网络核心节点企业一般是供应链网络的枢纽节点。

度分布的概念是从网络中随机选定一个节点，它的度为 k 的概率记为 $p(k)$。度分布在网络科学中是最重要的概念之一。考察复杂供应链网络的度分布规律特征可以揭示复杂供应链网络的部分基本结构特性。供应链网络的度分布特征对供应链网络运行管理以及动力学特征有着重大影响。考察供应链网络的度分布，有助于更深刻地理解供应链网络的运行特征及其动力学行为特征。

具有相同度分布的两个网络其他的性质或行为不一定相同。度分布相同的网络可能具有完全不同的度相关性。这里利用邻居节点平均度来刻画度相关性。邻

居节点平均度分布为

$$<k_{nn}>(k)=\sum_{k'=1}^{k_{max}}k'P(k'|k)=\frac{\sum_i k_i}{k}$$

其中，$P(k'|k)$ 表示度为 k 的节点连接到度为 k' 的节点的概率；k_i 是度为 k 的节点的第 i 个相邻节点。如果 $k_{nn}(k)$-k 曲线的斜率小于零，则说明网络度负相关；如果 $k_{nn}(k)$-k 大于零，则说明网络度正相关。

可以采用边的端点度值的皮尔森系数的平均值(同配性系数)来表达网络的同配或异配程度[133]

$$r=\frac{M^{-1}\sum_i j_i k_i-[M^{-1}\sum_i\frac{1}{2}(j_i+k_i)]^2}{M^{-1}\sum_i\frac{1}{2}(j_i^2+k_i^2)-[M^{-1}\sum_i\frac{1}{2}(j_i+k_i)]^2}$$

其中，j_i 和 k_i 分别为第 i 条边的两个端点的度值；M 为网络中边的数量；$r\in[-1,1]$，如果 $r<0$，那么度是负相关的，网络是异配的；如果 $r>0$，那么度是正相关的，网络是同配的；如果 $r=0$，则网络不具有度相关性。

复杂供应链网络的同配或异配性是供应链网络的一个重要性质。复杂供应链网络的同配或异配性对复杂供应链网络的运行管理有显著的影响，它直接影响复杂供应链网络动力学行为和可控性，对复杂供应链网络的协同运行、风险扩散速度、完全可控的最小控制输入都存在显著影响。通常情况下，供应链网络异配性越强，供应链网络上的风险扩散速度越快，其协作同步能力越弱，供应链网络协同运行越困难；供应链网络异配性越强，实现完全状态控制需要的最少输入控制数越多，需要的最少控制企业数越多，实现完全状态可控越困难。

目前的大量实证研究表明大多数生物网络、技术网络是异配网络，大多数社会网络具有同配性。但是在作者的相关研究中发现，许多供应链网络具有较高的异配性，这样的特性和其他社会网络有很大的不同，这将在本章的后面加以研究论述。

复杂供应链网络中的核心节点企业无疑是重要的节点。除了核心企业外，在供应链网络的上游和下游，以及供应链网络中供应链与供应链的衔接处都存在着较为重要的节点。研究复杂供应链网络节点的重要性就是采用一定的方法对节点处于网络的地位的程度进行定量描述，以助于找出供应链网络的枢纽节点或其他重要节点。可以用度中心性和介数中心性来考察复杂供应链网络成员节点企业的重要程度。

5.1.3 企业集群系数、模体及模体显度

在复杂供应链网络中，企业集群系数可以定义为任意一个成员节点企业的一

级供应商之间或一级用户之间存在供销业务关系的概率。复杂供应链网络的平均企业集群系数定义为网络中所有节点企业的企业集群系数的平均值。平均企业集群系数可以反映复杂供应链网络中企业的集群程度。设供应链网络 S 的邻接矩阵 $\Gamma_A = (\gamma_{ij})_{N \times N}$。如果该网络中节点企业 x_i 的度为 k_i，那么该成员节点企业的企业集群系数定义为

$$C_i = \frac{2m_i}{k_i(k_i-1)} = \frac{1}{k_i(k_i-1)} \sum_{j,k=1}^{N} \gamma_{ij}\gamma_{jk}\gamma_{ki}$$

或者

$$C_i = \frac{\sum_{j \neq i, k \neq j, k \neq i} \gamma_{ij}\gamma_{ik}\gamma_{jk}}{\sum_{j \neq i, k \neq j, k \neq i} \gamma_{ij}\gamma_{ik}}$$

供应链网络的平均企业集群系数 C_{avg} 定义为

$$C_{\text{avg}} = \frac{1}{N} \sum_{i=1}^{N} C_i$$

在研究供应链网络时，在研究个别节点企业的企业集群系数以及全局供应链网络的企业集群系数之外，有时候还需要关注节点度为某个数值的节点类的企业集群系数均值。可以把供应链网络 S 中度为 k 的节点类的企业集群系数平均值 $C(k)$ 表达为度值 k 的函数

$$C(k) = \frac{\sum_i C_i \delta_{k_i,k}}{\sum_i \delta_{k_i,k}}$$

其中，$\delta_{k_i,k}$ 为如下 Kronecker-δ 函数

$$\delta_{k_i,k} = \begin{cases} 1, & k_i = k \\ 0, & k_i \neq k \end{cases}$$

在复杂供应链网络中，成员节点企业的企业集群系数以及全局供应链网络的平均企业集群系数值一般都比较低。

在有些系统中会存在出现一些频率较高且结构相同或类似的子系统。在复杂供应链网络系统中也存在许多拓扑结构类似的组分，复杂供应链网络全局结构的基础就是由这些结构类似的组分相互作用而形成的。本书把复杂供应链网络拓扑结构域上的组分称作供应链网络拓扑结构模体。在这些模体中，节点数、边数、节点度都相近甚至相同。因为复杂供应链网络不同于其他网络，复杂供应链网络中所有节点都处在某条供应链之中，如果所在供应链的结构在该复杂供应链网络中出现频率很高，就称该结构的供应链是该供应链网络的模体供应链。不同的供

应链或者供应链集群在供应链网络中出现的频率一般不同。一般来说，出现频率越高的模体，其在网络中的重要性越大。可以用模体显度来考察模体在复杂供应链网络中的重要性，定义模体显度为

$$MS(mot_i) = \frac{node(mot_i)}{N} \quad 或者 \quad MS(mot_i) = \frac{numb(mot_i)}{\sum_{i=1}^{T} numb(mot_i)}$$

其中，$MS(mot_i)$ 表示模体 mot_i 的显度；$node(mot_i)$ 表示供应链网络中所有第 i 类模体 mot_i 中包含的节点企业数；N 为供应链网络中节点企业总数；$numb(mot_i)$ 表示全局供应链网络中包含第 i 类模体 mot_i 的数量；T 表示模体的分类数。

供应链网络的拓扑结构无论复杂还是简单，其模体结构大多具有层次结构，这样的层次结构一般可以归结为：从第 n 级供应商到第 1 级供应商再到核心企业群，然后到第 1 级分销商，直到第 n 级分销商，最后到最终用户群，如图 5.2 所示。

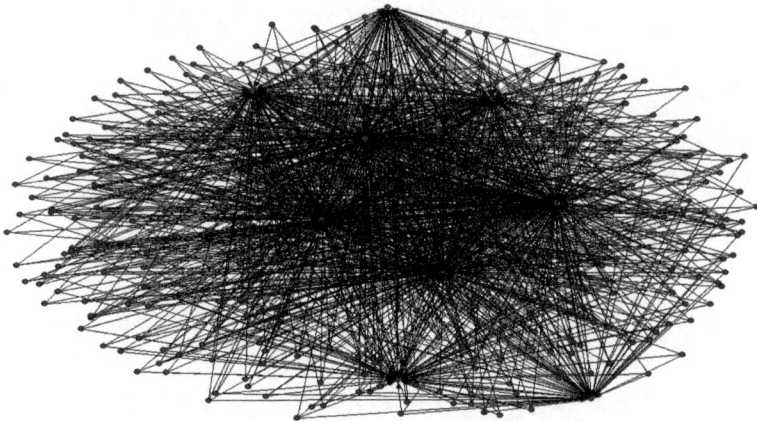

(a) 由实际供应链网络成员关系结合 Kamada-Kawa 算法产生的供应链网络拓扑图

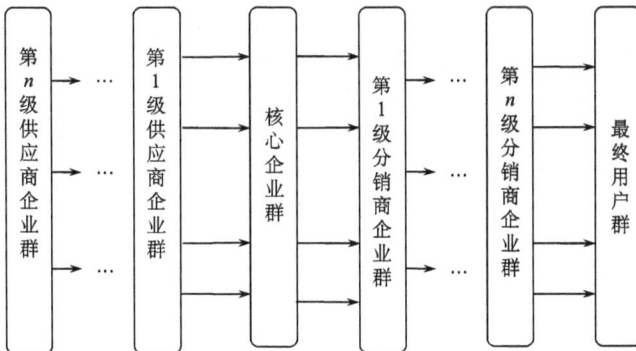

(b) 供应链网络层阶结构

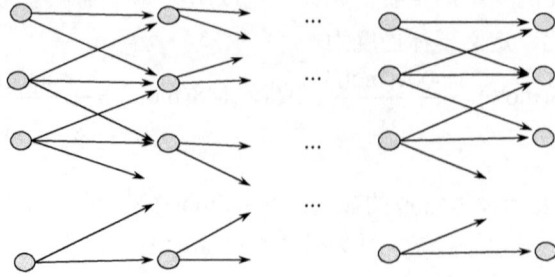

(c) 供应链网络拓扑结构模体

图 5.2　复杂供应链网络的结构

5.2　供应链网络的稀疏性、熵与谱密度

为了说明问题，列举一个如图 5.3 所示的小规模供应链网络。

图 5.3 供应链网络的无向拓扑结构对应的 Laplacian 矩阵为

$$
\begin{bmatrix}
1 & 0 & 0 & 0 & 0 & -1 & 0 & 0 & 0 & 0 & 0 & 0 & 0 & 0 \\
0 & 2 & 0 & 0 & 0 & -1 & -1 & 0 & 0 & 0 & 0 & 0 & 0 & 0 \\
0 & 0 & 2 & 0 & 0 & 0 & -1 & -1 & 0 & 0 & 0 & 0 & 0 & 0 \\
0 & 0 & 0 & 1 & 0 & 0 & 0 & -1 & 0 & 0 & 0 & 0 & 0 & 0 \\
0 & 0 & 0 & 0 & 1 & 0 & 0 & -1 & 0 & 0 & 0 & 0 & 0 & 0 \\
-1 & -1 & 0 & 0 & 0 & 4 & 0 & 0 & -1 & 0 & 0 & 0 & 0 & -1 \\
0 & -1 & -1 & 0 & 0 & 0 & 4 & 0 & 0 & 0 & 0 & 0 & 0 & -1 \\
0 & 0 & -1 & -1 & -1 & 0 & 0 & 5 & -1 & 0 & 0 & 0 & 0 & -1 \\
0 & 0 & 0 & 0 & 0 & -1 & -1 & -1 & 7 & -1 & -1 & -1 & -1 & 0 \\
0 & 0 & 0 & 0 & 0 & 0 & 0 & 0 & -1 & 2 & 0 & 0 & 0 & -1 \\
0 & 0 & 0 & 0 & 0 & 0 & 0 & 0 & -1 & 0 & 2 & 0 & 0 & -1 \\
0 & 0 & 0 & 0 & 0 & 0 & 0 & 0 & -1 & 0 & 0 & 2 & 0 & -1 \\
0 & 0 & 0 & 0 & 0 & 0 & 0 & 0 & -1 & 0 & 0 & 0 & 2 & -1 \\
0 & 0 & 0 & 0 & 0 & -1 & -1 & -1 & 0 & -1 & -1 & -1 & -1 & 7
\end{bmatrix}
$$

上述矩阵中绝大多数元素都是零，这体现了供应链网络具有较强的稀疏性。可以用供应链网络的 Laplacian 矩阵或者邻接矩阵主对角线以外非零元素个数与零元素个数的比值衡量供应链网络的稀疏或稠密程度，这个比值越低表明稀疏性越强。

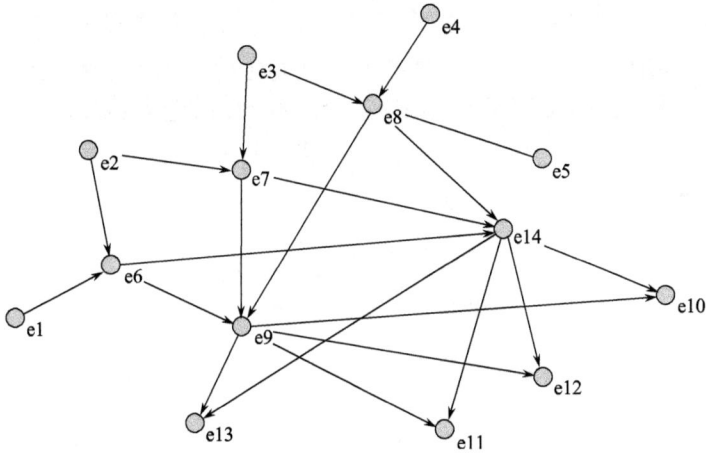

图 5.3　小规模供应链网络结构

熵作为在热力学中对无序性或随机性测量的概念被推广到许多领域。可以用度分布熵的概念表示供应链网络度分布的无序性。度分布熵定义为

$$En = -\sum_k p(k)\lg p(k)$$

其中，k 为供应链网络节点的度；$p(k)$ 为度值等于 k 的节点出现的概率，即节点的度分布。网络的度分布熵越高，其结构的随机性越强；度分布熵越低，则度分布的无序性越低，规则性越强。如果度分布熵趋于零，则网络图趋于正则连接图。如果把前述供应链网络的度相关性、同配或异配性看作对供应链网络结构的均质或异质性的一个微观表述，那么可以利用度分布熵这个参数对供应链网络宏观上的异质性进行刻画。

在规模不变的情况下，复杂供应链网络的 Laplacian 矩阵或者邻接矩阵主对角线以外非零元素个数与零元素个数的比值越高，那么供应链网络的度分布熵就越低，网络的异质性就越弱，同质性越强。如此参数变化现象反映了这样的事实：在成员企业数量不变的供应链网络中，稀疏性越弱（越稠密化），供应链网络的度分布熵越低，说明各企业间的稳定持久的业务联系越多，不仅在供应链上下游企业间的联系增多，而且同一层的供应商、分销商之间的联系也增多；反之，度分布熵越高，间接反映出供应链网络企业间的纵向联系越少，也就是同一层的供应商、分销商之间的联系越少。

复杂供应链网络与一般网络不同的特征之一是在复杂供应链网络中不存在孤立节点。所以，如果供应链网络是连通的，不存在相互孤立的片，那么其对应的邻接矩阵都是满秩矩阵，秩等于其节点数。具有 N 个企业组织节点的供应链网

络的无向拓扑结构网络 S ，其邻接矩阵 $\Gamma_A = (\gamma_{ij})_{N \times N}$ ，该邻接矩阵是 $N \times N$ 实对称矩阵。根据矩阵理论，矩阵 Γ_A 具有 N 个实特征值，N 个实特征值记为 λ_{Ai} ，$i = 1, 2, \cdots, N$（重特征值按照重数计算）。Γ_A 的特征谱记为 $\{\lambda_{Ai}, i = 1, 2, \cdots, N \mid \lambda_{A1} \leqslant \lambda_{A2} \leqslant \lambda_{A3} \leqslant \cdots \leqslant \lambda_{AN}\}$。不同的拓扑结构网络，其邻接矩阵特征谱也不相同。供应链网络邻接矩阵 Γ_A 的谱密度为

$$\rho(\lambda_A) = \frac{\sum_{i}^{N} \delta(\lambda_A - \lambda_{Ai})}{N}$$

其中，$\delta(\cdot)$ 是如下 Kronecker-δ 函数

$$\delta(\lambda_A - \lambda_{Ai}) = \begin{cases} 1, & \lambda_A = \lambda_{Ai} \\ 0, & \lambda_A \neq \lambda_{Ai} \end{cases}$$

邻接矩阵的谱密度表现了其特征值的分布特性，反映了其对应的复杂供应链网络拓扑结构的特征。不同的谱密度对应不同的拓扑结构。复杂供应链网络邻接矩阵的特征谱及其谱密度包含了复杂供应链网络的重要信息，对于了解复杂供应链网络的结构涌现和动力学行为有重要的作用。图 5.3 的供应链网络无向拓扑结构对应的邻接矩阵为

$$\begin{bmatrix}
0 & 0 & 0 & 0 & 0 & 1 & 0 & 0 & 0 & 0 & 0 & 0 & 0 & 0 \\
0 & 0 & 0 & 0 & 0 & 1 & 1 & 0 & 0 & 0 & 0 & 0 & 0 & 0 \\
0 & 0 & 0 & 0 & 0 & 0 & 1 & 0 & 0 & 0 & 0 & 0 & 0 & 0 \\
0 & 0 & 0 & 1 & 0 & 0 & 0 & 1 & 0 & 0 & 0 & 0 & 0 & 0 \\
0 & 0 & 0 & 0 & 1 & 0 & 0 & 0 & 0 & 0 & 0 & 0 & 0 & 0 \\
1 & 1 & 0 & 0 & 0 & 0 & 0 & 0 & 1 & 0 & 0 & 0 & 0 & 1 \\
0 & 1 & 1 & 0 & 0 & 0 & 0 & 0 & 1 & 0 & 0 & 0 & 0 & 1 \\
0 & 0 & 1 & 1 & 1 & 0 & 0 & 0 & 1 & 0 & 0 & 0 & 0 & 1 \\
0 & 0 & 0 & 0 & 0 & 1 & 1 & 1 & 0 & 1 & 1 & 1 & 1 & 0 \\
0 & 0 & 0 & 0 & 0 & 0 & 0 & 0 & 1 & 0 & 0 & 0 & 0 & 1 \\
0 & 0 & 0 & 0 & 0 & 0 & 0 & 0 & 1 & 0 & 0 & 0 & 0 & 1 \\
0 & 0 & 0 & 0 & 0 & 0 & 0 & 0 & 1 & 0 & 0 & 0 & 0 & 1 \\
0 & 0 & 0 & 0 & 0 & 0 & 0 & 0 & 1 & 0 & 0 & 0 & 0 & 1 \\
0 & 0 & 0 & 0 & 0 & 1 & 1 & 1 & 0 & 1 & 1 & 1 & 1 & 0
\end{bmatrix}$$

图 5.3 中供应链网络无向拓扑的邻接矩阵特征谱为

$$E_A = \left\{ \begin{array}{c} -3.9775 \\ -1.6189 \\ -1.3470 \\ -0.8628 \\ 0.0000 \\ 0.0000 \\ 0.0000 \\ 0.0000 \\ 0.0000 \\ 0.0000 \\ 0.8628 \\ 1.3470 \\ 1.6189 \\ 3.9775 \end{array} \right\}$$

图 5.3 供应链网络的邻接矩阵谱密度如图 5.4 所示。

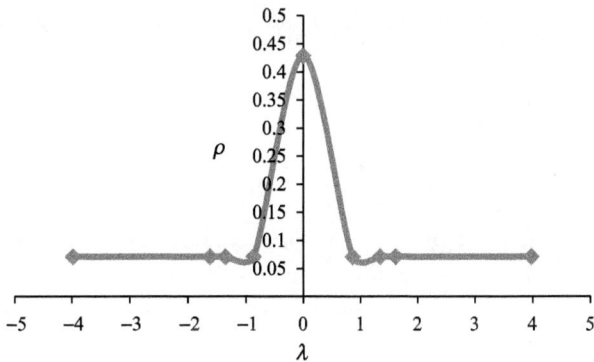

图 5.4　供应链网络拓扑邻接矩阵谱密度

具有 N 个企业组织节点的供应链网络的无向拓扑结构网络 S，其 Laplacian 矩阵 $P = (p_{ij})_{N \times N}$。该矩阵是 $N \times N$ 实对称矩阵。Laplacian 矩阵 P 具有 N 个实特征值且均为正值，并且存在零特征值。把 N 个实特征值记为 λ_i，$i = 1, 2, \cdots, N$。供应链网络的 Laplacian 矩阵特征值均为正值，且一定有零特征值，将供应链网络对应的 Laplacian 矩阵特征谱记为 $\{\lambda_i, i = 1, 2, \cdots, N \mid \lambda_1 \leqslant \lambda_2 \leqslant \lambda_3 \leqslant \cdots \leqslant \lambda_N\}$。Laplacian 矩阵的谱密度同样按照下式表达

$$\rho(\lambda) = \frac{\sum_{i}^{N} \delta(\lambda - \lambda_i)}{N}$$

图 5.3 供应链网络的 Laplacian 矩阵的特征谱为

$$E_A = \left\{ \begin{array}{c} 0.0000 \\ 0.5417 \\ 0.8124 \\ 1.0000 \\ 1.2829 \\ 1.7751 \\ 2.0000 \\ 2.0000 \\ 2.0000 \\ 4.2761 \\ 4.4783 \\ 5.4299 \\ 7.0000 \\ 9.4035 \end{array} \right\}$$

绘制图 5.3 中供应链网络的 Laplacian 矩阵谱密度图，如图 5.5 所示。

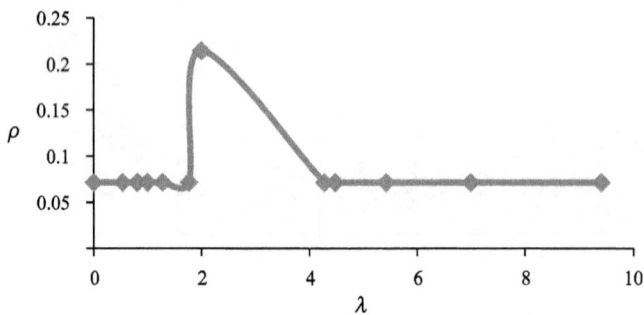

图 5.5 供应链网络拓扑的 Laplacian 谱密度

5.3 农产品复杂供应链网络拓扑结构特性

5.3.1 农产品复杂供应链网络拓扑构建

农产品供应系统是社会系统中的一个重要子系统，关系着国计民生与经济社会可持续发展。近些年来，我国农产品价格频繁剧烈波动，供给不均衡现象时有发生，农产品供应体系与经济社会发展的矛盾日益激化。研究农产品复杂供应链网络的拓扑结构特征，有助于深入理解农产品供应链网络的结构特性、动力学特征及其稳健性，对于创新农产品流通方式，降低农产品流通成本，保障农产品供给，稳定农产品物价有重要的意义。目前，从复杂网络的视角研究农产品供应链网络结构特性的成果还比较缺乏。本节主要从供应链网络平均度、度分布特征、度相关性以及同配或异配性等特征参数来研究农产品供应链网络拓扑结构特性。

在农产品供应链网络中涉及的生产与流通主体节点主要有农产品生产者、农产品流通合作经济组织、农业产业化企业、收购商、批发市场、农贸市场或者城镇菜市场、超市以及餐饮服务企业。本节对调研样本经过统计分析，分别构建了3 个不同规模的农产品复杂供应链网络拓扑，考虑到这 3 个农产品复杂供应链网络相对独立，我们分别绘制农产品复杂供应链网络的拓扑网络 1、拓扑网络 2 和拓扑网络 3。绘制的农产品供应链网络拓扑结构如图 5.6 所示。3 个网络中均包括农产品种植生产者、农业产业化企业、农民专业合作社、个体运销户、产地批发市场、销地批发市场、农贸市场、超市及餐饮服务企业等供应链网络节点。本节将这 3 个农产品复杂供应链网络中的主体节点分为 6 大类，分别以 A、B、C、D、E 和 F 表示，A 表示农户(或农产品种植生产者)，B 表示农民专业合作社、农业产业化企业及个体运销户，C 表示产地批发市场，D 表示销地批发市场，E 表示农贸市场及城市菜市场，F 表示超市及餐饮服务企业。

在实证研究中，不可能考察实际农产品供应链网络的全局，往往只能获得实际网络的部分数据。为了区别实际网络，这里称为数据网络。在前述选取农产品供应链网络的数据网络中，不可避免地存在一些孤立的节点，但在实际的全局供应链网络中是不可能有孤立节点的。大量调研证实，在实际的农产品流通网络中，在一定时间尺度内，度值为 1 的节点是几乎不存在的。基于以上原因，为了消除数据内在噪声，本节在进行数据分析时先后剥去网络 0-壳和 1-壳。因此，本章所分析的复杂供应链网络是 1-核网络。

5.3.2 农产品复杂供应链网络的平均度特性

如果将图 5.6 中的网络 1、网络 2 以及网络 3 看作无向网络，网络 1 的平均度 $<k^{\mathrm{I}}>=8.65$，网络 2 的平均度 $<k^{\mathrm{II}}>=8.49$，网络 3 的平均度 $<k^{\mathrm{III}}>=9.06$。因为网络 3 中 C 类节点和 B 类节点均比网络 2 与网络 1 的多，所以网络 3 的平均度略大于网络 2 和网络 1。农户的平均度对农产品复杂供应链网络研究具有特定的意义，从它可以看出该农产品供应链网络中农户平均销售渠道的数量。网络 3 的 A 类节点即农户的平均度 $<k^{\mathrm{A3}}>=4.51$，网络 2 的 A 类节点平均度 $<k^{\mathrm{A2}}>=4.26$，网络 1 的 A 类节点平均度 $<k^{\mathrm{A1}}>=4.45$，3 个网络中农户的度值相差不大，可以判断在图 5.6 的农产品供应链网络中，农产品生产者的平均度约

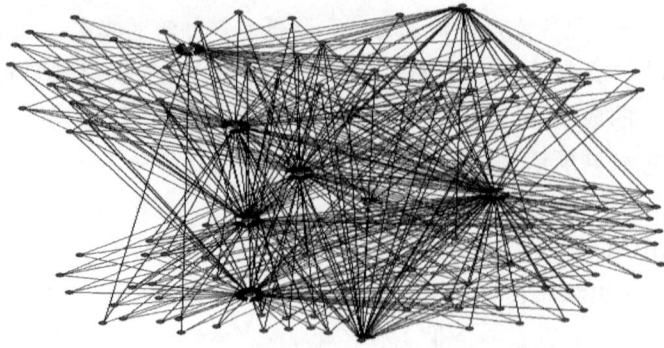

(a) 网络1(由实际供应链网络成员供销关系结合Kamada- Kawa算法产生的供应链网络拓扑)

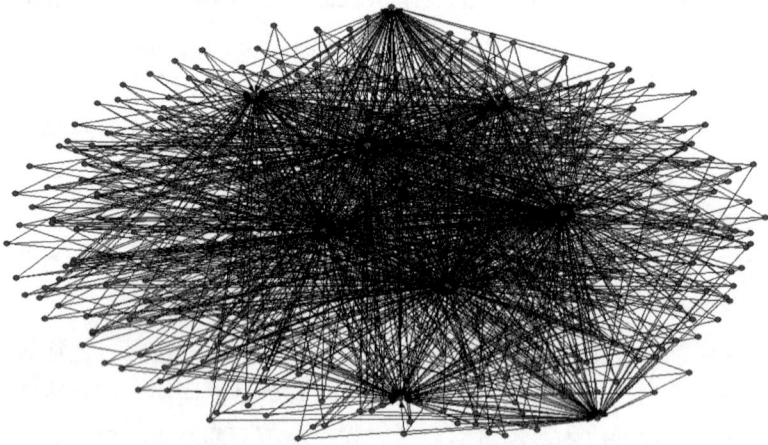

(b) 网络2(由实际供应链网络成员供销关系结合Kamada- Kawa算法产生的供应链网络拓扑)

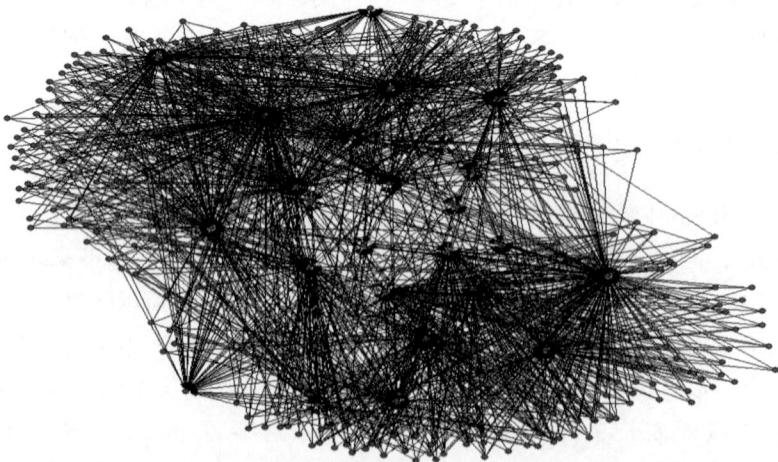

(c) 网络3(由实际供应链网络成员供销关系结合Frucherman Reingolds算法产生的网络拓扑)

图 5.6   农产品复杂供应链网络拓扑图

等于 4。因为在所考察研究的农产品复杂供应链网络中，作为农产品生产者的农户没有入边，只有出边，所以可以说，图 5.6 的数据网络中农户的农产品销售渠道平均数约为 4，其中一个渠道是农产品批发市场，一个渠道是收购商或农业产业化企业，平均有两个渠道是不同的农贸市场或城镇菜市场。

如果将 3 个数据网络作为有向网络处理，网络 3 的平均入度 $< k^{\mathrm{IIIin}} >= 4.53$，平均出度 $< k^{\mathrm{IIIout}} >= 4.53$。可以看到网络 3 的平均入度和平均出度是相等的，这不是数据子网的偶然结果，而是有向网络的必然结论。在有向网络中尽管每个节点的入度和出度不尽相同，但是网络的平均出度和平均入度是相等的，即

$$< k^{\mathrm{in}} >=< k^{\mathrm{out}} >= \frac{1}{N} \sum_{i,j=1}^{N} a_{ij} = \frac{E}{N}$$

所以，网络 1 中 $< k^{\mathrm{Iin}} >=< k^{\mathrm{Iout}} >= 4.33$，网络 2 中 $< k^{\mathrm{IIin}} >=< k^{\mathrm{IIout}} >= 4.24$。

图 5.6 所示的农产品复杂供应链网络中不同类节点的平均度以及邻接农户概率分析如图 5.7 所示。

从图 5.7(a) 中可以看到，节点平均度最高的是 C 类节点；除农户类节点外，节点度值和最大的是 E 类节点。从图 5.7(b) 中可以看到，平均邻接农户概率最高的是 C 类节点，次高的是 E 类节点，A 类节点倾向于与 C 类和 E 类节点直接连接。由此可见，农户倾向于将农产品直接向本地批发市场和农贸市场销售的概率最大，C 类节点和 E 类节点对于所调查网络的农产品销售具有非常重要的作用。邻接 A 类节点概率最小的是 F 类节点，其次是 D 类节点；A 类节点到达 D 类节点大多经过 2 跳，或经过 B 类节点，或经过 C 类节点。由此可见，农户的农产品经超市出售的概率很小，即农超对接比例非常小，农户的农产品直接向外地市场销售的概率比较小。向外地销售的农产品大多经过收购商、企业或农民合作社以及本地批发市场。以上分析反映了我国农产品的流通渠道选择的基本特点。

5.3.3 农产品复杂供应链网络度分布特性

1. 度分布图与秩次图

本书在分析农产品供应链网络的数据网络时是基于 1-核网络进行的。为了排除其他概率统计分布，较为准确地判断农产品复杂供应链网络的度分布规律，本节分别绘制了所调研考察的图 5.6 农产品复杂供应链网络的度分布线性、半对数、双对数坐标图，如图 5.8 所示。图 5.8(a)~(d) 依次为农产品复杂供应链网络在双线性坐标、线性-对数坐标、对数-线性坐标和双对数坐标中的度分布图像。依据图 5.8(a)~(d)，排除了指数分布、Gamma 分布、偏斜高斯分布、广延

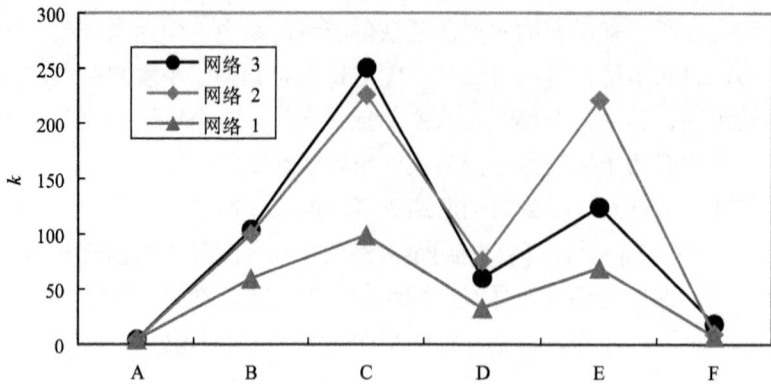

(a) 不同类节点的平均度

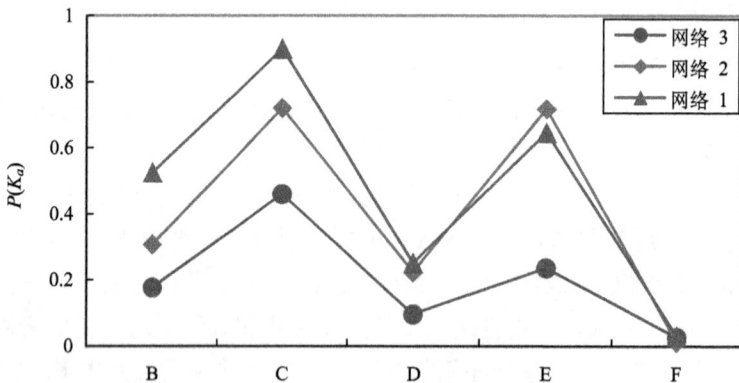

(b) 不同类节点邻接农户概率

图 5.7　农产品供应链网络中不同类节点的平均度和邻接农户概率

指数分布[134,135]的可能性。右下方这些出现概率最小的数据点呈现很大的统计涨落。在左上方这些数据点中，因其出现频率高，所以每个数据点都包含着大量的调研样本，具有最高的统计可信度，因此对拟合结果有关键作用。而右下方的这些出现概率小的数据点，每一个包含极少的实证样本，甚至仅仅包含 1 个调研样本，因此应该在拟合过程中少予考虑。对数据网络的度分布的拟合见图 5.9。

　　图 5.9 中的数据点包含了所考察网络中 97%的节点，这些包含大量数据网络节点、具有最高统计可信度的数据点在双对数坐标中呈现一条直线，而且排除了其他分布的可能性，这表明农产品供应链网络绝大部分节点的度分布符合幂律分布。将原始数据按度大小排序并将秩次图绘制在双对数坐标中，如图 5.10 所示，横坐标 S 表示秩次。分析显示，绝大部分数据点服从幂律分布，和前面的结论吻合。

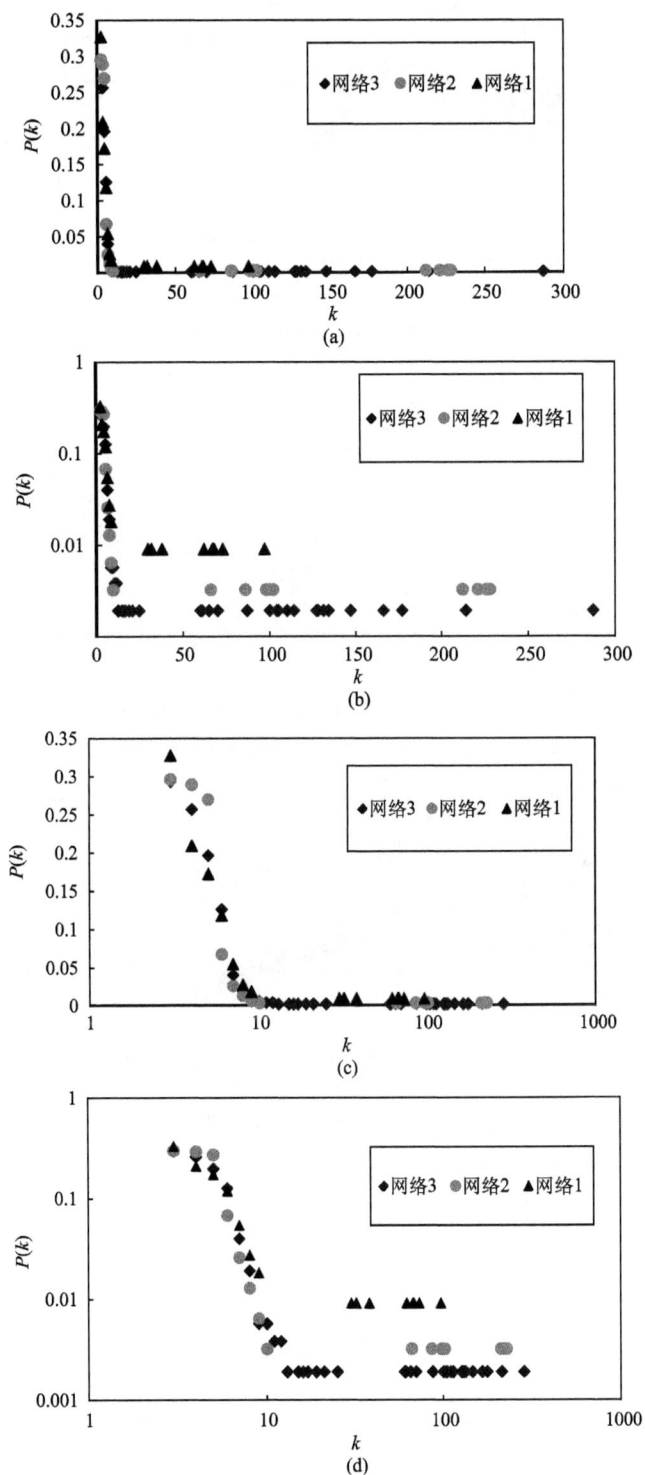

图 5.8　农产品复杂供应链网络在不同坐标中的度分布图

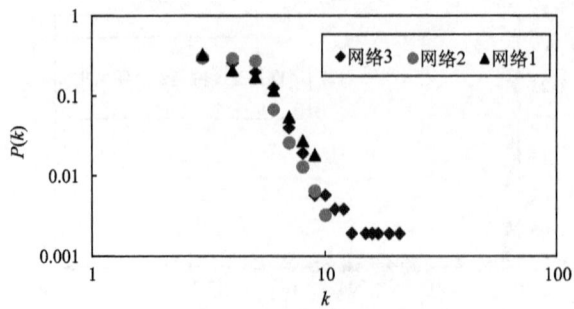

(a) 截舍部分小概率数据点后的度分布

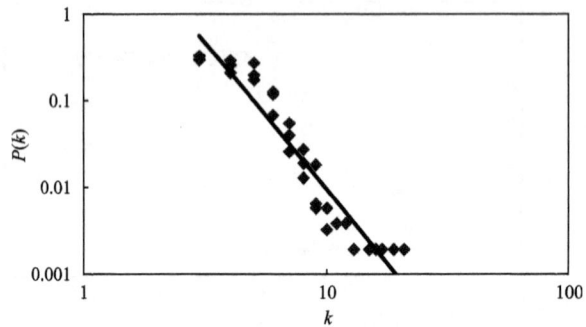

(b) 截舍部分小概率数据点后的度分布拟合

图 5.9　农产品复杂供应链网络的度分布及其拟合

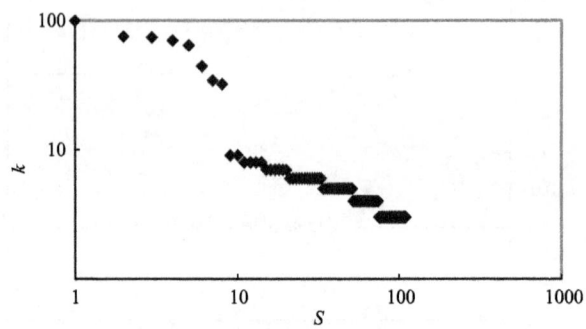

(a) 网络1的秩次图

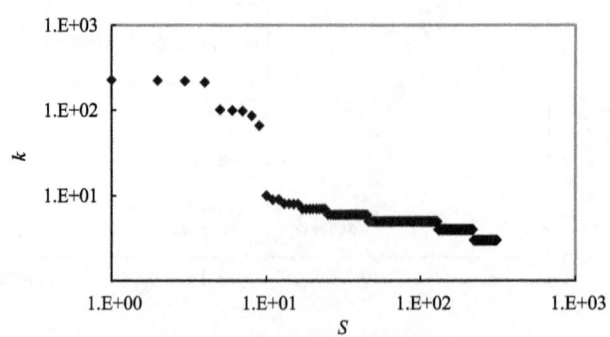

(b) 网络2的秩次图

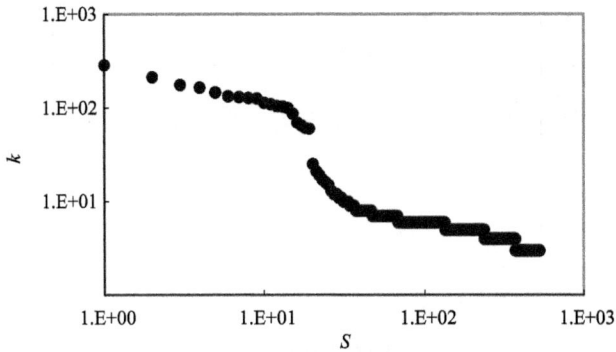

(c) 网络3的秩次图

图 5.10   农产品复杂供应链网络的秩次图

在实证研究中，幂律度分布会出现截断。在实际网络中，度最大的节点是很有限的，可以利用度分布图，运用普通最小二乘（Ordinary Least Square，OLS）法求出标度指数，但是这种方法的缺点是度分布尾部摆动范围较大，标度指数不容易准确估计。

2. 度的补分布

如果随机变量服从幂律分布，就会在双对数坐标下表现为一条直线。然而，直线的尾部可能由于统计误差而产生波动。正如前面所做的一样，解决尾部波动的一个方法是去掉一部分尾部数据，但是这样做会丢失一部分信息。考察网络度分布的另一种办法是对数据点进行装箱处理[136,137]，但不论是线性装箱还是对数装箱都属于粗粒化方法，仍然会产生统计噪声。如果使用补分布就不需要进行装箱操作，避免了确定装箱宽度的问题，并且对所有数据有较好的使用效果。

将 $F(k) = p(K \geqslant k)$ 称作补分布函数。对于离散变量有 $F(k) = \sum\limits_{K \geqslant k} p(k)$，幂律分布的补分布

$$F(k) = p(K \geqslant k) = \lambda \sum_{K=k}^{\infty} K^{-\gamma} \simeq \lambda \int_{k}^{\infty} k^{-\gamma} \mathrm{d}k = \frac{\lambda}{\gamma-1} k^{-(\gamma-1)}$$

从上式可以看出，如果度的概率分布为幂律函数，那么补分布函数也是幂律函数，并且它们之间幂指数相差 1。采用补分布的方法不但可以避免分布描述中的平庸性，避免度分布中出现的扰动，而且累积后的每个数据一般都包含了许多原来的数据，因此会在最大程度上减小统计涨落。

对前述农产品复杂供应链网络的度作补分布，并且绘制在双对数坐标中，如图 5.11 所示。利用图 5.11 的补分布数据序列拟合得到的补分布幂指数等于 1.78，所以利用补分布的方法得到的网络度分布的标度指数等于 2.78。

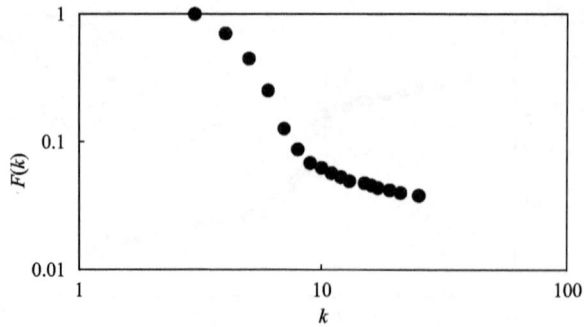

(a) 网络3的度补分布

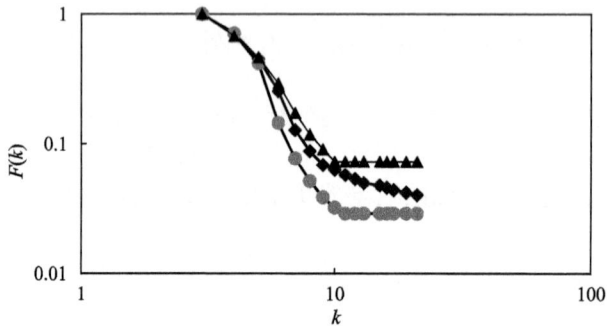

(b) 3个网络的度补分布

图 5.11 农产品复杂供应链网络的度补分布

3. 标度参数的极大似然估计

通过对农产品复杂供应链网络的度分布和度补分布的分析，可以得出以下结论：农产品复杂供应链网络的度分布在包含大量节点、具有最高统计可信度的数据点中符合幂律分布的特性。可以通过考察度分布和度补分布，然后经过最小二乘法拟合得到标度指数估计值。但是，使用 OLS 时隐含一个条件，即默认实际数据的对数与理论值的对数之间的偏差服从正态分布，这一假设并不合理，所以 OLS 法产生的估计是有偏估计。可见，用前面两种方法估算标度指数并不是最好的方法，两者都是有偏估计。在判断幂律分布的前提下，可以用极大似然法估计标度指数。极大似然法的明显优点在于只要样本量足够大，极大似然估计的参数和未知参数的真值可相差任意小。

大部分实际网络的度分布在开始部分并不完全遵循幂律分布，都是在中部和一部分尾部遵循幂律分布。实际上幂律分布是当 $k \geqslant k_{\min} > 0$ 才成立（当度值为零时概率无穷大），其中 $k_{\min}$ 为 k 符合幂律分布部分的最小值。因此，对于概率函数

$p(k) = \lambda k^{-\gamma}$，有 $\displaystyle\sum_{k=k_{\min}}^{\infty} \lambda k^{-\gamma} = 1$，所以

$$\lambda = \frac{1}{\displaystyle\sum_{k=k_{\min}}^{\infty} k^{-\gamma}}$$

为了简化，作积分近似

$$\lambda \sim \frac{1}{\displaystyle\int_{k_{\min}}^{\infty} k^{-\gamma}\,\mathrm{d}k} = (\gamma - 1)k_{\min}{}^{\gamma-1}$$

则有

$$p(k) \sim (\gamma - 1)k_{\min}{}^{\gamma-1} k^{-\gamma} = \frac{\gamma - 1}{k_{\min}}\left(\frac{k}{k_{\min}}\right)^{-\gamma}$$

如果可以考察到网络中若干节点的度值 $k_1, k_2, \cdots, k_n$，并且它们是相互独立的，则似然函数为

$$L(k_1, k_2, \cdots, k_n; \gamma) = \prod_i \frac{\gamma - 1}{k_{\min}}\left(\frac{k_i}{k_{\min}}\right)^{\gamma-1}$$

因与其对数函数在相同的 k 值点达到最大值，所以

$$\ln L = \ln \prod_i \frac{\gamma - 1}{k_{\min}}\left(\frac{k_i}{k_{\min}}\right)^{\gamma-1} = n\ln(\gamma - 1) - n\ln k_{\min} - \gamma \sum_i^n \ln\left(\frac{k_i}{k_{\min}}\right)$$

令 $\dfrac{\partial \ln L}{\partial \gamma} = 0$，求解 γ，得到极大似然估计的标度参数

$$\hat{\gamma} = 1 + n\left[\sum_i^n \ln\left(\frac{k_i}{k_{\min}}\right)\right]^{-1} \tag{5.1}$$

如果网络中满足幂律分布的节点的最小度值和网络节点的平均度比较大，或者度序列数据量巨大，且度值序列大多是连续的，采用式 (5.1) 估计的标度指数和实际数值相差不大。但是，在很多情况下，所考察数据网络满足幂律分布的最小数据都不大，平均度也不大，数据量不是非常大，且度序列不连续。在这样的情况下，采用式 (5.1) 计算的标度指数就会比实际值偏大。这是因为用积分对数据序列作了连续化的近似。在离散数据情况下，可以作如下处理。

在离散情况下有

$$\sum_{k=k_{\min}}^{\infty} k^{-\gamma} = \zeta(\gamma, k_{\min})$$

其中，$\zeta(\gamma, k_{\min})$ 是首项为 $k_{\min}^{-\gamma}$ 的广义黎曼 ζ 函数。

因为

$$\lambda = 1 / \sum_{k=k_{\min}}^{\infty} k^{-\gamma} = 1 / \zeta(\gamma, k_{\min})$$

所以

$$p(k) = \frac{k^{-\gamma}}{\zeta(\gamma, k_{\min})}$$

似然函数为

$$L(k_1, k_2, \cdots, k_n; \gamma) = \prod_i \frac{k_i^{-\gamma}}{\zeta(\gamma, k_{\min})}$$

两端取对数

$$\ln L = \ln \prod_i \frac{k_i^{-\gamma}}{\zeta(\gamma, k_{\min})} = -\gamma \sum_i \ln k_i - n \ln \zeta(\gamma, k_{\min})$$

令

$$\frac{\partial \ln L}{\partial \gamma} = -\sum_i \ln k_i - \frac{n}{\zeta(\gamma, k_{\min})} \frac{\partial \zeta(\gamma, k_{\min})}{\partial \gamma}$$

$$= -\sum_i \ln k_i - \frac{n \zeta'(\gamma, k_{\min})}{\zeta(\gamma, k_{\min})} = 0$$

其中，$\zeta'(\bullet)$ 是广义黎曼 Zeta 函数的偏导。

所以，极大似然估计的标度指数 $\hat{\gamma}$ 是下面方程的解

$$-\sum_i \ln k_i - n \frac{\zeta'(\hat{\gamma}, k_{\min})}{\zeta(\hat{\gamma}, k_{\min})} = 0 \tag{5.2}$$

对方程(5.2)的数值求解过程可以通过 MATLAB 实现。给定网络的邻接矩阵，通过调用 MATLAB 函数 Sum 可以获得每个节点的度数，然后调用 MATLAB 函数 fsolve 进行求解。因为前面利用补分布的方法得到的网络度分布的标度指数等于 2.78，所以这里将解的初值设定在[2,3]区间内。如果求解过程终止或者得到的最终解小于 0，则重新设定初值的估算区间后进行计算。对于幂律分布，因为当变量趋于 0 时会偏离幂律，故需要确定变量符合幂律区间的最小值。通过 Kolmogorov-Smirnov(K-S)估计，将补分布序列中符合幂律分布的最小值 $k_{\min}$ 确定为 3。先后分别采用网络 3 的度补分布和 3 个网络综合数据点的补分布，运用方程(5.2)计算得出所考察的农产品复杂供应链网络度的补分布的幂指数 $\hat{\gamma} = 1.75$，然后利用补分布幂指数和概率函数标度指数的关系，得到所考察的农产品复杂供应链网络的标度指数 $\gamma = 2.75$。可以看到，利用极大似然估计法得到的标度指数比利用度的补分布拟合得到的标度指数略小一些。

对补分布序列进行 K-S 检验。按照下式计算实际值和理论值的累积分布之间的最大距离

$$D = \max_{k \geqslant k_{\min}} \left| S(k) - P(k) \right|$$

理论值采用 $F(k) = \left(\dfrac{k}{k_{\min}} \right)^{-\gamma}$ 计算。应当注意的是，这里的 γ 是补分布的幂律指数。在数据网络的补分布中，采用补分布序列大于 20 组的数据点，计算得出 $D=0.1012$，小于 20 组对应的分位数 0.1257，也小于 30 组对应的分位数 0.1048。相应的分位数表可以参见文献[138]。因此，可以判断所考察的农产品复杂供应链网络的度分布服从幂律分布，且所考察的农产品复杂供应链网络的标度指数 $\gamma=2.75$，$\gamma \in (2,3)$。

5.3.4 农产品复杂供应链网络的异配性

如果网络中随意选取的一条边的两个端点的度不是随机的，那么网络具有度相关性。如果网络中随机选取的一条边的两个端点的度是随机的，即网络中任意两个节点间是否有边相连与这两个节点的度值无关，则称网络不具有度相关性。对于度相关的网络，如果总体上度值高的节点倾向于连接度值高的节点，该网络就是度正相关的；如果总体上度值高的节点倾向于连接度值低的节点，该网络就是度负相关的。度正相关的网络是同配网络，度负相关的是异配网络。目前的研究显示，社会网络大多数是同配的，技术网络和生物网络倾向于异配[27-29]。网络的同配或异配对网络功能与行为有显著的影响。作者在已经进行的相关研究中发现，供应链网络的同配或异配性对供应链网络的运行管理有显著影响，直接影响供应链网络的动力学过程及其可控性。供应链网络的协调运行、风险扩散、最小控制输入与供应链网络的同配与异配性存在重要关联。研究还发现，供应链网络的异配性越强，其风险扩散速度越快，供应链网络协同越困难；供应链网络异配性越强，实现其完全状态可控需要的最少输入控制数越多，需要的最少控制企业数越多。

前面考察了农产品复杂供应链网络的度分布，但是具有相同度分布的两个网络的其他性质不一定相同，有必要进一步考察更高阶的度分布特性。度分布相同的网络可以具有完全不同的度相关性，所以本节对农产品供应链网络的度相关性继续进行考察。利用余平均度来刻画度相关性[139]。余平均度分布为

$$< k_{nn} > (k) = \sum_{k'=1}^{k_{\max}} k' P(k' \mid k) = \frac{\sum_i k_i}{k}$$

其中，$P(k' \mid k)$ 表示度为 k 的节点连接到度为 k' 的节点的概率；k_i 是度为 k 的节

点的第 i 个相邻节点。对前述农产品复杂供应链网络进行度相关性分析，绘制了 $k_{nn}(k)\text{-}k$ 图，如图 5.12 所示。

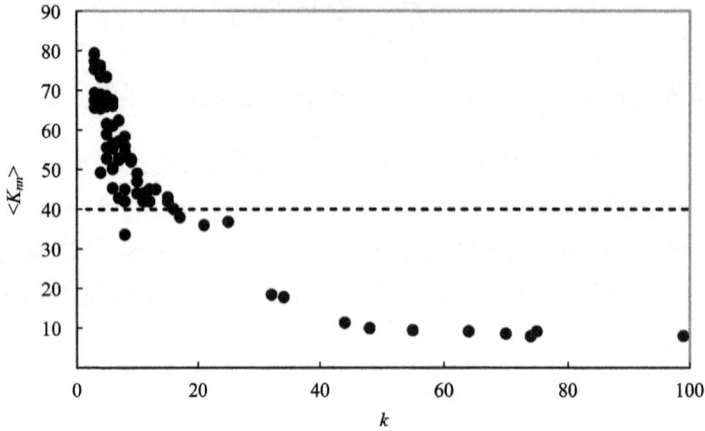

图 5.12　农产品复杂供应链网络的邻居节点平均度

图 5.12 显示，$k_{nn}(k)\text{-}k$ 曲线的斜率小于零，呈现明显的减函数，表明在农产品复杂供应链网络中，节点度是负相关的。图中的水平线是假设该网络不具有度相关性时的期望邻居节点平均度。采用下式计算同配系数

$$r = \frac{M^{-1}\sum_{i} j_i k_i - [M^{-1}\sum_{i}\frac{1}{2}(j_i + k_i)]^2}{M^{-1}\sum_{i}\frac{1}{2}(j_i^2 + k_i^2) - [M^{-1}\sum_{i}\frac{1}{2}(j_i + k_i)]^2}$$

其中，j_i 和 k_i 分别为第 i 条边的两个端点的度值；M 为网络中边的数量；$r \in [-1,1]$，如果 $r < 0$，那么度是负相关的，网络是异配的；如果 $r > 0$，那么度是正相关的，网络是同配的；如果 $r = 0$，那么网络不具有度相关性。计算前述农产品复杂供应链网络的同配系数，得到 $r = -0.67$，说明所考察的农产品供应链网络的异配程度较高。

在所考察的农产品供应链网络中适当增加农户的数量，结果显示同配性系数变化微小。如果增加批发市场、农贸市场或农业产业化企业的数量，同配性系数会明显增大。所以，农产品复杂供应链网络的同配性系数对农户数量的增加不敏感，而对批发市场、农贸市场和收购商或农业产业化企业的增加比较敏感。农产品复杂供应链网络的异配程度高，说明该网络中度越高的节点，它的邻居节点平均度就越低，表明农产品销售渠道少于平均农户农产品销售渠道的农户倾向选择节点度很高的本地批发市场、收购商及农贸市场，而向超市、外地批发市场销售的概率很小。同时表明，就目前的市场情况而言，新进入网络的农户类节点选择本地批发市场、农贸市场建立农产品流通链路的概率比选择其他节点建立链路的概率大得多。

目前复杂系统与网络科学的研究结果显示，绝大多数社会网络是同配的，而大多数技术网络和生物网络是异配的。本章的研究表明，在社会网络中也存在一大类异配网络。这类网络可能不仅仅在农产品供应链网络中存在，而且很可能在其他社会网络中存在。对这类网络的结构、功能以及动力学的研究具有重要意义。农产品供应链网络的强异配性意味着在农产品供应链网络的风险扩散速度快，协调管理与协同运行较困难，而且对农产品供应链网络实现完全调控非常困难。

5.4 本章小结

复杂供应链网络的拓扑结构特征对其系统运行中的动力学行为有直接而深刻的影响，是实现复杂供应链网络系统功能的重要的内在基础。本章论述了复杂供应链网络的主要拓扑结构特征，定义并分析了复杂供应链网络拓扑结构的主要统计参数。这些参数在一定意义上可以描述复杂供应链网络拓扑结构特征，揭示复杂供应链网络系统运行及其集群动力学行为的内在影响因素。在调研实际农产品复杂供应链网络的基础上，考察所取样本的农产品复杂供应链网络的主要拓扑结构特征，研究得到以下结论。

(1) 农产品复杂供应链网络度分布符合幂律分布，幂律指数 $\gamma = 2.75$，$\gamma \in [2,3]$，表明农产品复杂供应链网络具有无标度特征，其节点度值具有有限均值，方差随着农产品复杂供应链网络规模的不断扩大而趋于发散。批发市场、农贸市场或农业产业化企业这些度值高的节点会由于方差的发散而增加，但增加的速度因为均值有限而极为缓慢。

(2) A 类节点倾向与 C 类、E 类节点建立链路，且网络的异配程度较高，表明在目前市场情况下，大多数农产品生产者选择批发市场、收购商和农贸市场建立销售渠道，进行农产品销售。农超对接比例非常小，农户的农产品直接向外地市场销售的概率比较小，向外地销售的农产品大多经过收购商、企业或农民合作社以及本地批发市场。

(3) 不同于大多数社会网络，农产品供应链网络是异配网络，所研究样本的同配性系数为–0.67。农产品复杂供应链网络的同配性系数对农户数量的增加不敏感，而对批发市场、农贸市场和收购商或农业产业化企业的增加比较敏感。

(4) 目前的农产品复杂供应链网络具有较强异配性，这意味着在目前的农产品流通领域实现协调运行将是非常困难的，实现农产品供应链网络全局状态可控的成本非常高，并且其风险扩散速度很快。

第6章 复杂供应链网络风险扩散集群动力学行为

6.1 供应链网络风险概述

6.1.1 供应链网络风险来源与风险管理

供应链网络由企业主体及它们之间的供应与需求关系构成,供应链网络系统受内部机制和外部环境的约束限制。在市场环境中,供应链网络的内部因素和外部环境都处在动态变化之中。环境的突变和供应链网络系统内部无序化的加剧,都会使供应链网络面临不确定性增加,即风险加大。这种风险依附于各种载体与介质(如信息、物资、价格、资金、技术等),在供应链网络中依托企业之间的紧密联系,从一个企业或企业群扩散到另外一个企业或企业群。由于供应链网络上的企业组织之间相互联系、相互依赖,任何一个企业出现问题都有可能波及和影响其他企业,影响整个供应链网络的正常运作,甚至导致供应链网络崩溃。供应链网络风险管理是对风险的产生与扩散等运行过程的全面监控与管理。对供应链网络风险扩散动力学行为的研究,有利于从过程的视角深刻理解风险在供应链网络中的扩散机制,深刻理解风险对于供应链网络正常运行产生影响的规律和动态过程,实施更科学、更高效的风险管控。从国内外文献可以看出,目前对供应链网络的风险扩散研究不足,对复杂供应链网络中风险扩散定量模型的研究相对匮乏。

风险是生产目的与收益之间可估测发生概率的不确定性,风险的含义大致有两层:一是强调风险表现为收益不确定性;二是强调风险表现为成本或代价的不确定性。若风险表现为收益或者代价的不确定性,则说明风险产生的结果可能带来损失、获利或是既无损失也无获利,属于广义风险。而风险表现为损失的不确定性说明风险只能表现出损失,没有从风险中获利的可能性,属于狭义风险。本章探讨的复杂供应链网络风险属于狭义风险。

一般来讲,供应链网络的风险扩散构件包括风险源、扩散介质、扩散节点以及风险接受者。供应链网络风险来源于各种内部和外部环境的不确定性。根据风险源不同,供应链网络风险可以分为内生性风险和外生性风险。内生性风险来源于供应链网络内部的企业主体以及主体之间的联系,如交付延迟、库存过剩、预测失误、金融风险、信息系统失误以及人为错误等;外生性风险来源于供应链网络外部的市场环境、政治环境以及科学技术和法律等,如自然灾害、战争、传染疾病暴发、政策变化、生产物料缺乏、价格上涨以及犯罪行为等。外生性风险的主要特点是它们不受供应链网络成员企业的控制，企业管理者不能改变这类风险，但是企业主体可以在风险环境中进行降低风险的运作与规划设计。内生性风险通常不是很显性，但是它们的影响范围更加广泛。内生性风险是供应链网络企业主体可以管控的风险。供应链网络的本质和它们的复杂性使其对不同的内部和外部风险相当敏感，这些风险很容易在供应链网络中形成扩散。

除了从供应链网络风险源的角度划分供应链网络风险以外，供应链网络风险还有多种分类方式，例如，从物流、资金流、信息流的角度可以将供应链网络的风险划分为以下几类。

1. 实物风险

实物风险与生产物料和产品的搬运、运输、存储以及其他物流运作相关，包括运输风险、存储风险、货物搬运风险、存货系统风险等。这些风险具体表现为运输延迟、受阻、货损、货差、存货短缺、物品丢失以及事故等。物流运作不力可能会导致在原料供应、原料运输、原料缓存、产品生产、产品缓存和产品销售等过程中出现衔接失误，这些衔接失误都可能导致供应链物流不畅通而产生风险。例如，运输障碍使原材料和产品不能及时供应，造成上游企业在承诺的提前期内无法交货，致使下游企业的生产和销售受到不利影响。

2. 财务风险

财务风险与现金流相关，包括现金流动风险、支付风险、投资风险、债务风险、会计系统风险等。这些风险表现为投资回报率低、成本过高、账款拖欠、现金短缺以及资金链断裂等。

3. 信息风险

信息风险与信息系统和信息流动相关，其中包括信息获取、传递、数据及信息处理、市场情报以及系统故障等。由于供应链网络中每个企业主体都是独立经营和管理的经济实体，当供应链规模日益扩大、结构日趋繁复时，供应链上发生信息错误的机会也随之增多。信息传递延迟将导致上下游企业之间沟通不充分，对产品的生产以及用户的需求在理解上出现分歧，不能有效满足市场的需要。同时会产生牛鞭效应，导致过量的库存。

4. 组织风险

组织风险产生于供应链网络的企业主体之间的联系，包括供应商、分销商、用户、合伙人、利益共享者之间的关系等，这些风险表现为沟通不足、用户流失、供应问题、合同分歧以及法律纠纷等。分销商是市场的直接面对者，要充分实施有效的供应链网络管理，必须做好分销商的选择工作。在供应链网络中，如果分销商选择不当，会直接导致核心企业市场竞争失败，也会导致供应链凝聚力涣散，从而导致供应链解体。

5. 企业文化差异产生的风险

供应链网络是由多家企业主体构成的，这些不同的企业在经营理念、文化制度、员工职业素养和核心价值观等方面必然存在一定的差异，从而导致对相同问题的看法不同，采取不一致的工作方法，最后输出不同的结果，造成供应链网络的混乱。

供应链网络风险管理的基本目标应该是确保供应链网络中的生产物料和产品按计划顺畅地、不中断地从初级供应商传递到最终用户手中。供应链网络风险管理的基本目标也可以表述为：降低供应链网络的脆弱性，增强应对意外事件的能力，提高供应链网络的鲁棒性和改进其弹性。脆弱性用来衡量供应链网络遭受风险事件影响的可能性，而弹性用于衡量供应链网络在遭受风险事件发生给其造成的损害后恢复到正常运行状态的速度。所以，供应链风险管理既要降低供应链网络脆弱性以防止风险事件发生，也要提高其弹性，使其在意外事件发生后以最短的时间恢复正常运行。

为了支持上述基本目标，供应链网络风险管理应该具有若干直接目标。直接目标应包括：

(1)规划供应链网络风险管理战略，适应高端的组织风险战略。供应链网络风险战略涵盖供应链网络对风险的长期计划、目标、策略、资源、企业文化、决策和行动；

(2)将风险管理根植于供应链网络的管理功能当中；

(3)保障风险管控所必需的资源、设施、信息系统和基础设备；

(4)确定供应链网络风险管理的科学合理实践，包括相关程序、技术、信息和计划；

(5)识别、分析和计划与供应链网络管理相关的风险反应；

(6)执行计划好的风险反应，作出科学合理的决策；

(7)监控风险管理绩效，持续改进风险管控方法与策略；

(8)供应链网络中企业主体相互合作，形成应对供应链网络风险的一体机制。

供应链网络风险管理的基本步骤应该包含以下核心内容。

1)识别风险

通过这一步骤，查找出风险发生的原因和范围。供应链网络风险识别是一项复杂的工作，现在有许多分析工具可以用来进行风险分析，这些工具主要包括历史数据分析、头脑风暴、因果分析、决策树、路径图、影响矩阵以及关联分析等。

2）分析风险

在进行风险识别后，接下来就需要分析风险可能产生的影响。风险产生的影响取决于两个基本因素：风险事件发生的可能性和风险事件发生后所引起后果的严重性。风险分析方法从宏观上可以分为两类，一类是定性分析方法，定性分析方法可以较为全面地描绘每种风险的特征，如风险性质、引发后果、影响范围以及风险责任等；另一类分析方法是定量分析或测量风险，这种方法有利于精准客观地描述风险及其引发的后果。

3）风险应对决策

通过这一步骤，对常见风险和重大风险的应对产生计划或预案。风险应对的目标是找出处理供应链网络中所有风险最适合的方法。风险应对应做到处理风险有效，让供应链网络继续正常运行，合理有效地使用资源。从宏观上来看，风险应对方法包括忽视风险(对微小风险)、降低风险发生的可能性、减缓风险产生的后果、转移风险、适应风险以及将风险转到另外一个环境。应对风险的途径有增加库存、扩充容量、提高灵活性、改进预测和规划能力、加强协作、用户等级评价、定制生产、合理化产品范围、外购以及购买保险等[140]。

6.1.2 复杂供应链网络运行阈值、自由度与弛豫过程

一般情况下，供应链网络体系在一定的风险范围内能保持正常运行，本书把这一风险范围的上限称作供应链网络运行阈值。事实上，供应链网络经历大多数风险后仍能保持或回归正常运行状态。供应链网络系统不是一个孤立系统，它与其外部环境有物质交换、信息交互、人员流动等。但是，在一定时空范围内，如果在研究中关注供应链网络内部机制、内部企业组织之间的联系远多于关注供应链网络外部环境与内部主体之间作用的时候，供应链网络可以近似为一个孤立系统。

一般情况下，供应链网络的运行可以用一系列宏观参量来近似描述。设 $X = \{x_i\}$ 是供应链网络运行参量集合，x_i 为供应链网络运行第 i 个参量。本书把设定的供应链网络运行参量的数目称为供应链网络运行的自由度。由于供应链网络运行具有多个参量以及供应链网络运行的风险分类有多种，所以，供应链网络运行阈值应是不同含义的一系列数值。设这个阈值集合为 $V_1 = \{v_{1i}\}$，称这个阈值集合为第一阈值集，v_{1i} 为第一阈值集中供应链网络运行的第 i 个参量对应的阈值。只要供应链网络运行的某个特定意义参量数值突破其对应的第一阈值，供应链网络的正常运行就会受到影响，即对于任意 $x_i > v_{1i}$，供应链网络偏离正常运行形态。当供应链网络某个参量突破阈值后，供应链网络运行开始波动，经过一段时间后，可能自发地回归正常运行态。把正常运行状态称为供应链网络平衡态，把供应链

网络某个参量的数值突破阈值后，供应链网络运行开始波动的状态称为供应链网络运行偏离平衡态进入非平衡态。供应链网络在偏离平衡态时，经过自发调节可能会趋于平衡态。本书把供应链网络自发趋于平衡态的过程称为供应链网络运行的弛豫过程。

设 $V_2 = \{v_{2i}\}$ 为供应链网络运行第二阈值集合，只要某个特定意义参量数值突破其对应的第二阈值 $x_i > v_{2i}$ 时，供应链网络系统便崩溃而不能运行。所以，如果对于任意参量和阈值有 $x_i < v_{1i}$，供应链网络系统处在平衡态，系统正常运行；$v_{1i} < x_i < v_{2i}$ 时供应链网络运行偏离平衡态，并可以自发经过弛豫过程到达平衡态，回归正常运行状态；如果 $x_i > v_{2i}$，则供应链网络系统崩溃解体，而且经过任意长时间都不会经过弛豫过程自发回归到正常运行状态，如图 6.1 (a) 和图 6.1 (b) 所示。把偏离供应链网络正常运行状态(平衡态区域)不远的微小偏离状态称作供应链网络运行的涨落，如图 6.1 (c) 所示。当任意 $x_i = v_{1i}$ 时，供应链网络处于临界状态，称为第一临界状态；当 $x_i = v_{2i}$ 时，供应链网络运行处于第二临界状态。供应链网络运行参量越多，参量集合中的某些参量跃出阈值的概率就越大，所以供应链网络的自由度越大越容易发生偏离平衡态或崩溃，其弛豫过程就越长，涨落越频繁。

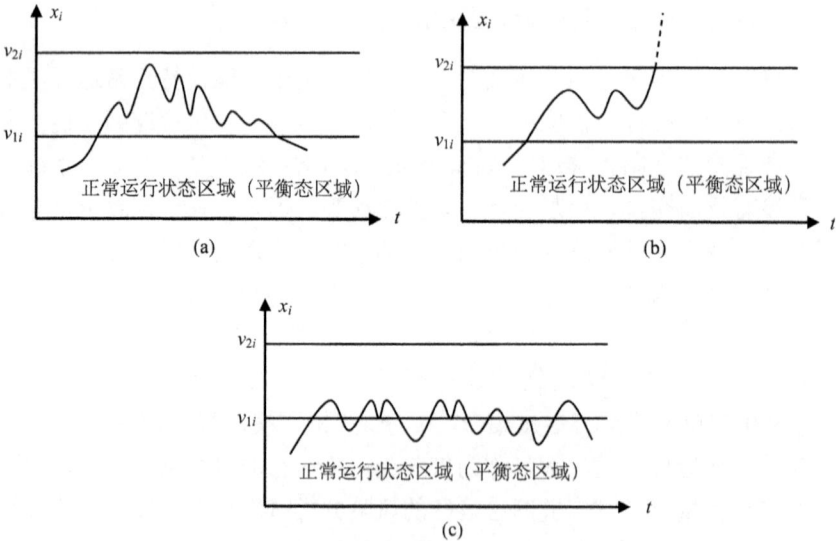

图 6.1　风险影响下供应链网络运行的弛豫过程与涨落

通常可以用若干宏观参量来表述供应链网络运行，因而供应链网络运行的状态可以引入状态空间的概念来描述。设 $x_1, x_2, \cdots, x_n$ 是某一确定供应链网络体系参量集合中的所有参量，以这些参量为基底构成一个 n 维空间，称为该供应链网络体系运行的状态空间。一组确定的 $x_1, x_2, \cdots, x_n$ 值在 n 维空间中对应一个点，供应链网络运行的每一个状态对应状态空间的一个点。供应链网络正常运行的平衡状态对应状态空间的一条曲线，可称为平衡状态曲线。

6.2 复杂供应链网络风险扩散的集群动力学模型

6.2.1 问题描述

系统的结构是影响系统的功能以及系统中各种动力学特性的根本因素，系统结构的变化往往会带来系统功能与动力学特性的变化。复杂供应链网络是由许多独立的企业主体环环相扣构成的复杂系统，这种复杂性系统有其独特的系统动力学结构。复杂供应链网络中有许多结构类似的组分。如第 3 章所述，把供应链网络结构域的组分称作供应链网络结构模体。供应链网络的拓扑结构无论复杂还是简单，其模体结构大多具有层阶结构。

把供应链网络风险扩散方向分为正向和逆向两类，把风险沿供应商到产品用户方向扩散称作风险的正向扩散，反之为逆向扩散。如果供应网络中的节点受到风险威胁，则称此节点被激活到活跃相态，处在活跃相态的节点称为活跃节点。节点未受风险威胁称此节点处在非活跃相态，处在非活跃相态的节点称作稳态节点。这里主要讨论正向风险扩散，逆向风险扩散的分析研究以及建模机理与正向风险扩散的情况类似。本章将供应链网络拓扑结构从最初供应商节点企业群到核心节点企业群再到最末端分销商节点企业群分为 n 阶，供应链网络第 1 阶为最上层供应商，第 n 阶为最末端分销商。

本模型的假定条件如下：

(1) 只有在有直接供销关系或业务往来的供应链网络成员间才存在直接风险传导；没有直接供销关系或业务往来的供应链网络成员之间的风险传导是间接的；

(2) 供应链网络成员所感染的风险并不必然传导到有直接供销关系或业务往来的供应链网络成员上，而是以一定的概率传导；

(3) 在复杂供应链网络中一般有 $N_i \gg \langle I_{i+1} \rangle$。

6.2.2 模型构建

设 ξ_i 为复杂供应链网络第 i 阶节点企业群中处于活跃相态节点的密度，这个密度可以理解为任选一个第 i 阶供应链网络成员节点是感染风险成员节点的概率。N_i 表示供应链网络中第 i 阶节点总数，$i = 1, 2, \cdots$，p_{ij} 表示两个分属 i 阶和 j 阶的节点企业的连接概率。复杂供应链网络中第 i 阶节点企业的平均入度 $\langle I_i \rangle$ 可以通过下式计算

$$\langle I_i \rangle = p_{(i-1)i} N_{i-1}$$

命题 6.1 在复杂供应链网络中，设 $P_i(\lambda_{i-1})$ 为在 i 阶节点群中随机选取一个具有 λ_{i-1} 个位于 $i-1$ 阶的活跃邻居的节点的概率，则有

$$P_i(\lambda_{i-1}) = \frac{(\xi_{i-1}\langle I_i \rangle)^{\lambda_{i-1}}}{\lambda_{i-1}!} \cdot e^{-\xi_{i-1}\langle I_i \rangle}$$

证明：依据复杂供应链网络结构域的组分特征以及概率理论，在复杂供应链网络中有

$$P_i(\lambda_{i-1}) = C_{\xi_{i-1}N_{i-1}}^{\lambda_{i-1}} p^{\lambda_{i-1}} (1-p)^{\xi_{i-1}N_{i-1}-\lambda_{i-1}}$$

上式可化为

$$P_i(\lambda_{i-1}) = \left(\frac{\langle I_i \rangle}{N_{i-1}}\right)^{\lambda_{i-1}} \frac{(\xi_{i-1}N_{i-1})!}{\lambda_{i-1}!(\xi_{i-1}N_{i-1}-\lambda_{i-1})!} \exp\left[(\xi_{i-1}N_{i-1}-\lambda_{i-1})\ln\left(1-\frac{\langle I_i \rangle}{N_{i-1}}\right)\right] \quad (6.1)$$

在复杂供应链网络中一般有 $N_i \gg \langle I_{i+1} \rangle$，当 $N_i \gg \langle I_{i+1} \rangle$ 时，$\dfrac{\langle I_{i+1} \rangle}{N_i} \to 0$，代入式 (6.1) 化简得

$$P_i(\lambda_{i-1}) = \frac{(\xi_{i-1}\langle I_i \rangle)^{\lambda_{i-1}}}{\lambda_{i-1}!} \cdot e^{-\xi_{i-1}\langle I_i \rangle} \quad (6.2)$$

命题得证。

建立供应链网络第 1 阶节点群风险触发方程

$$\frac{\partial \xi_1(t)}{\partial t} = -\tau_1 \xi_1(t) + \pi_1(1-\xi_1(t)) \quad (6.3)$$

供应链网络第 2 阶节点群风险传导方程为

$$\frac{\partial \xi_2(t)}{\partial t} = -\tau_2 \xi_2(t) + \pi_2 \times [1-\xi_2(t)] \sum_{\lambda_1=\theta_2}^{n_i} P_2(\lambda_1)$$

供应链网络第 i $(i>1)$ 阶节点企业群风险传导方程为

$$\frac{\partial \xi_i(t)}{\partial t} = -\tau_i \xi_i(t) + \pi_i \times [1-\xi_i(t)] \sum_{\lambda_{i-1}=\theta_i}^{n_i} P_i(\lambda_{i-1}) \quad (6.4)$$

上面的方程 (6.3) 和方程 (6.4) 中，右端第一项为湮没项，第二项为产生项。其中 π_i 表示第 i 阶节点与上游的活跃节点有业务往来并被激活的概率。τ_i 表示第 i 阶节点由活跃态恢复到稳定态的概率 (恢复概率)，$i=1,2,3,\cdots$。在与其相邻 (与其有业务往来) 的上游节点只有一个是活跃节点的情形下，这个节点不一定会由稳定相态被激活到活跃相态。θ_i 表示能使第 i 阶节点被激活的最少的上游活跃邻居节点数量，本章称 θ_i 为第 i 阶节点感染风险阈值。那么 $\sum\limits_{\lambda_{i-1}=\theta_i}^{n} P_i(\lambda_{i-1})$ 就是 i 阶稳态节点

由上游邻居节点正向激活的概率，n_i表示所有第i阶节点中最大的上游活跃邻居节点数。

将式(6.2)、式(6.3)、式(6.4)联立，得到供应链网络的风险扩散集群动力学模型

$$
\begin{cases}
\dfrac{\partial \xi_1(t)}{\partial t} = -\tau_1 \xi_1(t) + \pi_1(1 - \xi_1(t)) \\
\dfrac{\partial \xi_i(t)}{\partial t} = -\tau_i \xi_i(t) + \pi_i \times [1 - \xi_i(t)] \sum_{\lambda_{i-1} = \theta_i}^{n_i} P_i(\lambda_{i-1}) \\
P_i(\lambda_{i-1}) = \dfrac{(\xi_{i-1} \langle I_i \rangle)^{\lambda_{i-1}}}{\lambda_{i-1}!} \cdot e^{-\xi_{i-1} \langle I_i \rangle}
\end{cases}
$$

当风险扩散达到定态时，由方程(6.3)得

$$
\begin{cases}
\xi_1(t) = \dfrac{\pi_1 - c e^{-t(\pi_1 + \tau_1)}}{\pi_1 + \tau_1}, & 0 \leqslant \xi_1 \leqslant \dfrac{\pi_1}{\pi_1 + \tau_1} \\
\xi_1(t) = \dfrac{\pi_1 + c e^{-t(\pi_1 + \tau_1)}}{\pi_1 + \tau_1}, & \xi_1 \geqslant \dfrac{\pi_1}{\pi_1 + \tau_1}
\end{cases}
$$

方程(6.3)定态解为

$$
\xi_1 = \frac{\pi_1}{\pi_1 + \tau_1}
$$

令 $\partial_t \xi_i(t) = 0$ ，得到方程(6.4)的定态解为

$$
\xi_i = \frac{\pi_i \cdot \displaystyle\sum_{\lambda_{i-1} = \theta_i}^{n_i} P_i(\lambda_{i-1})}{\tau_i + \pi_i \cdot \displaystyle\sum_{\lambda_{i-1} = \theta_i}^{n_i} P_i(\lambda_{i-1})}
$$

所以该动力学模型的定态解为

$$
\begin{cases}
\xi_1 = \dfrac{\pi_1}{\pi_1 + \tau_1} \\
\xi_i = \dfrac{\pi_i \cdot \displaystyle\sum_{\lambda_{i-1} = \theta_i}^{n_i} P_i(\lambda_{i-1})}{\tau_i + \pi_i \cdot \displaystyle\sum_{\lambda_{i-1} = \theta_i}^{n_i} P_i(\lambda_{i-1})}
\end{cases}
$$

设 $\delta_i = \dfrac{\pi_i}{\tau_i}$ ，本章定义 δ_i 为供应链网络第i阶成员节点企业群的风险扩散强度。

模型的定态解又可以表示为

$$\begin{cases} \xi_1 = \dfrac{\delta_1}{1+\delta_1} \\ \xi_i = \dfrac{\delta_i \cdot \displaystyle\sum_{\lambda_{i-1}=\theta_i}^{n_i} P_i(\lambda_{i-1})}{1+\delta_i \cdot \displaystyle\sum_{\lambda_{i-1}=\theta_i}^{n_i} P_i(\lambda_{i-1})} \end{cases}$$

6.3 复杂供应链网络风险扩散动力学模型的应用

6.3.1 农产品复杂供应链网络结构

近年来，我国农产品供求结构性矛盾突出，农业综合生产成本上升，农产品需求总量刚性增长，消费结构快速升级，要实现农产品供应的稳定、均衡与有效，必须推动农产品供应网络结构的演进。在正确把握农产品供应链网络的演进趋势中，有必要考察在拓扑演进趋势下的各种动力学特征，而风险扩散动力学行为是首先要考察的内容。

目前，我国高度市场化的农产品流通体制初步建立，到目前为止，个体运销户、经纪人、各类农民合作组织、农业产业化龙头企业等多种经济成分的市场流通主体共同发展，多形式、多渠道的农产品流通渠道已经形成。但是农产品供应网络中生产主体规模小的现象仍然普遍存在，"小农户"与"大市场"之间的矛盾仍然是农产品供应链网络体系中的主要矛盾。从我国当前的农产品流通渠道来看，存在多种流通渠道，流通过程呈现多元交叉的状态，流通渠道多向交叉。在农产品供应网络中涉及的生产与流通主体节点主要有农产品生产者、农产品流通合作经济组织、农业产业化企业、收购商、批发市场、农贸市场或者城镇菜市场、超市以及餐饮服务企业。

作者在江苏江淮流域的淮安、盐城、扬州等地对农产品流通体系进行了长期的调研，在对大量调研数据进行整理、统计、分析的基础上，绘制了农产品复杂供应链网络的拓扑结构图，如图 5.6 和图 6.2 所示。

对实际调研得出的农产品复杂供应链网络拓扑结构图进行分析，发现一些子图在农产品复杂网络拓扑图中所占的比例很高，通过这类子图流通的农产品比例很大，占到 97%。把这类结构相似、占比很高的子图作为农产品复杂供应链网络模体。这类模体的结构如图 6.3 所示。从图 6.3 中可以看到目前的农产品供应链网络呈现 3 阶的特点。图 6.3 所示 A 阶中的节点是农产品生产者，B 阶中的节点是批发市场、合作社、农业产业化企业、大型农贸市场，C 阶中的节点是超市、小型农贸市场或城镇菜市场以及餐饮服务企业等。

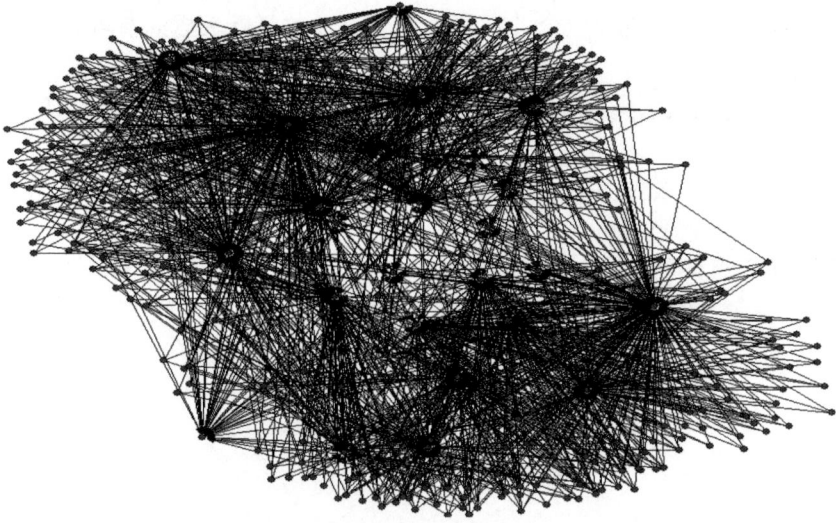

图 6.2 农产品复杂供应链网络拓扑图

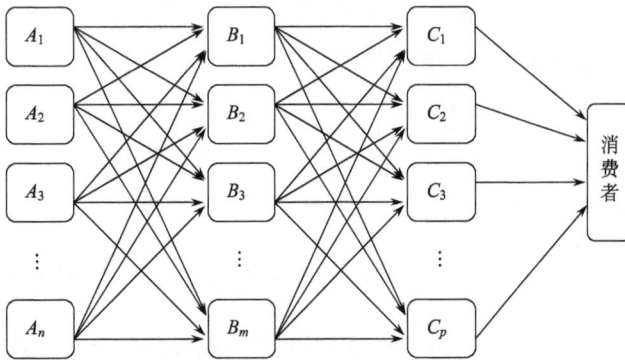

图 6.3 当前农产品复杂供应链网络的模体结构

6.3.2 农产品复杂供应链网络风险扩散模型

1. 三阶结构模体的情形

目前，我国农产品供应体系中的风险大多数属于正向扩散风险。研究农产品供链应网络的风险扩散，首先要研究农产品供应链网络中的正向风险扩散。设 ξ_A、ξ_B、ξ_C 分别为供应链 A 阶节点群、B 阶节点群和 C 阶节点群中处于活跃相态的节点的密度。N_i 表示供应链第 i 阶节点总数，$i = A, B, \cdots$，p_{AB} 表示两个分属 A 阶和 B 阶的节点的连接概率，p_{BC} 表示两个分属 B 阶和 C 阶的节点的连接概率。则 B 阶和 C 阶节点的平均入度分别为 $\langle I_B \rangle = p_{AB} N_A$，$\langle I_C \rangle = p_{BC} N_B$。设 $P_B(\lambda_A)$ 为

在 B 阶节点群中随机选取一个具有 λ_A 个位于 A 阶的活跃邻居的节点的概率。根据式 (6.1) 有

$$P_B(\lambda_A) = C_{\xi_A N_A}^{\lambda_A} p^{\lambda_A} (1-p)^{\xi_A N_A - \lambda_A}$$

$$= \left(\frac{\langle I_B \rangle}{N_A}\right)^{\lambda_A} \frac{(\xi_A N_A)!}{\lambda_A!(\xi_A N_A - \lambda_A)!} \exp\left[(\xi_A N_A - \lambda_A)\ln\left(1 - \frac{\langle I_B \rangle}{N_A}\right)\right] \quad (6.5)$$

在图 6.3 的农产品复杂供应链网络中有 $N_A \gg \langle k_B \rangle$，所以式 (6.5) 可化为

$$P_B(\lambda_A) = \frac{(\xi_A \langle I_B \rangle)^{\lambda_A}}{\lambda_A!} \cdot e^{-\xi_A \langle I_B \rangle} \quad (6.6)$$

同理有

$$P_C(\lambda_B) = \frac{(\xi_B \langle I_C \rangle)^{\lambda_B}}{\lambda_B!} \cdot e^{-\xi_B \langle I_C \rangle} \quad (6.7)$$

根据 6.2 节内容，农产品复杂供应链网络 A 阶节点群风险触发方程为

$$\frac{\partial \xi_A(t)}{\partial t} = -\tau_A \xi_A(t) + \pi_A(1 - \xi_A(t)) \quad (6.8)$$

农产品复杂供应链网络 B 阶节点群风险传导方程为

$$\frac{\partial \xi_B(t)}{\partial t} = -\tau_B \xi_B(t) + \pi_B \times [1 - \xi_B(t)] \sum_{\lambda_A = \theta_B}^{n} P_B(\lambda_A) \quad (6.9)$$

农产品复杂供应链网络 C 阶节点群风险传导方程为

$$\frac{\partial \xi_C(t)}{\partial t} = -\tau_C \xi_C(t) + \pi_C \times [1 - \xi_C(t)] \sum_{\lambda_B = \theta_C}^{n} P_C(\lambda_B) \quad (6.10)$$

联立方程 (6.6)~方程 (6.10) 得到具有 3 阶结构模体特征的农产品复杂供应链网络的风险扩散集群动力学模型为

$$
\begin{cases}
\dfrac{\partial \xi_A(t)}{\partial t} = \pi_A(1 - \xi_A(t)) - \tau_A \xi_A(t) \\[2mm]
\dfrac{\partial \xi_B(t)}{\partial t} = -\tau_B \xi_B(t) + \pi_B \times [1 - \xi_B(t)] \sum_{\lambda_A = \theta_B}^{n_B} P_B(\lambda_A) \\[2mm]
\dfrac{\partial \xi_C(t)}{\partial t} = -\tau_C \xi_C(t) + \pi_C \times [1 - \xi_C(t)] \sum_{\lambda_B = \theta_C}^{n_C} P_C(\lambda_B) \\[2mm]
P_B(\lambda_A) = \dfrac{(\xi_A \langle I_B \rangle)^{\lambda_A}}{\lambda_A!} \cdot e^{-\xi_A \langle I_B \rangle} \\[2mm]
P_C(\lambda_B) = \dfrac{(\xi_B \langle I_C \rangle)^{\lambda_B}}{\lambda_B!} \cdot e^{-\xi_B \langle I_C \rangle}
\end{cases}
$$

由方程 (6.8) 得

$$\begin{cases} \xi_A(t) = \dfrac{\pi_A - c\,e^{-t(\pi_A + \tau_A)}}{\pi_A + \tau_A}, & 0 \leqslant \xi_A \leqslant \dfrac{\pi_A}{\pi_A + \tau_A} \\[3mm] \xi_A(t) = \dfrac{\pi_A + c\,e^{-t(\pi_A + \tau_A)}}{\pi_A + \tau_A}, & \xi_A \geqslant \dfrac{\pi_A}{\pi_A + \tau_A} \end{cases}$$

方程(6.8)定态解为

$$\xi_A = \frac{\pi_A}{\pi_A + \tau_A}$$

令 $\partial_t \xi_B(t) = 0$ ，得到方程(6.9)的定态解为

$$\xi_B = \frac{\pi_B \cdot \displaystyle\sum_{\lambda_A = \theta_B}^{n} P_B(\lambda_A)}{\tau_B + \pi_B \cdot \displaystyle\sum_{\lambda_A = \theta_B}^{n} P_B(\lambda_A)}$$

令 $\partial_t \xi_C(t) = 0$ ，得到方程(6.10)的定态解为

$$\xi_C = \frac{\pi_C \cdot \displaystyle\sum_{\lambda_B = \theta_C}^{n} P_C(\lambda_B)}{\tau_C + \pi_C \cdot \displaystyle\sum_{\lambda_B = \theta_C}^{n} P_C(\lambda_B)}$$

所以农产品供应链网络风险扩散模型的定态解为

$$\begin{cases} \xi_A = \dfrac{\pi_A}{\pi_A + \tau_A} \\[5mm] \xi_B = \dfrac{\pi_B \cdot \displaystyle\sum_{\lambda_A = \theta_B}^{n_B} P_B(\lambda_A)}{\tau_B + \pi_B \cdot \displaystyle\sum_{\lambda_A = \theta_B}^{n_B} P_B(\lambda_A)} \\[8mm] \xi_C = \dfrac{\pi_C \cdot \displaystyle\sum_{\lambda_B = \theta_C}^{n_C} P_C(\lambda_B)}{\tau_C + \pi_C \cdot \displaystyle\sum_{\lambda_B = \theta_C}^{n_C} P_C(\lambda_B)} \end{cases}$$

根据 6.2 节内容，用 $\delta_i = \dfrac{\pi_i}{\tau_i}$ 表示其风险扩散强度。

所以上述模型的定态解可以表示为

$$\begin{cases} \xi_A = \dfrac{\delta_A}{1+\delta_A} \\[4mm] \xi_B = \dfrac{\delta_B \cdot \displaystyle\sum_{\lambda_A=\theta_B}^{n_B} P_B(\lambda_A)}{1+\delta_B \cdot \displaystyle\sum_{\lambda_A=\theta_B}^{n_B} P_B(\lambda_A)} \\[8mm] \xi_C = \dfrac{\delta_C \cdot \displaystyle\sum_{\lambda_B=\theta_C}^{n_C} P_C(\lambda_B)}{1+\delta_C \cdot \displaystyle\sum_{\lambda_B=\theta_C}^{n_C} P_C(\lambda_B)} \end{cases}$$

2. 农产品供应链网络拓扑演进趋势下的扩散模型

与发达国家相比,我国目前农产品供应链网络存在两个特征:一是农产品生产者规模普遍较小;二是供应链环节较多。这两个特征存在内生相关性。农产品生产者规模小是导致农产品供应链环节较多的主要因素之一。这两个紧密相关的特征正是影响农产品均衡高效供应的重要原因。我国未来的农业和农村经济发展中应采取积极、科学的措施逐步扩大农产品种植生产主体的规模,使农产品种植生产主体向家庭农场与农业产业化企业模式转变。农产品种植生产主体规模的增长以及家庭农场的生产模式客观上会驱动农产品供应链网络结构的变化,由多阶供应链结构转向低阶供应链结构,甚至只经过两阶供应链节点就可以到达消费者,如农超对接模式等。这样的结构形态应是农产品供应链网络的拓扑结构演进趋势。演进趋势结构模体如图 6.4 所示。实际上,由于电子商务的广泛应用,目前很多农产品供应链网络的模体结构已经在由多阶结构向低阶结构甚至二阶结构演进。

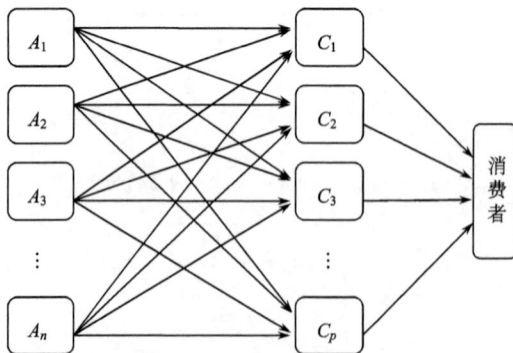

图 6.4　农产品供应链网络演进趋势下的二阶模体结构

根据 6.2 节内容建立二阶模体结构情形下的农产品复杂供应链网络风险扩散集群动力学模型为

$$
\begin{cases}
\dfrac{\partial \xi_A(t)}{\partial t} = -\tau_A \xi_A(t) + \pi_A(1 - \xi_A(t)) \\[3mm]
\dfrac{\partial \xi_C(t)}{\partial t} = -\tau_C \xi_C(t) + \pi_C \times [1 - \xi_C(t)] \displaystyle\sum_{\lambda_A = \theta_C}^{n_C} P_C(\lambda_A) \\[3mm]
P_C(\lambda_A) = \dfrac{(\xi_A \langle I_C \rangle)^{\lambda_A}}{\lambda_A!} \cdot e^{-\xi_A \langle I_C \rangle}
\end{cases}
$$

风险扩散达到定态时, 其解为

$$
\begin{cases}
\xi_A = \dfrac{\pi_A}{\pi_A + \tau_A} \\[4mm]
\xi_C = \dfrac{\pi_C \cdot \displaystyle\sum_{\lambda_A = \theta_C}^{n_C} P_C(\lambda_A)}{\tau_C + \pi_C \cdot \displaystyle\sum_{\lambda_A = \theta_C}^{n_C} P_C(\lambda_A)}
\end{cases}
$$

又可表示为

$$
\begin{cases}
\xi_A = \dfrac{\delta_A}{1 + \delta_A} \\[4mm]
\xi_C = \dfrac{\delta_C \cdot \displaystyle\sum_{\lambda_C = \theta_C}^{n_C} P_C(\lambda_A)}{1 + \delta_C \cdot \displaystyle\sum_{\lambda_C = \theta_C}^{n_C} P_C(\lambda_A)}
\end{cases}
$$

6.4　模型应用分析

6.4.1　三阶模体网络中的分析

命题 6.2　在复杂供应链网络中, 如果第 i 阶节点可由一个上阶邻居节点激活 (节点感染风险阈值 $\theta_i = 1$), 当所有第 i 阶节点中单个节点的最大上游活跃邻居节点数 n_i 的值较大时, 第 i 阶稳态节点由上游邻居节点激活的概率与第 i 阶节点中最大的上游活跃邻居节点数 n_i 无关, 只与其上阶的活跃节点密度及本阶节点平均入度有关。

证明: 复杂供应链网络中, 设 $P_i(\lambda_{i-1})$ 为在 i 阶节点群中随机选取一个具有 λ_{i-1} 个位于 $i-1$ 阶的活跃邻居的节点的概率, $\displaystyle\sum_{\lambda_{i-1} = \theta_i}^{n_i} P_i(\lambda_{i-1})$ 是 i 阶稳态节点由上游邻居

节点激活的概率，n_i 表示在所有第 i 阶节点中单个节点的最大的上游活跃邻居节点数，有

$$\sum_{\lambda_{i-1}=\theta_i}^{n_i} P_i(\lambda_{i-1}) = \frac{(\xi_{i-1}\langle I_i \rangle)^{\theta_i}}{\theta_i!} \cdot e^{-\xi_{i-1}\langle I_i \rangle} + \frac{(\xi_{i-1}\langle I_i \rangle)^{(\theta_i+1)}}{(\theta_i+1)!} \cdot e^{-\xi_{i-1}\langle I_i \rangle} + \cdots + \frac{(\xi_{i-1}\langle I_i \rangle)^{n_i}}{n_i!} \cdot e^{-\xi_{i-1}\langle I_i \rangle}$$

在感染风险阈值 $\theta_i = 1$ 时，有

$$\sum_{\lambda_{i-1}=1}^{n_i} P_i(\lambda_{i-1}) = \xi_{i-1}\langle I_i \rangle \cdot e^{-\xi_{i-1}\langle I_i \rangle} + \frac{(\xi_{i-1}\langle I_i \rangle)^2}{2!} \cdot e^{-\xi_{i-1}\langle I_i \rangle} + \cdots + \frac{(\xi_{i-1}\langle I_i \rangle)^{n_i}}{n_i!} \cdot e^{-\xi_{i-1}\langle I_i \rangle}$$

$$= e^{-\xi_{i-1}\langle I_i \rangle}\left(\xi_{i-1}\langle I_i \rangle + \frac{(\xi_{i-1}\langle I_i \rangle)^2}{2!} + \cdots + \frac{(\xi_{i-1}\langle I_i \rangle)^{n_i}}{n_i!}\right)$$

由 Maclaurin 公式得

$$\sum_{\lambda_{i-1}=1}^{n_i} P_i(\lambda_{i-1}) \approx e^{-\xi_{i-1}\langle I_i \rangle}(e^{\xi_{i-1}\langle I_i \rangle} - 1) = 1 - e^{-\xi_{i-1}\langle I_i \rangle}$$

误差不大于

$$\frac{(\xi_{i-1}\langle I_i \rangle)^{(1+n_i)}}{(1+n_i)!}$$

1. 活跃节点密度与扩散强度的关系

在第 i 阶节点可由一个上阶邻居节点激活的情形下（$\theta_i = 1$），所有第 i 阶节点中最大的上游活跃邻居节点数 n_i 的数值较大时，三阶定态解

$$\xi_A = \frac{\delta_A}{1+\delta_A}$$

$$\xi_B = \frac{\delta_B \cdot \sum_{\lambda_A=\theta_B}^{n_B} P_B(\lambda_A)}{1 + \delta_B \cdot \sum_{\lambda_A=\theta_B}^{n_B} P_B(\lambda_A)} = \frac{\delta_B \cdot (1 - e^{-\xi_A\langle I_B \rangle})}{1 + \delta_B \cdot (1 - e^{-\xi_A\langle I_B \rangle})}$$

$$\xi_C = \frac{\delta_C \cdot \sum_{\lambda_B=\theta_C}^{n_C} P_C(\lambda_B)}{1 + \delta_C \cdot \sum_{\lambda_B=\theta_C}^{n_C} P_C(\lambda_B)} = \frac{\delta_C \cdot (1 - e^{-\xi_B\langle I_C \rangle})}{1 + \delta_C \cdot (1 - e^{-\xi_B\langle I_C \rangle})}$$

结合实证考察调研的平均入度参数分析，在 $\theta_i = 1$ 的情况下，定态解中活跃节点密度与扩散强度的关系如图 6.5 所示。

表 6.1 为实证研究中活跃节点密度与扩散强度关系数据表的部分数据。

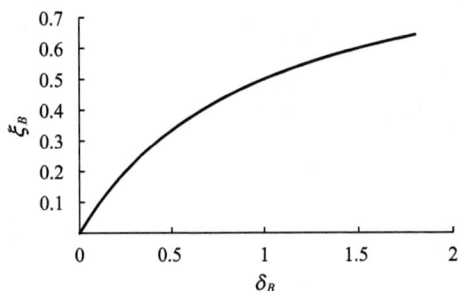
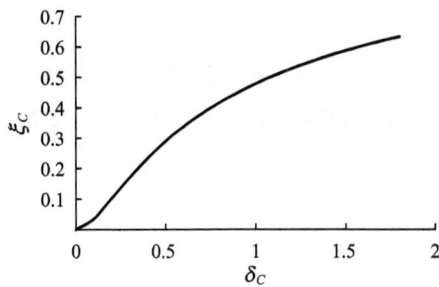

(a) B阶定态解中活跃节点密度与扩散强度的关系　　　(b) C阶定态解中活跃节点密度与扩散强度的关系

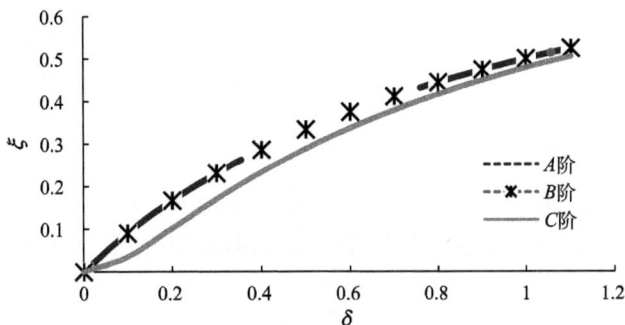

(c) A、B、C三阶的节点活跃密度与扩散强度的关系

图 6.5　　$\theta_i = 1$ 时活跃节点密度与扩散强度的关系

表 6.1　实证研究中 ξ - δ 关系数据表部分数据（$\theta_i = 1$）

δ	0.1	0.2	0.3	0.4	0.5	0.6	0.7	0.8	0.9
ξ_B	0.0900	0.1666	0.2308	0.2857	0.3333	0.3750	0.4118	0.4444	0.4737
ξ_C	0.0350	0.1016	0.1704	0.2332	0.2885	0.3369	0.3791	0.4163	0.4493
δ	1.0	1.1	1.2	1.3	1.4	1.5	1.6	1.7	1.8
ξ_B	0.5000	0.5238	0.5455	0.5652	0.5833	0.6000	0.6154	0.6296	0.6429
ξ_C	0.4786	0.5049	0.5286	0.5502	0.5698	0.5877	0.6042	0.6193	0.6334
δ	1.9	2.0	2.1	2.2	2.3	2.4	2.5	2.6	3.0
ξ_B	0.6552	0.6667	0.677419	0.6875	0.6970	0.7059	0.714286	0.7222	0.7297
ξ_C	0.6464	0.6585	0.669859	0.6804	0.6904	0.6997	0.70843	0.7167	0.7245

　　在三阶模体的网络中，因为 B 阶平均入度较大，$e^{-\xi_A \langle l_B \rangle}$ 趋于 0，所以和 B 阶与 A 阶的密度-扩散强度的变化曲线相差不大。在 C 阶节点中，平均入度较小，C 阶与 A 阶的密度-扩散强度的变化曲线相差较大。

在 B 阶和 C 阶中，节点平均入度越大，其 ξ-δ 曲线越接近 A 阶的 ξ-δ 曲线。在农产品复杂供应链网络中，B 阶的节点平均度较大，所以 B 阶活跃节点密度随扩散强度的变化趋势和 A 阶的 ξ-δ 曲线非常接近。C 阶的节点平均度偏小，在 θ_B 和 θ_C 都取 1 且扩散强度较大的情况下，三阶的节点被激活的概率都较大且概率值相差不大，趋于一致。当扩散强度较小时，如 $\delta < 2$，C 阶的活跃节点密度随扩散强度的变化趋势与 A 阶、B 阶的 ξ-δ 变化趋势有明显的区别。在同样的扩散强度下，C 阶节点被激活的概率要低于 A 阶和 B 阶。虽然，当扩散强度非常小的时候，即被激活概率远小于由活跃相态转变为稳定相态的概率的时候，三阶活跃态节点密度都会趋于 0，但是，一定区间内，δ 越小，第三阶的活跃节点密度与第一阶和第二阶的活跃节点密度的差就越大，即扩散强度较小尺度的变化区间内，其值越小，C 阶节点的被激活概率就越低于 A 阶和 B 阶节点的激活概率。

2. $\xi_A \to 1$ 且 $\theta = 1$ 的情形

在面临大规模风险时，在一定时间尺度内有 $\pi_A \gg \tau_A$，导致 δ_A 足够大，使得 $\xi_A \to 1$，即 A 阶节点都变成活跃节点，处于风险之中。在这种情况下，如果设 $\theta_B = 1$，则有

$$\sum_{\lambda_A=1}^{n_B} P_B(\lambda_A) = e^{-\langle I_B \rangle}\left(\langle I_B \rangle + \frac{\langle I_B \rangle^2}{2!} + \frac{\langle I_B \rangle^3}{3!} + \cdots + \frac{\langle I_B \rangle^{n_B}}{n_B!} \right)$$

可得

$$\sum_{\lambda_A=1}^{n_B} P_B(\lambda_A) \approx \frac{e^{\langle I_B \rangle} - 1}{e^{\langle I_B \rangle}} = 1 - \frac{1}{e^{\langle I_B \rangle}}$$

误差不大于

$$\frac{\langle I_B \rangle^{(1+n_B)}}{(1+n_B)!}$$

所以，可知当 $\xi_A \to 1$，且 $\theta_B = 1$ 时

$$\xi_B = \frac{\delta_B \cdot (1 - e^{-\langle I_B \rangle})}{1 + \delta_B \cdot (1 - e^{-\langle I_B \rangle})}$$

这一结果说明，在农产品供应链网络中，即便在只有一个活跃态节点就可以激活下阶邻居节点的情况下，如果 A 阶节点全部触发风险，B 阶节点未必全部被感染。只有在 $\pi_B \gg \pi_B$ 时，B 阶节点才全部感染。但是，一般情况下，B 阶节点的恢复调节能力较强(如存货，另外开辟供销渠道等)，不可能出现 $\pi_B \gg \pi_B$ 的情况。所以，即便在一个活跃态节点就可以激活下阶邻居节点的情况下，即使 A 阶节点全部感染风险，B 阶节点也不会全部感染风险。现实的农产品供应链系统中，

仅被一个供应商风险影响而处于巨大风险中的情况比较少，即节点仅被一个上阶活跃邻居节点就激活的情况比较少，一般需要若干上阶活跃邻居节点激活。所以，在 A 阶节点全部感染风险的情况下，B 阶节点被感染的定态概率往往低于

$$\xi_B = \frac{\delta_B \cdot (1 - e^{-\langle I_B \rangle})}{1 + \delta_B \cdot (1 - e^{-\langle I_B \rangle})}$$

如果 $\theta_C = 1$，则有

$$\sum_{\lambda_B=1}^{n_C} P_C(\lambda_B) = \xi_B \langle I_C \rangle \cdot e^{-\xi_B \langle I_C \rangle} + \frac{(\xi_B \langle I_C \rangle)^2}{2!} \cdot e^{-\xi_B \langle I_C \rangle} + \cdots + \frac{(\xi_B \langle I_C \rangle)^{n_i}}{n_i!} \cdot e^{-\xi_B \langle I_C \rangle}$$

同理得

$$\sum_{\lambda_B=1}^{n_C} P_C(\lambda_B) = e^{-\xi_B \langle I_C \rangle} (e^{\xi_B \langle I_C \rangle} - 1) = 1 - e^{-\xi_B \langle I_C \rangle}$$

所以，如果面临巨大风险，在 $\xi_A \to 1$ 且 $\theta_B = 1$ 时有

$$\sum_{\lambda_B=1}^{n_c} P_C(\lambda_B) = 1 - \exp\left(\frac{-\delta_B \cdot (1 - e^{-\langle I_B \rangle}) \langle I_C \rangle}{1 + \delta_B \cdot (1 - e^{-\langle I_B \rangle})}\right)$$

当 $\xi_A \to 1$，且 $\theta_B = 1$，$\theta_C = 1$ 时有

$$\xi_C = \frac{\delta_C \cdot [1 - \exp(-\delta_B(1 - e^{-\langle I_B \rangle}) \langle I_C \rangle / (1 + \delta_B(1 - e^{-\langle I_B \rangle})))]}{1 + \delta_C \cdot [1 - \exp(-\delta_B(1 - e^{-\langle I_B \rangle}) \langle I_C \rangle / (1 + \delta_B(1 - e^{-\langle I_B \rangle})))]} \tag{6.11}$$

式 (6.11) 就是当 A 阶节点全部处于风险之中，且 B 阶和 C 阶节点感染阈值都等于 1 时 (仅被一个上阶活跃态邻居节点就可以激活)，C 阶最终被感染风险的节点定态密度。

3. $\theta \neq 1$ 的情形

当 $\theta = 2$ 时，有

$$\sum_{\lambda_{i-1}=2}^{n} P_i(\lambda_{i-1}) \approx e^{-\xi_{i-1}\langle I_i \rangle} (e^{\xi_{i-1}\langle I_i \rangle} - \xi_{i-1}\langle I_i \rangle - 1) = 1 - e^{-\xi_{i-1}\langle I_i \rangle} \xi_{i-1} \langle I_i \rangle - e^{-\xi_{i-1}\langle I_i \rangle}$$

所以，当达到定态且 $\theta = 2$ 时有

$$\xi_B = \frac{\delta_B \cdot \sum_{\lambda_A=\theta_B}^{n_B} P_B(\lambda_A)}{1 + \delta_B \cdot \sum_{\lambda_A=\theta_B}^{n_B} P_B(\lambda_A)} = \frac{\delta_B \cdot (1 - \xi_A \langle I_B \rangle e^{-\xi_A \langle I_B \rangle} - e^{-\xi_A \langle I_B \rangle})}{1 + \delta_B \cdot (1 - \xi_A \langle I_B \rangle e^{-\xi_A \langle I_B \rangle} - e^{-\xi_A \langle I_B \rangle})}$$

$$\xi_C = \frac{\delta_C \cdot \sum_{\lambda_B=\theta_C}^{n_C} P_C(\lambda_B)}{1 + \delta_C \cdot \sum_{\lambda_B=\theta_C}^{n_C} P_C(\lambda_B)} = \frac{\delta_C \cdot (1 - \xi_B \langle I_C \rangle e^{-\xi_B \langle I_C \rangle} - e^{-\xi_B \langle I_C \rangle})}{1 + \delta_C \cdot (1 - \xi_B \langle I_C \rangle e^{-\xi_B \langle I_C \rangle} - e^{-\xi_B \langle I_C \rangle})}$$

在三阶网络的情形下，因为 B 阶节点的平均入度较大，所以达到定态且 $\theta = 2$ 时的 B 阶 $\xi\text{-}\delta$ 关系曲线基本上和 $\theta = 1$ 时的趋势一致。C 阶节点的平均入度较小，$\theta = 2$ 时 C 阶的 $\xi\text{-}\delta$ 关系曲线和 $\theta = 1$ 时的 $\xi\text{-}\delta$ 关系曲线有一定差距。对于 C 阶节点，当达到定态时，且 $\theta = 2$ 时的 $\xi\text{-}\delta$ 关系曲线如图 6.6 所示。

当 $\theta = 3$ 时有

$$\sum_{\lambda_{i-1}=3}^{n} P_l(\lambda_{i-1}) \approx e^{-\xi_{i-1}\langle I_i\rangle}(e^{\xi_{i-1}\langle I_i\rangle} - \xi_{i-1}\langle I_i\rangle - \frac{(\xi_{i-1}\langle I_i\rangle)^2}{2!} - 1)$$

在同样的扩散强度下，$\theta = 2$ 与 $\theta = 3$ 时网络的活跃态节点密度比 $\theta = 1$ 时的活跃态节点密度低。经过进一步分析可以得知，在同样的扩散强度下，随着 θ 的增加，活跃节点密度在降低。平均入度越低，随着 θ 的增加，活跃节点密度降低的幅度越明显；平均入度越高，降低的幅度越不明显。在具有三阶模体特征的农产品复杂供应链网络中，B 阶的平均入度高，所以，随着 θ 的增加，活跃节点密度降低的幅度不明显。C 阶的平均入度低，所以随着 θ 的增加，活跃节点密度降低的幅度较明显。

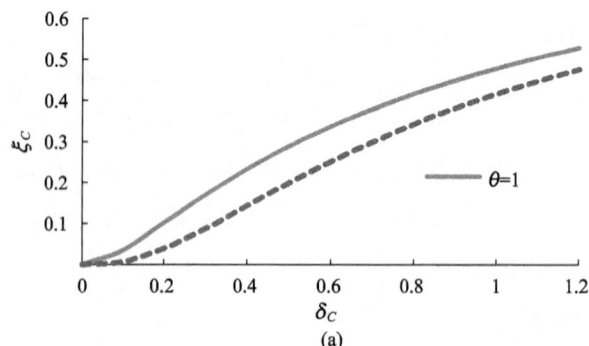

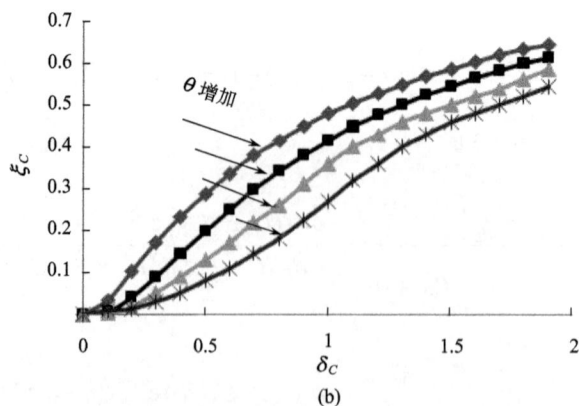

图 6.6 三阶模体网络中 C 阶活跃节点在不同感染阈值下的定态密度与扩散强度关系

4. A 阶活跃节点密度与扩散时间的关系

在扩散强度 $\delta_A < 1$ 的情形下，A 阶活跃节点密度与扩散时间关系如图 6.7 所示。

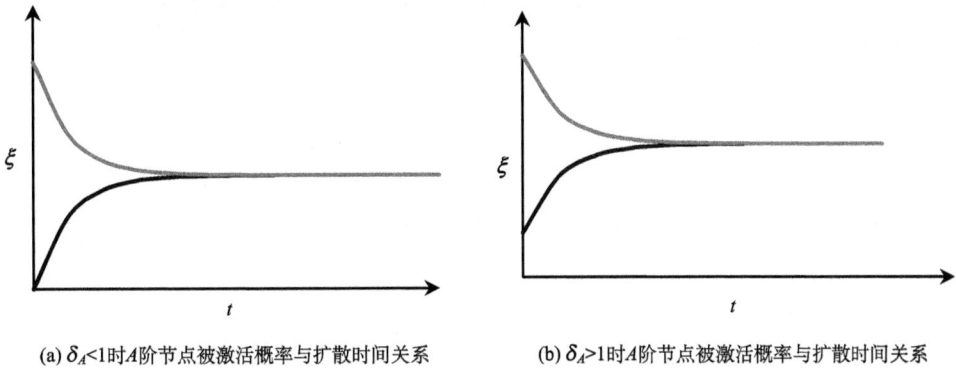

(a) $\delta_A < 1$ 时 A 阶节点被激活概率与扩散时间关系　　(b) $\delta_A > 1$ 时 A 阶节点被激活概率与扩散时间关系

图 6.7　三阶模体网络中 A 阶节点被激活概率与扩散时间关系

图 6.7 中的下半部分曲线是 $\xi_A \leqslant \pi_A / (\pi_A + \tau_A)$ 情况下的曲线，上半部分是 $\xi_A \geqslant \pi_A / (\pi_A + \tau_A)$ 情况下的曲线。$\delta_A < 1$ 与 $\delta_A > 1$ 的情形下，A 阶活跃节点密度与时间关系综合图如图 6.8 所示。

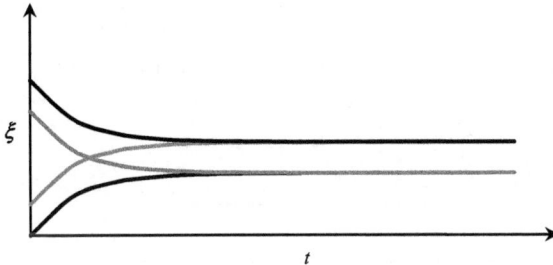

图 6.8　三阶模体网络中 A 阶活跃节点密度与扩散时间关系综合图

6.4.2　二阶模体网络中的分析

二阶模体结构特征是农产品供应链网络演进的趋势结构，是现代农产品供应链网络的最重要结构特征。在这样的结构里面，要求 A 阶节点的经营规模普遍较大，向家庭农场模式转变，这是现代农产品供应链网络中种植生产节点的基本特征之一。所以，具有二阶模体的农产品供应网络的第二阶节点的入度一般比三阶模体的第二阶节点的入度小很多。在普遍具有二阶模体的农产品供应网络中，节点感染风险阈值 θ 的数值较三阶模体的农产品供应链网络降低。

1. A 阶活跃节点密度与扩散时间的关系

二阶结构模体的现代农产品供应链网络的 A 阶节点由活跃态恢复到稳态的自恢复能力强于三阶模体网络，风险扩散强度小于三阶模体网络的扩散强度。设 A 阶节点激活概率小于恢复概率，即扩散强度 $\delta_A < 1$ 的情况，A 阶节点激活概率与扩散时间的关系如图 6.9 所示。

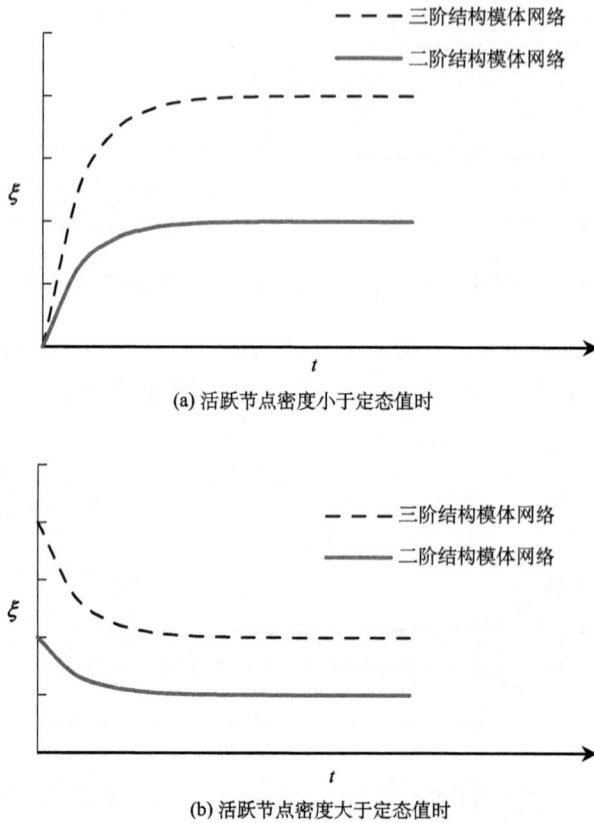

(a) 活跃节点密度小于定态值时

(b) 活跃节点密度大于定态值时

图 6.9　A 阶活跃节点密度与扩散时间的关系

$\delta_A < 1$ 时，$\xi_A \leqslant \dfrac{\pi_A}{\pi_A + \tau_A}$ 与 $\xi_A > \dfrac{\pi_A}{\pi_A + \tau_A}$ 的综合图如图 6.10 所示。

从图 6.9 和图 6.10 中可以看到，具有二阶模体的现代农产品供应链网络中，二阶节点被激活的概率明显低于三阶结构模体网络的情形。增加到同样的激活密度，三阶结构模体的供应链网络比二阶结构模体的供应链网络所用时间更短，即从稳定态到激活态，三阶结构模体的供应链网络的速率要比二阶结构模体的供应链网络的速率快很多。降低到同样的激活密度，三阶结构模体的供应链网络比二

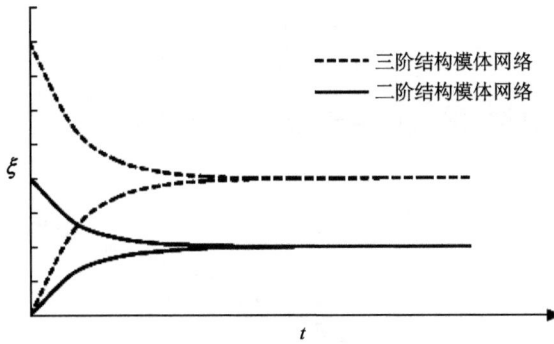

图 6.10 A 阶活跃节点密度与扩散时间关系综合图

阶结构模体的供应链网络所用时间更多，即三阶结构模体的供应链网络从激活态恢复到稳定态的速率比二阶结构模体供应链网络的速率慢。由此可见，虽然二阶模体的现代农产品供应链网络的节点感染风险阈值的数值较三阶模体的农产品供应链网络降低，但是风险在二阶模体的现代农产品供应链网络中发生和扩散比在传统的三阶模体网络中要困难得多。

2. 扩散强度与活跃节点密度的关系

由前面的分析已经知道，具有二阶模体的农产品供应网络的第二阶节点的入度一般比三阶模体网络的第二阶节点的入度小很多。在普遍具有二阶模体的农产品供应链网络中，θ 的数值也普遍偏小。在二阶情形中，A 阶节点的自恢复能力较强，由活跃相转向稳态相的能力更大，扩散强度普遍较小。相应地，第二阶的 C 阶节点因为其供应商 A 阶节点的这些变化，其恢复能力也会增强，扩散强度也相应减小。设二阶节点 $\theta_C = 1$ 且平均入度 $\langle I_C \rangle = 5$，分析扩散强度与活跃节点密度的关系。对于二阶模体特征的农产品供应网络，可知

$$\sum_{\lambda_A = \theta_C}^{n_C} P_C(\lambda_A) = \frac{(\xi_A \langle I_C \rangle)^{\theta_C}}{\theta_C!} \cdot e^{-\xi_A \langle I_C \rangle} + \frac{(\xi_A \langle I_C \rangle)^{(\theta_C + 1)}}{(\theta_C + 1)!} \cdot e^{-\xi_A \langle I_C \rangle} + \cdots + \frac{(\xi_A \langle I_C \rangle)^{n_C}}{n_C!} \cdot e^{-\xi_A \langle I_C \rangle}$$

由前面的论述可得

$$\sum_{\lambda_{i-1} = 1}^{n} P_i(\lambda_{i-1}) \approx e^{-\xi_{i-1} \langle I_i \rangle} (e^{\xi_{i-1} \langle I_i \rangle} - 1) = 1 - e^{-\xi_{i-1} \langle I_i \rangle}$$

所以，在二阶模体网络中有

$$\sum_{\lambda_A = 1}^{n} P_C(\lambda_A) \approx e^{-\xi_A \langle I_C \rangle} (e^{\xi_A \langle I_C \rangle} - 1) = 1 - e^{-\xi_A \langle I_C \rangle}$$

当扩散达到定态时有

$$\xi_C = \frac{\delta_C \cdot (1 - \mathrm{e}^{-\xi_A \langle I_C \rangle})}{1 + \delta_C \cdot (1 - \mathrm{e}^{-\xi_A \langle I_C \rangle})}$$

扩散强度和活跃节点密度的关系如图 6.11 所示。

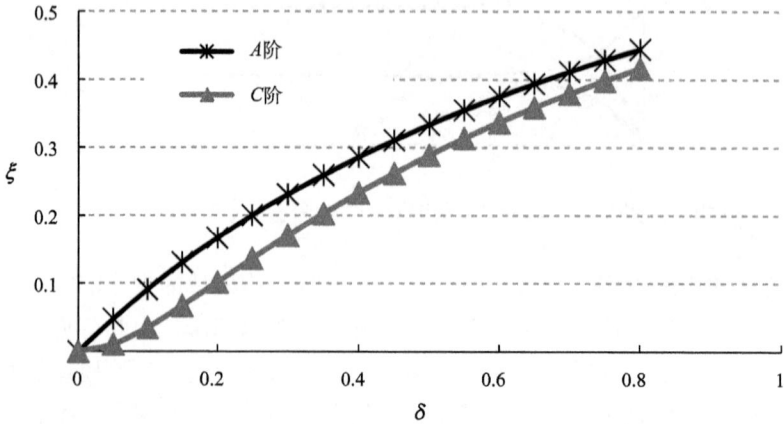

图 6.11　二阶模体网络的扩散强度与活跃节点密度的关系

6.4.3　模型应用分析的结论

对模型在农产品复杂供应链网络中的应用分析所得出的结论总结如下。

(1)在当前的农产品供应链网络中,以农产品批发市场、农民专业合作社的农产品流通合作经济组织、农业产业化企业等流通组织为主要成员的供应链网络第二阶与以农产品种植生产者为主体的供应链网络第一阶的感染风险节点密度随风险扩散强度的变化趋势相近;以农贸市场或者城镇菜市场、超市以及餐饮服务企业等成员为主的供应链网络第三阶的感染风险节点密度随风险扩散强度的变化趋势与第一阶、第二阶有明显差异。在同样的风险扩散强度下,第三阶节点感染风险的概率要低于第一阶节点和第二阶节点。在一定区间内,风险扩散强度越小,第三阶的感染风险节点密度与第一阶、第二阶的感染风险节点密度的差就越大。

(2)在农产品供应链网络中,以农产品种植生产者为主体的供应链网络第一阶节点全部感染风险时,供应链网络的第二阶节点也未必会全部感染风险,而是存在一定概率。

(3)在同样的风险扩散强度下,随着感染阈值的增加,感染风险节点密度降低。随着感染阈值的增加,平均入度越低,感染风险节点密度降低的幅度越明显;平均入度越高,感染风险节点密度降低的幅度越不明显。在具有三阶模体特征的农产品复杂供应链网络中,随着感染阈值的增加,第二阶感染风险节点密度降低的幅度不明显,第三阶感染风险节点密度降低的幅度较明显。

(4)在普遍具有二阶结构模体的现代农产品供应链网络中，相比较三阶模体供应链网络，节点感染风险阈值降低。在二阶结构模体供应链网络中，以农产品种植生产者为主体的供应链网络第一阶节点的自恢复能力强于三阶模体网络，扩散强度小于三阶模体网络。因以农产品种植生产者为主体的供应链网络第一阶节点的自恢复能力增强，第二阶节点乃至整个供应链网络的自恢复能力会显著强于传统的农产品供应链网络。

(5)在二阶结构模体的现代农产品供应链网络中，农产品种植生产者感染风险的概率明显低于三阶模体的供应链网络。增加到同样的感染风险节点密度，三阶结构模体网络比二阶结构模体网络所用时间短，三阶结构模体供应链网络的感染风险的速率要比二阶结构模体网络的速率快得多。降低到同样的感染密度，三阶结构模体供应链网络比二阶结构模体供应链网络所用时间长，三阶结构模体供应链网络从风险中恢复的速率比二阶结构模体供应链网络慢。虽然二阶结构模体的现代农产品供应链网络节点感染风险阈值的数值较三阶结构模体的农产品供应链网络降低，但是风险在二阶结构模体的现代农产品供应链网络中发生和扩散比在传统的三阶结构模体网络中要大得多。

6.5　农产品复杂供应链网络的鲁棒性及其增强策略

近些年来，我国农产品供给的不均衡现象较为严重，农产品价格频繁剧烈波动，形成明显的价格涨跌周期律。农产品供应链网络体系薄弱是造成农产品供给不均衡、农产品价格波动的最重要的原因之一。加快农产品现代供应链网络体系的建设不仅关系到农产品稳定均衡供应，更重要的是关系民生，关系到整个宏观经济的运行。构建农产品现代供应链网络体系是农业现代化工程的主要内容之一。在构建农产品现代供应链网络体系的过程中，对农产品现代供应链网络结构特征及其主体特征的科学认识十分重要。农产品供应链网络的鲁棒性是认识农产品现代供应链网络结构特征及其主体特征的重要内容。考察研究农产品复杂供应链网络的鲁棒性对于创新农产品流通方式、农产品均衡供给、稳定农产品价格和构建现代农产品流通体系有重要的意义。

6.5.1　农产品复杂供应链网络系统的鲁棒性分析

农产品复杂供应链网络的鲁棒性是指农产品复杂供应链网络系统在经受内部结构、内部运作和外部环境突发变化等不确定性带来的扰动时仍能保持网络系统特征行为和持续稳定运行的性能。农产品供给的稳定与均衡很大程度上取决于供应链网络的鲁棒性。农产品复杂供应链网络中产生摄动的主要原因一是系统内部结构和内部运作的变化，二是受外部环境的影响而引起的特征行为渐变。农产品复杂供应链网络的鲁棒性是其网络系统稳定性的进一步发展，反映的是农产品网络系统运作的持续性与持久性。农产品复杂供应链网络是人工网络，可以对其进行鲁棒策略的设计。当一个农产品复杂供应链网络在不确定性扰动作用下的鲁棒性较弱时，可以通过鲁棒策略增强其鲁棒性。近些年来，我国的农产品供应链网络系统面临的结构性风险、系统性风险以及突发事件风险持续增加，农产品供应链网络系统中的供销功能失效随时可能发生，导致农产品供应在时间和空间上的不均衡，从而引发农产品价格的频繁剧烈波动。要想最大限度地降低农产品供应链网络系统内外部不确定性带来的剧烈波动及其损失，需要从根本上增强农产品供应链网络自身的鲁棒性。

在第 5 章的相关研究内容中得出结论，农产品复杂供应链网络具有无标度特性，具有明显的幂律特征，标度指数在[2,3]区间之内，农产品复杂供应链网络的度值具有有限均值，方差随着农产品供应链网络规模的不断扩大而趋于发散。这些结论表明农产品复杂供应链网络具有无标度网络生长特性，即优先连接特性，在农产品供应链网络中新加入的供应链网络成员倾向于与网络中节点度高即地位重要的成员节点建立直接连接，这就产生了马太效应。具有无标度特性的农产品供应链网络具有较强的非均匀性，占农产品供应链网络主体绝大多数的农户节点在供应链网络中具有较少的连接度，即销售渠道少，而处于供应链网络结构中间层的少量流通主体节点相比较农户却具有很大的连接度，即少量流通主体具有很多的采购渠道和销售渠道。把农产品供应链网络中具有很大连接度即具有很多采购渠道和销售渠道，对所在的农产品流通网络正常运行有重要作用的主体节点称作农产品供应链网络中的枢纽节点。当前的农产品供应链网络结构的枢纽节点主要是农产品批发市场、农贸市场、农业产业化企业、规模较大的运销商和农民运销专业合作社。

无标度网络对于随机故障具有较强的鲁棒性，主要源于其高度的非均匀性，即绝大多数节点的度值都相对很小而少量节点的度值相对很大。然而，正是这样的非均匀性使得无标度网络面临特定的突发事件时具有高度的脆弱性，只要极少量的枢纽节点故障，就会对整个网络的连通性造成很大的影响[25]。对于当前的农产品供应链网络来说，如果只是部分度值小的节点失去供销能力，例如，非枢纽节点的农户遭受突发事件扰动而失去供应能力，对于农产品供应链网络的整体运作不会产生大的影响，而节点度值高的枢纽节点降低或失去供销能力，即供应链网络中的供应渠道和销售渠道多的中间商、批发市场、农业产业化企业等遭受突发事件的重大影响而严重减弱或丧失供销功能，就会对所在的农产品供应链网络的整体造成巨大影响。农产品复杂供应链网络的无标度特性及其相伴的小世界特性会使度值高的供销节点遭受的外在环境特定扰动所带来的影响以极快的速度扩散至局域网络甚至全局网络。所以，当前的农产品供应链网络虽然面临随机风险时表现出一定的鲁棒性，但是面对特定的风险带来的扰动不具有鲁棒性，而是表现出高脆弱性。

当减小农产品复杂供应链网络的标度指数时，随机风险引发的供销功能失效和特定风险引发供销功能失效对应的阈值也随之降低。可见，农产品复杂供应链网络的非均匀性增强时，网络系统会越来越脆弱。随着农产品复杂供应链网络标度指数的减小，其特征渠道路径长度也在减小，而小世界性增强。所以，以目前的农产品复杂供应链网络的结构特性生长的农产品供应链网络，如果非均匀性继续增强，无论是随机的功能失效，还是特定不确定事件影响造成的功能失效，较小的扰动都有可能对农产品供应链网络正常运行造成较大的损害。

6.5.2 演进结构鲁棒性与鲁棒增强策略

在分析农产品复杂供应链网络结构特性时，当增大农产品供应链网络的标度指数时，网络随机风险引发的供销功能失效和特定风险引发的供销功能失效对应的阈值也随之增加，说明其抵抗外部扰动的能力增加。可见，当农产品复杂供应链网络的幂律指数增大、均匀性增强时，其网络系统的鲁棒性也随之增加。

与发达国家相比，我国目前农产品供应链网络有两个基本特征，一是农产品生产者规模普遍较小，二是流通环节较多，流通渠道多向交叉。这两个特征存在内生相关性。生产者规模小是导致流通环节较多的最基本的因素。这两个紧密相关的特征是导致农产品供应不均衡现象频发以及供应链网络脆弱性的主要原因，其中农产品生产者规模普遍偏小是最根本的原因。我国未来的农业和农村经济发展中应采取积极、科学的措施逐步扩大农产品生产者单体规模，使农产品种植生产主体向家庭农场与农业产业化企业模式转化。个体农产品生产规模的增长以及家庭农场的生产模式客观上会驱动供应链网络结构的变化，由多阶结构转向低阶结构，甚至只经过两阶供应链节点就可以到达消费者，如农超对接、农企对接、农市对接模式等。这样的结构形态正是未来农产品复杂供应链网络的结构模体。现代农产品复杂供应链网络的演进趋势结构模体如图 6.4 所示。相对于图 6.3 的当前农产品复杂供应链网络模体，以图 6.4 的结构模体构建的现代农产品复杂供应链网络中有绝对优势连接度的枢纽节点数会大幅度减少。以图 6.4 的结构模体构建的农产品复杂供应链网络的幂律指数比当前农产品复杂供应链网络要大得多，说明其农产品复杂供应链网络结构的非均匀性大大降低，网络随机风险引发供销功能失效和特定风险引发供销功能失效对应的阈值也随之增加，网络系统抵抗内部不确定性和外部环境突发事件的能力增强，鲁棒性得到大幅度的提升。在以图 6.3 为模体的既有农产品复杂供应链网络中，农产品供应链上下环节之间存在巨量的短暂交易行为，供应链网络不稳定；参与者众多且分散，交易条件和价格信息杂乱，信息容易失真；链上各环节属于不同的主体，由于利益、信息获取、谈判能力等方面的差异，供应链集成度低，削弱了个体力量的集中释放[141]。

另外，目前的农产品供应链网络结构也造成了农产品流通体系中的信息不均衡、不对称，信息在各主体间流通不畅，很容易造成农产品生产的盲目性。农产品供应链网络体系中的生产端与销售端的信息不对称，就可能造成生产与价格之间的蛛网效应，从而导致价格频繁波动、农产品供应不均衡。以图 6.4 的演进趋势结构为模体的现代农产品供应链网络不再具有当前农产品复杂供应链网络结构的强无标度特征。相比较既有的农产品供应链网络，具有低阶模体结构的现代农产品供应链网络有利于农产品的均衡供给，同时大大降低了农产品流通体系中各主体尤其是农户的市场风险。以现代演进趋势的低阶模体构建的农产品供应链网络由于农产品种植单体规模扩大，农产品流通渠道显著缩短，在这样的网络结构下信息流通顺畅及时，不容易失真，各供应链网络成员主体间不会出现大的信息不对称；并且因为农产品生产主体规模扩大，网络连接度增加，流通环节之间是一种持久的交易行为，环节之间连接紧密，供应链网络系统的鲁棒性增强。

构建短渠道、低阶模体结构的现代农产品供应链网络是一项复杂的社会系统工程，涉及社会经济系统的诸多领域，所以需要漫长的过程，需要一定的经济社会发展阶段作为基础支撑。针对当前的农产品复杂供应链网络结构特性，可以设计一些策略来增强其系统运行的鲁棒性。农产品供应链网络鲁棒增强策略应主要包括以下内容。

1. 培育新型农业经营主体，扩大农产品种植生产者的单体规模

由前面的分析得出，实现农产品直销及实现农超对接、农企对接、农市对接和订单农业，可以增加农产品供应链网络结构的标度指数，降低农产品供应链网络结构的非均匀性，进而增强其抵抗内部不确定性和外在环境突发事件扰动的鲁棒性，而在市场环境下真正实现农超对接、农企对接、农市对接和订单农业，最根本的驱动力是农产品生产者单体生产规模的扩大。农户生产规模小、市场化程度低是形成当前农产品供应链网络结构的最根本的原因。农产品生产主体规模小造成农产品流通体系中参与交易的主体数量众多，单体交易规模小，流通环节多，客观上造成了农产品供应链网络拓扑结构的高度非均匀性，随着网络的标度指数的降低，网络非均匀性增强而网络特征渠道路径长度却降低，最终导致农产品供应链网络的脆弱性增加，面对内在的不确定性以及外在环境的扰动时显示出较大的不稳定性，供给不均衡，价格波动大。培育新型农业经营主体、扩大农产品生产主体的规模、增强其市场对接能力、削弱信息不对称性、提升农民信息获取能力，进而实现农超对接、农企对接、农市对接和订单农业，是优化农产品供应链网络结构，有效控制生产与价格之间的蛛网效应，降低系统风险，降低农产品供应链网络非均匀性，增强流通网络体系鲁棒性的基本策略。

2. 加强枢纽节点的监管，提升关键节点鲁棒性

如前所述，对于当前具有无标度特性的农产品供应链网络来说，如果只是部分度值小的非枢纽节点遭受突发事件扰动而失去正常运作能力，对于农产品流通网络的整体运作不会产生大的影响；度值高的枢纽节点遭受突发事件的重大影响而严重减弱或丧失功能，就会对所在的农产品供应链网络造成巨大影响。农产品复杂供应链网络中的枢纽节点对于所在的农产品网络的稳定运行具有关键作用。所以，对于当前的农产品流通网络，增强枢纽节点的鲁棒性是提高整体网络鲁棒性的主要工作。当前农产品流通网络结构的枢纽节点主要是农产品批发市场、农贸市场、农产品种植大户、农业产业化企业、规模较大的运销商和农民运销专业合作社等。做好这些流通节点的建设与监管工作，使其在流通体系中发挥稳定作用，增强其抵抗突发事件扰动的能力，提高这些节点的鲁棒性，是增强当前农产品供应链网络鲁棒性，形成稳定的农产品供求关系，保障农产品稳定均衡供给的关键路径。

3. 发展农民专业合作社，增强合作社的市场对接能力

农民专业合作社是发展农户联合与合作的主要载体，是推进农业经营方式转变，推动农产品现代流通体系建设的有效形式，是增强农民在流通市场中的话语权，消除农产品流通信息不对称的重要组织。在德国、法国、荷兰等欧洲国家，农业合作组织作为农业产业化的重要载体发挥了十分重要的作用，这是与其家庭农庄式经营相适应的。近年来，欧洲经典合作的罗虚代尔原则①在实践中已发生了很大的变化，这些国家的传统合作组织也相应发生变化，大型化、公司化、广域化及国际化，合作制与股份制的交融与渗透，合作社趋向办股份制企业[142]。欧洲农产品的稳定均衡供给与其农产品供应链网络结构密切相关，而欧洲农产品供应链网络结构特性的根本决定因素是其家庭农场和农民合作社强大。推进农民合作社的建设，建立农产品种植大户带动型、经纪人购销型、农业产业化订单型、服务组织全托型的多种合作社运作模式[143]，推动农产品种植生产规模化，扩大农民合作社单体规模，增强农民合作社的服务能力和市场应对能力，是提升农产品供应链网络系统鲁棒性和保障农产品稳定均衡供给的必由之路。

---

① 1844 年，英国罗虚代尔的工人组织了一个名为罗虚代尔公平先锋社(The Rochdale Equitable Pioneers Society)的消费合作社。该合作社是公认的第一个成功的消费合作社，在其章程和会议纪要中拟定的合作原则被称为罗虚代尔原则。在该原则的指导下，合作运动逐步发展成为具有特定内涵和特征的世界性经济形式。

6.6 本章小结

供应链网络风险管理是对风险产生与扩散等过程的全面监控与管理。对复杂供应链网络风险扩散动力学行为的研究，有利于从过程的视角深刻理解风险在复杂供应链网络中的扩散机制，深刻理解风险对于复杂供应链网络的正常运行产生影响的规律和动态过程。本章从网络化复杂系统的集群动力学视角，研究复杂供应链网络的风险扩散动态行为。首先，定义并分析了复杂供应链网络的运行阈值、运行自由度以及弛豫过程，概要分析了供应链网络的风险来源与风险管理目标和步骤。其次，在考察分析复杂供应链网络结构域组分特征的基础上，建立了供应链网络风险扩散动力学模型，合理考虑了风险在供应链网络主体间的传导概率，设置了复杂供应链网络主体感染风险阈值。该模型不仅能够反映复杂供应链网络中风险扩散机理，而且可以揭示复杂供应链网络拓扑演进下的风险扩散特征变化，在实际应用中能有效获得复杂供应链网络风险扩散的特征规律。将模型运用到实际的农产品复杂供应链网络中，获得了当前农产品复杂供应链网络及其演进拓扑下的风险扩散特征。由于电子商务的广泛应用，很多供应链网络结构由多阶结构向低阶结构演化，所以，该模型在研究农产品复杂供应链网络拓扑演进中风险扩散行为的应用分析对于了解其他复杂供应链网络拓扑演进对风险扩散的影响具有借鉴意义。

第7章 复杂供应链网络中的集群协作同步行为

7.1 复杂供应链网络协作同步运行概述

复杂供应链网络是由相互关联的多条供应链组成的。复杂供应链网络可以按照流程分为三大类,一类是拉动式供应链网络,网络中的拉动式供应链占主导地位;一类是推动式供应链网络,网络中的推动式供应链占主导地位;还有一类是推拉结合式供应链网络,网络中既有拉动式供应链,又有推动式供应链,还有推拉结合式的供应链,但都不占绝对主导地位。推动式供应链网络中,产品依据一定的预测在用户订货前进行生产,其主要的生产方式是按库存生产,提前期一般比较长,流程的不确定性较低。在拉动式供应链网络中产品的生产是由用户需求驱动的,主要的生产战略是按用户订单进行生产,周期较短,但流程的需求不确定性较高。

无论是拉动式供应链网络、推动式供应链网络还是推拉结合供应链网络,其成员企业尤其是制造型企业要具有面对不确定事件不断修改计划的能力。要想做到这一点,供应链网络中成员企业的制造、库存、信息系统和数据模型就需要尽可能地实现无缝衔接与实时运作,达到协调同步。提高整个供应链网络效率的重要基础是供应链网络成员企业的协作与协调,而协作和协调的最高形式是同步运作。因此,供应链网络协作同步化是最终实现敏捷型供应链网络管理的必由之路。供应链网络的协作同步化需要解决供应链网络成员企业之间的生产、存储与物资流动协作同步化问题,只有供应链网络成员企业之间保持步调一致,供应链网络协作同步化才能实现。现代供应链管理方法中的快速反应策略、高效用户反应策略、准时制生产策略、精益制造策略、敏捷制造策略、协同计划、预测和补货策略、ERP 管理思想以及集成供应链管理思想中都对供应链节点企业的同步计划与运作提出了要求。供应链网络中各企业之间的协作同步不仅可以控制供应链网络成员企业的成本、降低库存、缩短提前期以及提高交货期的准时性,更重要的是可以提高供应链网络的用户响应能力,保障供应链网络的敏捷性,极大地降低供应链网络的牛鞭效应。

从流程角度对制造业分类,可以将其分为装配式生产和流程式生产。装配式生产是指组装不同的零件来生产某种产品的方法,流程式生产是由分离、混合或化学反应来生产产品或提高附加价值的生产方式。如果从生产环境角度对制造业分类,可以将其分为备货生产(Make to Stock,MTS)和订单生产(Make to Order,

MTO)。备货生产是接到订单之前就已经完成产品生产的生产环境。备货生产需要依据用户需求预测而非用户订单来进行。订单生产是在接到用户订单后开始生产最终产品的生产环境。订单生产的生产环境又可以分为订单组装(Assemble to Order，ATO)和订单设计(Engineering to Order，ETO)两大类。订单组装属于接到订单后再开始组装生产最终产品的生产环境，在这种生产环境下，生产最终产品所需要的主要部件在接到订单前已经根据计划进行生产，接到订单后依据用户要求的产品规格型号进行产品组装生产。订单设计是属于接到订单后依据用户的要求开始设计产品、生产产品直至最终产品生产完成的生产环境。

在过去的非现代供应链管理模式中，制造企业的核心任务是以尽量低的成本生产尽可能多的产品，从而获取尽量大的利润，成本管理是制造管理的核心任务之一。在现代供应链管理中，不仅要在企业内部以尽量短的时间、尽量低的成本生产满足用户需求的产品，而且更重要的是要与企业外部的供应链伙伴保持信息协同、生产协同和库存协同，在大多数情况下，后者是前者的基础。

在制造型供应链中，生产产品所需的上下层物料存在一定的数量关系和从属关系，可以按照从原材料到产成品的实际加工过程划分层次，构建产品结构图，表达物料之间的从属关系和数量关系。产品低层码(Low Level Code，LLC)图是产品结构图的一种表达形式，产品 LLC 图示例如图 7.1 所示。图中 q 表示对应物料或产品的结构数量，LLC 表示各物料或产品的最低阶码。在供应链网络中，各成员企业独立需求的波动对供应链网络同步影响甚微，而各成员企业之间的相关需求对供应链网络同步的影响很大。

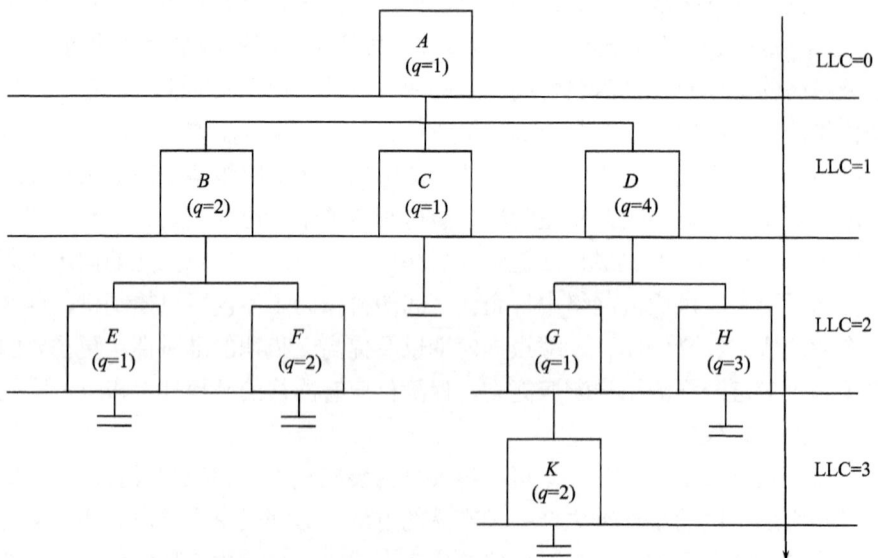

图 7.1 产品 LLC 图示例

7.2　复杂供应链网络的集群协作同步动力学模型

7.2.1　模型的状态变量

本章把复杂供应链网络视作由具有动力学行为的企业组织节点组成的动力学系统。每一个企业组织节点的动力学行为都可以用一个 n 维的自治动力系统 $\dot{X}_i = g(X_i)$ 来描述。其中，$X_i = (x_{i1}, x_{i2}, \cdots, x_{in}) \in \Re^n$ 是第 i 个成员节点企业的状态向量，$g(\cdot): \Re^n \to \Re^n$ 是与 X 同维的连续可微向量函数。复杂供应链网络中节点企业状态向量的向量元可以是企业实时库存水平、生产速率、生产量、供给量、出货量及安全库存等运行参数。

在以装配式生产制造型企业为核心的供应链网络中，按零部件库存、实时生产量以及适当的类型和数量采购原材料对于供应链网络的协作同步非常重要。如果在供应链网络中，各节点企业的各类物料库存和成品库存量按照产品结构图中的数量比例关系持有，原材料的采购与企业生产物料清单（BOM）相一致，生产线上的物料和部件的实时生产也按照产品结构图中的比例配置，并且企业的生产产品数量与用户需求数量一致，这样的状态可以视作供应链网络运行的协作同步状态。

设有一个生产与销售某种工业制成品的供应链网络，供应链网络中制造企业的生产流程特征是装配式生产。设 $S_{i\max}$ 是供应链网络中第 i 个成员节点企业的最大库存，$S_{i\mathrm{saf}}$ 是供应链网络中第 i 个节点企业的安全库存，c_i 为第 i 个成员节点企业所生产的产品与供应链最终成品的数量比例关系。其中，安全库存不一定要按照产品结构的数量比例关系持有。设供应链网络中的每个企业组织节点有 n 个状态变量，供应链网络中第 i 个节点企业的状态向量为 $X_i = (x_{i1}, x_{i2}, \cdots, x_{in})^{\mathrm{T}}$，节点企业状态向量的一个耦合状态变量（向量元）为

$$x_{i1} = \frac{S_{i\max} - S_{i\mathrm{saf}}}{c_i}$$

节点企业状态向量的另外一个耦合状态变量为

$$x_{i2} = \frac{y_i}{c_i}$$

其中，y_i 是第 i 个节点企业的实时产量。

如果供应链网络在 t 时刻达到协作同步状态为 $b(t)$，$b(t) \in \Re^n$，在满足市场需求的前提下，达到协作同步状态时，市场需求量

$$\mathrm{MD} = \varphi b^{\mathrm{T}}(t), \quad \varphi = (\varphi_i) \in \Re^n, \quad i = 1, 2, \cdots, n$$

当第 i 个状态变量是耦合变量时，$\varphi_i = 1$，否则 $\varphi_i = 0$。

7.2.2 自治耗散耦合复杂供应链网络集群协作同步模型

本章在研究复杂供应链网络协作同步行为时作适当简化，不考虑企业逆向物流，不考虑越级物流情况，网络流包括从供应商到核心制造企业的原材料流和核心制造企业到分销商的产品流。考虑一个由 N 个企业组织节点组成的复杂供应链网络，网络中第 i 个单体企业组织的节点状态方程可以用同维自治动力学系统来描述

$$\dot{X}_i = g(X_i), \quad X_i = (x_{i1}, x_{i2}, \cdots, x_{in}) \in \mathfrak{R}^n, \quad i = 1, 2, \cdots, N$$

将供应链网络动力学状态向量的耦合变量分别设为下面两个变量

$$x_{i1} = \frac{S_{i\max} - S_{isaf}}{c_i}, \quad x_{i2} = \frac{y_i}{c_i}$$

供应链网络节点企业通过状态变量之差耦合。所以，当所有节点企业状态相同时(节点企业间的折算库存量差与折算生产量的差趋于零)，动力学方程的耦合项将会消失，符合耗散耦合特征。

建立由 N 个企业组织节点组成的自治耗散耦合复杂供应链网络集群协作同步动力学模型

$$\dot{X}_i = g(X_i) + \sum_{\substack{j=1 \\ j \neq i}}^{N} [(\alpha_i, \beta_i, \gamma_i)\left(L_{ij}, T_{ij}, \frac{1}{V_{ij}}\right)]^{\mathrm{T}} \pi_{ij} \Omega(X_j - X_i), \quad i = 1, 2, \cdots, N \quad (7.1)$$

即

$$\dot{X}_i = g(X_i) + \sum_{\substack{j=1 \\ j \neq i}}^{N} \left(\alpha_i L_{ij} + \beta_i T_{ij} + \frac{\gamma_i}{V_{ij}}\right)^{\mathrm{T}} \pi_{ij} \Omega(X_j - X_i), \quad i = 1, 2, \cdots, N$$

其中，$X_i = (x_{i1}, x_{i2}, \cdots, x_{in}) \in \mathfrak{R}^n$ 是供应链网络成员节点企业 i 的状态向量；$g(\bullet)$ 是连续可微向量函数；$\Omega \in \mathfrak{R}^{n \times n}$ 是各节点企业状态变量之间的耦合矩阵，$\Omega = \mathrm{diag}(\omega_1, \omega_2, \cdots, \omega_n)$ 是对角矩阵，如果两个企业组织节点通过第 i 个状态向量元(变量)实现耦合，那么 $\omega_i = 1$，否则 $\omega_j = 0$ ($j \neq i$)。如果节点企业 i 与节点企业 j 有直接且稳定的供销业务(在复杂供应链网络拓扑结构中，节点企业 i 与节点企业 j 互为邻居节点，其间有边直接连接)，则 $\pi_{ij} = \pi_{ji} = 1$，否则 $\pi_{ij} = \pi_{ji} = 0$ ($j \neq i$)。矩阵 $\Pi = (\pi_{ij}) \in \mathfrak{R}^{N \times N}$ 是复杂供应链网络的邻接矩阵，反映了复杂供应链网络一定的拓扑结构特征以及复杂供应链网络节点企业之间的耦合关系。L_{ij} 是供应链网络成员节点企业 i 与节点企业 j 之间的物流量占节点企业 i 进出物流量的比例，T_{ij} 是企业 i 与企业 j 之间的交易金额占企业 i 总交易金额的比例

$$L_{ij} = \frac{l_{ij}}{\sum_f l_{if}}, \qquad T_{ij} = \frac{t_{ij}}{\sum_f t_{if}}$$

其中，l_{ij} 是节点企业 i 与节点企业 j 之间的物流量；k_i 是节点企业 i 的度；t_{ij} 是节点企业 i 与节点企业 j 之间的交易金额。

设 V_{ij} 为节点企业 i 与节点企业 j 之间的可替代性系数，$V_{ij} = v_{ij} + v_{ji}$，其中 v_{ij} 是节点企业 j 可以在市场上寻找到的可替代节点企业 i 的其他企业的数量，v_{ji} 是节点企业 i 可以在市场上寻找到的可替代节点企业 j 的其他企业的数量。成员企业之间的耦合程度与 L_{ij}、T_{ij} 正相关，与 V_{ij} 负相关。$(\alpha_i, \beta_i, \gamma_i)$ 是归一化权重向量，一般情况下，复杂供应链网络中有直接且稳定供销关系的两个企业间的可替代性比它们之间的交易金额对双方协作紧密程度的影响大，而双方的物流量比双方的交易金额对其协作紧密程度的影响要小，所以在状态方程中取 $0 < \alpha_i < \beta_i < \gamma_i$。

设 $p_{ij} = -\pi_{ij}(i \neq j)$，有

$$p_{ii} = \sum_{\substack{j=1\\j \neq i}}^{N} \pi_{ij} = \sum_{\substack{j=1\\j \neq i}}^{N} \pi_{ji} = k_i, \quad i = 1, 2, \cdots, N$$

其中，k_i 是节点 i 的度。矩阵 $P = (p_{ij}) \in \Re^{N \times N}$ 是离散 Laplacian 算子。又设

$$w_i = (\alpha_i, \beta_i, \gamma_i), \qquad r_{ij} = \left(L_{ij}, T_{ij}, \frac{1}{V_{ij}} \right)^{\mathrm{T}}$$

则式 (7.1) 可以写式

$$\dot{X}_i = g(X_i) - \sum_{j=1}^{N} w_i r_{ij} p_{ij} \Omega X_j, \quad i = 1, 2, \cdots, N \qquad (7.2)$$

因为在矩阵 P 中有 $\sum_{j=1}^{N} p_{ij} = 0$，所以，当供应链网络中所有企业组织节点状态都相同时(意味着不仅节点状态相同，而且按产品结构的数量比例关系折算后的 $w_i r_{ij}$ 也相同)，式 (7.2) 中的耦合项 $\sum_{j=1}^{N} w_i r_{ij} p_{ij} \Omega X_j$ 会自动为零，称 $\sum_{j=1}^{N} p_{ij} = 0$ 为耗散耦合条件。

如果设 $I = \mathrm{diag}(k_1, k_2 \cdots, k_N)$，可知 $P = I - \Pi$。由于复杂供应链网络是连通网络，不可能有孤立的企业组织节点，所以复杂供应链网络的 Laplacian 矩阵 P 是不可约矩阵。由矩阵理论可知，矩阵 P 有且仅有一个零特征值具，对应的特征向量为 $(1, 1, \cdots, 1)^{\mathrm{T}}$，设矩阵 P 的特征值为 $\lambda_1, \lambda_2, \cdots, \lambda_N$，令 λ_1 是那个唯一的零特征值且 $\lambda_1 = 0$，特征谱记为 $\lambda_1 < \lambda_2 \leqslant \lambda_3 \leqslant \cdots \leqslant \lambda_N$。

如果供应链网络中每个企业组织节点从任意不同初始状态出发的供应链网络动力学系统 (7.1) 或系统 (7.2) 的所有解 $X_i(t)$，有

$$\lim_{t \to \infty} \|X_i - X_j\| = 0, \quad i, j = 1, 2, \cdots, N$$

则供应链网络是渐近同步的，其中，$\|\cdot\|$ 是欧氏范数。

如果存在 $B(t) \in \mathfrak{R}^n$，使得当 $t \to \infty$ 时，$X_i(t) \to B(t)$，$i = 1, 2, \cdots, N$，那么这个复杂供应链网络系统 (7.1) 或系统 (7.2) 的所有企业组织节点的状态渐近同步于 $b(t) \in \mathfrak{R}^n$，称 $b(t)$ 为复杂供应链网络的同步状态，对应的协作同步流形为

$$X_1(t) = X_2(t) = \cdots = X_N(t) = b(t) \tag{7.3}$$

定义复杂供应链网络系统状态空间中的协作同步流形为如下不变超平面

$$\Phi = \left\{ X = (X_1(t), X_2(t), \cdots, X_N(t)) \in \mathfrak{R}^{n \times N}; X_i = X_j, i \neq j, \ i, j = 1, 2, \cdots, N \right\}$$

由于耗散耦合条件 $\sum_{j=1}^{N} p_{ij} = 0$，同步状态 $b(t)$ 必定满足 $\dot{b}(t) = g(b(t))$，是复杂供应链网络中单个孤立节点动力学系统的解，这个解可以是平衡点，也可以是周期轨道，甚至可以是混沌轨道。由上可见，复杂供应链网络同步状态是单个节点的动力学系统 ($g(\bullet)$，$b(t)$)、$w_i r_{ij}$ (即 $(\alpha_i, \beta_i, \gamma_i)(L_{ij}, T_{ij}, \frac{1}{V_{ij}})^{\mathrm{T}}$)、矩阵 Ω 以及矩阵 Π 共同决定的。

7.3 复杂供应链网络集群协作同步稳定性及协作同步区间

7.3.1 复杂供应链网络集群协作同步稳定性的含义

复杂供应链网络系统 (7.1) 中，用 $\|X - X_e\|$ 表示供应链中企业组织节点状态向量 X 与同步状态 X_e 的距离，$\|\cdot\|$ 为欧氏范数，用点集 $s(\varepsilon)$ 表示以 X_e 为中心、ε 为半径的超球体，则 $X \in s(\varepsilon)$ 可表示为

$$\|X - X_e\| \leqslant \varepsilon$$

当 ε 很小时，则称 $s(\varepsilon)$ 为同步状态 X_e 的邻域。若微分方程 (7.1) 的解 $X(t) = \Phi(t)$ 位于球域 $s(\varepsilon)$ 内，则有

$$\|\Phi(t) - X_e\| \leqslant \varepsilon$$

表明方程 (7.1) 由初始状态或扰动引起的自由响应是有界的。

如果对于任意选定的实数 $\varepsilon > 0$，都对应存在另一个实数 $\delta(\varepsilon) > 0$，使得

$$\|X(0) - X_e\| \leqslant \delta(\varepsilon) \Rightarrow \|X(t) - X_e\| \leqslant \varepsilon, \ \forall 0 \leqslant t < \infty$$

则同步状态 X_e 是 Lyapunov 意义下稳定的。这表明只要状态轨线是从一个半径为 δ 充分小的超球体内出发的，就可以停留在一个半径为 ε 的超球体内。这意味着，若复杂供应链网络系统在足够靠近状态空间的同步状态点处开始运动，则该系统

状态轨线可以保持在任意接近同步状态点的一个邻域内。

在复杂供应链网络系统各企业组织节点的协调运营中，仅有上述 Lyapunov 意义下稳定是不够的。当一个复杂供应链网络系统在它的同步标称位置受到扰动时，人们不仅想让系统的同步状态保持在由扰动大小决定的某一范围内（Lyapunov 稳定性），而且要求该状态逐渐恢复到它原来的同步标称值，这类要求由渐近稳定性来表达。

如果复杂供应链网络系统的同步状态 X_e 是 Lyapunov 意义下稳定的，而且当时间 t 趋于无穷时，始于球域 $s(\delta)$ 的任何一条轨线不仅不超出 $s(\varepsilon)$，而且收敛于同步状态 X_e，则称系统的同步平衡状态 X_e 是渐近稳定的。可以用严格的数学语言表达为：如果同步状态 X_e 是稳定的，而且存在正数 δ，使得

$$\|X(0) - X_e\| \leqslant \delta \Rightarrow \lim_{t \to \infty} \|X(t) - X_e\| = 0$$

那么称该同步状态 X_e 是渐近稳定的。渐近稳定性意味着平衡点不仅是稳定的，而且当时间趋于无穷时，从靠近平衡点出发的状态轨线将收敛于平衡点。球域 $s(\delta)$ 被称为平衡状态的吸引域。平衡点的吸引域是指一个最大的区域，使得从此区域出发的一切轨线均收敛于平衡点。是 Lyapunov 平衡但不是渐近稳定的平衡点是临界平衡点。

对于自治非线性复杂供应链网络系统(7.1)，如果存在两个正数 α 和 λ，使得

$$\forall_t \geqslant 0, \quad \|X(t) - X_e\| \leqslant \alpha \|X(0) - X_e\| e^{-\lambda t}$$

在同步状态点 X_e 附近的某个球域内成立，则同步状态 X_e 是指数稳定的。上式意味着一个同步状态指数稳定的复杂供应链网络系统的节点企业状态向量以快于指数函数的速度收敛于同步状态点。其中，λ 为收敛速率。

7.3.2 协作同步的稳定性及其区间

泛函的变分是泛函增量的线性主部。把泛函定义域上的函数 $y(x)$ 的变分记为 $\delta y(x)$。对于任意一个泛函 $F[y]$，函数变分所引起的泛函增加量为

$$\Delta F = F[y + \delta y] - F[y]$$

和泰勒展开类似，如果 ΔJ 可以表示为

$$\Delta F = L[y, \delta y] + \frac{1}{2!} S[y, \delta y] + o(\| \delta y \|^2)$$

其中，$L[y, \delta y]$ 是线性项，可以称 $L[y, \delta y]$ 是关于 δy 的线性泛函，即对于 $\forall C_1, C_2 \in \mathbf{R}$ 有

$$L[y, C_1 \delta y_1 + C_2 \delta y_2] = C_1 L[y, \delta y_1] + C_2 L[y, \delta y_2]$$

而 $S[y, \delta y]$ 为 δy 的二次泛函。泛函 $F[y]$ 的一阶变分为 $\delta F = L[y, \delta y]$，泛函 $F[y]$ 的二阶变分为 $\delta^2 JF = S[y, \delta y]$。

一个非线性自治系统 $\dot{x}_i = f(x_i)$，$x_i \in \Re^n$，假设状态空间某向量 x_e 是系统的一个平衡点（平衡点由 $f(x_e) = 0$ 定义），$f(x)$ 是连续可微的，系统的状态方程可以泰勒展开为

$$\dot{x} = \left(\frac{\partial f}{\partial x}\right)_{x=x_e} \bullet x + r_h(x)$$

其中，$r_h(x)$ 是关于 b_1 的高阶项。上式由一阶项（线性项）开始，因为状态空间向量 x_e 是一个平衡点，所以 $f(x_e) = 0$。取上述泰勒展开的一阶项记为 $\dot{x} = Jx$，常数矩阵 J 是 $f(\bullet)$ 关于 x 在平衡点 x_e 处的 Jacobi 矩阵

$$J = \left(\frac{\partial f}{\partial x}\right)_{x=x_e}$$

自治系统 Lyapunov 间接（线性化）方法[144]：如果 $\dot{x} = Jx$ 中的 Jacobi 矩阵 $J = \left(\frac{\partial f}{\partial x}\right)_{x=x_e}$ 的所有特征值具有负实部（或者所有特征值严格位于左半复平面内），则原非线性系统在平衡点 x_e 是渐近稳定的，而且系统的稳定性与关于 x 的高阶项 $r_h(x)$ 无关；如果矩阵 J 的特征值至少有一个正实部，则原非线性系统在平衡点 x_e 是不稳定的；如果矩阵 J 的特征值至少有一个实部为零，系统处于临界情况，那么原非线性系统平衡点的稳定性不能由矩阵 J 的特征值符号决定，其平衡点对于非线性系统可能是稳定的、渐近稳定的或者是不稳定的，原非线性系统的稳定性取决于系统中存在的高阶非线性项 $r_h(x)$。

对非线性自治复杂供应链网络系统状态方程 (7.2) 在协作同步状态 $b(t)$ 上进行线性化。设 δ_i 为复杂供应链网络系统 (7.2) 中的第 i 个节点状态的变分，令 $X_i(t) = b(t) + \delta_i(t)$，又因平衡点处即达到同步状态时耗散耦合条件 $\sum_{j=1}^{N} p_{ij} = 0$，所以得到

$$\dot{\delta}_i = \left(\frac{\partial g(x_i)}{\partial x_i}\right)_{x_i=b} \delta_i - \sum_{j=1}^{N} w_i r_{ij} p_{ij} \Omega \delta_j$$

其中，$\left(\frac{\partial g(x_i)}{\partial x_i}\right)_{x_i=b}$ 是 $g(\bullet)$ 的 Jacobi 矩阵在协作同步状态 b 处的取值。以下公式中记

$$Dg(b) = \left(\frac{\partial g(x_i)}{\partial x_i}\right)_{x_i=b} \in \Re^{n\times n}$$

如果设 $\delta = (\delta_1, \delta_2, \cdots, \delta_N)^T \in \Re^{N\times n}$，$w = (w_i) \in \Re^N$，$r = (r_{ij}) \in \Re^{N\times N}$，则上式可以写成

$$\dot{\delta} = \delta[\mathrm{Dg}(b)] - wrP\delta\Omega \qquad (7.4)$$

本章把 $wr = (\alpha_i, \beta_i, \gamma_i)(L_{ij}, T_{ij}, \frac{1}{V_{ij}})^{\mathrm{T}}$ 定义为复杂供应链网络成员企业协作紧密度矩阵。

设 ψ_i 是复杂供应链网络 (7.2) 的 Laplacian 矩阵 P 的一个特征值 λ_i 所对应的特征向量，$\psi = (\psi_1, \psi_2, \cdots, \psi_N) \in \Re^{N \times N}$ 是对应的特征向量空间的基。所以有

$$P\psi_i = \lambda_i \psi_i, \quad i = 1, 2, \cdots, N$$

供应链网络中没有孤立的节点企业，所以供应链网络的 Laplacian 矩阵 $P = (p_{ij}) \in \Re^{N \times N}$ 是不可约的，即矩阵 P 是满秩方阵，具有 N 个线性无关的特征向量，故 P 可以与对角阵进行相似变换，即 P 可以进行对角化

$$\psi^{-1}P\psi = \Lambda, \quad \Lambda = \mathrm{diag}(\lambda_1, \lambda_2, \cdots, \lambda_N)$$

或者可以对角分解

$$P = \psi\Lambda\psi^{-1}, \quad \Lambda = \mathrm{diag}(\lambda_1, \lambda_2, \cdots, \lambda_N)$$

所考虑的复杂供应链网络是非线性自治系统，其拓扑结构是时不变的，所以 ψ 是常数矩阵，令 $\delta(t) = \psi\mu(t), \ \mu(t) \in \Re^{N \times n}$，则有

$$\dot{\mu} = \mu[\mathrm{Dg}(b)] - wr\Lambda\mu\Omega$$

令 μ_i 是矩阵 μ 的第 i 列，则有

$$\dot{\mu}_i = [\mathrm{Dg}(b) - wr\lambda_i\Omega]\mu_i, \quad i = 1, 2, \cdots, N \qquad (7.5)$$

这样就把非线性自治供应链网络系统的同步状态稳定性问题转化为 N 个 n 维线性系统的稳定性问题。由矩阵理论可知，λ_i 就是供应链网络的 Laplacian 矩阵 P 的第 i 个特征值。由前述可知，供应链网络的 Laplacian 矩阵 P 只有一个重数为 1 的零特征根，如果设 λ_1 为那个零特征根，则 $\lambda_1 = 0$ 时（方程 (7.5) 在 $i = 1$ 时）对应着供应链网络系统的同步状态。从方程 (7.5) 可以看到，如果复杂供应链网络系统不在同步状态（$i \neq 1$ 时），系统 (7.5) 的每个子系统都是时变系统，即方程 (7.5) 在 $i = 2, 3, \cdots, N$ 时，是 $N - 1$ 个 n 维线性时变系统。如果 $i \neq 1$，方程 (7.5) 的 $N - 1$ 个 n 维线性时变系统是指数稳定的，即如果方程 (7.5) 指数稳定，则 $\delta(t)$ 指数趋向于原点，意味着复杂供应链网络系统同步流形（式 (7.3)）是指数稳定的。

由 Lyapunov 间接法定理可知，如果 $b(t) = \bar{b}$ 是一个平衡点，复杂供应链网络系统 (7.5)（$0 = \lambda_1 < \lambda_2 \leqslant \lambda_3 \leqslant \cdots \leqslant \lambda_N$ 且 $i \neq 1$）稳定的充分必要条件是矩阵 $\left[\mathrm{Dg}(\bar{b}) - wr\lambda_2\Omega\right]$ 的所有特征值的实部都是负值。

要保证复杂供应链网络的同步流形稳定，需要方程 (7.5) 在 $i \neq 1$ 时的 $N - 1$ 个子系统是渐近稳定的。判断复杂供应链网络系统 (7.1) 的同步流形稳定的一个判据

是要求方程(7.5)的所有横截 Lyapunov 指数全部为负值[145,146]。在方程(7.5)中，只有 μ_i、λ_i 与 i 相关。令 $\tau = wr\lambda_i$，则方程(7.5)的 Lyapunov 指数的最大值是变量 τ 的函数。如果某个变量 τ 使得方程(7.5)的最大 Lyapunov 指数为负值，即方程(7.5)所有的 Lyapunov 指数都为负值，这时供应链网络系统的同步流形是稳定的。所以，可以称使方程(7.5)的 Lyapunov 指数最大值为负值的变量 τ 的取值范围是供应链网络系统(7.1)的协作同步流形稳定区域，或简称协作同步区间。可以看出，供应链网络(7.1)的同步流形稳定区域是由供应链网络单个企业组织节点的孤立动力学特征 $g(\cdot)$、供应链企业协作紧密度 wr、矩阵 Ω 以及矩阵 Π 决定的。令供应链网络同步区间为 B，如果供应链企业协作紧密度与供应链网络 Laplacian 矩阵的每个非零特征值的乘积属于同步区间，即 $wr\lambda_i \subseteq B$，那么该供应链网络的同步流形是渐近稳定的。

分析系统的同步流形稳定性的另外一种方法是 Lyapunov 直接法，即借助于一个 Lyapunov 函数来直接对系统同步平衡状态的稳定性作出判断。

自治系统 Lyapunov 稳定性定理：对于非线性自治系统 $\dot{x} = f(x)$，$f(0) = 0$，如果在邻域 $U = R^n$ 内存在一个具有一阶导数的标量函数 $V(x)$，$V(0) = 0$，并满足：①$V(x)$ 为正定函数；②它沿系统 $\dot{x} = f(x)$ 的解的导数 $\dot{V}(x)$ 为半负定，那么状态原点 $x_e = 0$ 是平衡点；如果 $\dot{V}(x)$ 在 $U = R^n$ 邻域内局部负定，那么稳定性是渐近的。对于非线性自治系统 $\dot{x} = f(x)$，$f(0) = 0$，如果存在状态 x 的某个具有连续一阶导数的标量函数 $V(x)$，$V(0) = 0$，并满足：①$V(x)$ 为正定函数；②它沿系统 $\dot{x} = f(x)$ 的解的导数 $\dot{V}(x)$ 为负定的；③当 $\|x\| \to \infty$ 时 $V(x) \to \infty$，那么状态空间原点 O 是全局渐近稳定的。图7.2为系统渐近稳定示意图。

$V(x)$ 表示状态 x 与状态空间原点间的距离，$\dot{V}(x)$ 表示状态 x 沿轨线趋向状态空间原点(稳定点 $x_e = 0$)的速率。

应用 Lyapunov 直接法的关键问题是寻找 Lyapunov 函数。设方程(7.5)为

$$\dot{\mu}_i = f(\mu_i) = \left[\mathrm{Dg}(b) - wr\lambda_i\Omega\right]\mu_i, \quad i = 1, 2, \cdots, N$$

取二次型

$$V(\mu_i) = \dot{\mu}_i^{\mathrm{T}} A \dot{\mu}_i = f^{\mathrm{T}}(\mu_i) A f(\mu_i)$$

根据矩阵理论，如果矩阵 A 是正定对称阵，则它对应的二次型 $V(\mu_i)$ 也是正定的。复杂供应链网络系统(7.1)是自治系统，$f(\mu_i)$ 是 μ_i 的显函数，不是时间 t 的显函数，于是有

$$\frac{\mathrm{d}f(\mu_i)}{\mathrm{d}t} = \dot{f}(\mu_i) = \frac{\partial f(\mu_i)}{\partial \mu_i^{\mathrm{T}}} \frac{\mathrm{d}\mu_i}{\mathrm{d}t} = \frac{\partial f(\mu_i)}{\partial \mu_i^{\mathrm{T}}} \dot{\mu}_i = J(\mu_i) f(\mu_i)$$

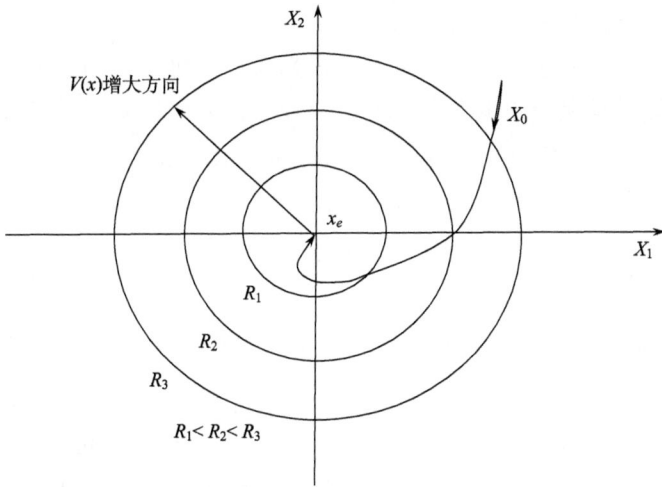

图 7.2 系统渐近稳定

式中，$J(\mu_i)$ 是 Jacobi 矩阵。将 $V(\mu_i)$ 沿状态轨线对时间 t 求全导数，有

$$
\begin{aligned}
\dot{V}(\mu_i) &= f^{\mathrm{T}}(\mu_i) A \dot{f}(\mu_i) + \dot{f}^{\mathrm{T}}(\mu_i) A f(\mu_i) \\
&= f^{\mathrm{T}}(\mu_i) A J(\mu_i) f(\mu_i) + [J(\mu_i) f(\mu_i)]^{\mathrm{T}} A f(\mu_i) \\
&= f^{\mathrm{T}}(\mu_i)[J^{\mathrm{T}}(\mu_i) A + A J(\mu_i)] f(\mu_i)
\end{aligned}
$$

如果 $J^{\mathrm{T}}(\mu_i) A + A J(\mu_i)$ 为负定或 $-[J^{\mathrm{T}}(\mu_i) A + A J(\mu_i)]$ 为正定，则 $\dot{V}(\mu_i)$ 为负定，系统在同步平衡点是渐近稳定的。当 $\|\mu_i\| \to \infty$ 时，$V(\mu_i) \to \infty$，则系统在平衡点是全局渐近稳定的（根据自治系统 Lyapunov 稳定性定理）。

如果取 A 为单位矩阵，$A = E$，又取

$$
V(\mu_i) = \dot{\mu}_i^{\mathrm{T}} E \dot{\mu}_i = \dot{\mu}_i^{\mathrm{T}} \dot{\mu}_i = f^{\mathrm{T}}(\mu_i) E f(\mu_i) = f^{\mathrm{T}}(\mu_i) f(\mu_i)
$$

为系统的一个 Lyapunov 函数（显然，这里的 $V(\mu_i)$ 是一个正定函数），则有

$$
\dot{V}(\mu_i) = f^{\mathrm{T}}(\mu_i)[J^{\mathrm{T}}(\mu_i) E + E J(\mu_i)] f(\mu_i) = f^{\mathrm{T}}(\mu_i)[J^{\mathrm{T}}(\mu_i) + J(\mu_i)] f(\mu_i)
$$

如果存在一个常数 β，令 $0 < \beta \leqslant (wr)_{\min} \lambda_2$。因为 $\lambda_2 \leqslant \lambda_3 \leqslant \cdots \leqslant \lambda_N$，所以有

$$
[\mathrm{Dg}(b) - wr\lambda_i \Omega]^{\mathrm{T}} E + E[\mathrm{Dg}(b) - wr\lambda_i \Omega] < [\mathrm{Dg}(b) - \beta\Omega]^{\mathrm{T}} E + E[\mathrm{Dg}(b) - \beta\Omega]
$$

$(wr)_{\min}$ 表示复杂供应链网络中企业间协作紧密度矩阵 wr 中的最小元素。如果使

$$
[\mathrm{Dg}(b) - \beta\Omega]^{\mathrm{T}} + [\mathrm{Dg}(b) - \beta\Omega] < 0
$$

从而使 $\dot{V}(\mu_i)$ 负定，则系统 (7.5) 渐近稳定于同步平衡点，即复杂供应链网络

系统(7.1)渐近稳定于同步流形(7.3)。

综上所述,如果矩阵 $wr\lambda_i$ 的每个元素都属于区间 $[\beta,+\infty)$,则复杂供应链网络系统(7.1)渐近稳定于同步流形(7.3)。可以把区间 $[\beta,+\infty)$ 称为复杂供应链网络集群协作同步区间。$\beta \in (0,(wr)_{min}\lambda_2]$, $\beta_{max} = \lambda_2(wr)_{min}$,$\beta_{max}$ 是 β 的最大值。所以,复杂供应链网络系统(7.1)集群协作同步区间左边界的最大值等于供应链网络中企业组织节点协作紧密度矩阵中最小元素值与该供应链网络 Laplacian 矩阵最小非零特征值的乘积。

因 $\lambda_2(wr)_{min} \geqslant \beta$,即 $(wr)_{min} \geqslant \dfrac{\beta}{\lambda_2}$,对于一个取定的 β 值,供应链网络的 λ_2 值越小,需要越大的企业协作紧密度 wr 值来实现网络同步,越不容易达到协作同步状态,协作同步能力就越弱;相反,如果供应链网络的 λ_2 值越大,实现协作同步所需要的企业组织节点协作紧密度 wr 就越小,表明越容易达到协作同步状态,协作同步能力越强。所以,复杂供应链网络的协作同步能力与其 Laplacian 矩阵的最小非零特征值 λ_2 正相关。于是,可以用复杂供应链网络 Laplacian 矩阵的最小非零特征值来刻画复杂供应链网络的协作同步能力。另外,加强供应链网络成员企业间的协作,特别是加强协作关系不密切的供应链网络成员企业间的协作关系,有利于复杂供应链网络实现协作同步行为。

7.4 仿真算例

为了说明问题,以规模较小的局域供应链网络系统为仿真实例。对于大规模的复杂供应链网络,前述研究的原理和算法是一致的,没有质的变化。设有以某装配制造企业为核心企业的供应链网络,该核心企业具有 3 家一级供应商,5 家二级供应商和 4 家分销商,如图 7.3 所示。

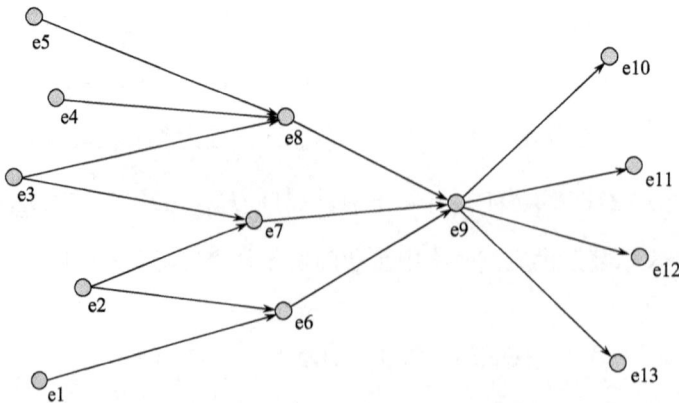

图 7.3　仿真算例中的局域供应链网络拓扑

图 7.3 所示的供应链网络对应的 Laplacian 矩阵为

$$\begin{bmatrix}
1 & 0 & 0 & 0 & 0 & -1 & 0 & 0 & 0 & 0 & 0 & 0 & 0 \\
0 & 2 & 0 & 0 & 0 & -1 & -1 & 0 & 0 & 0 & 0 & 0 & 0 \\
0 & 0 & 2 & 0 & 0 & 0 & -1 & -1 & 0 & 0 & 0 & 0 & 0 \\
0 & 0 & 0 & 1 & 0 & 0 & 0 & -1 & 0 & 0 & 0 & 0 & 0 \\
0 & 0 & 0 & 0 & 1 & 0 & 0 & -1 & 0 & 0 & 0 & 0 & 0 \\
-1 & -1 & 0 & 0 & 0 & 3 & 0 & 0 & -1 & 0 & 0 & 0 & 0 \\
0 & -1 & -1 & 0 & 0 & 0 & 3 & 0 & -1 & 0 & 0 & 0 & 0 \\
0 & 0 & -1 & -1 & -1 & 0 & 0 & 4 & -1 & 0 & 0 & 0 & 0 \\
0 & 0 & 0 & 0 & 0 & -1 & -1 & -1 & 7 & -1 & -1 & -1 & -1 \\
0 & 0 & 0 & 0 & 0 & 0 & 0 & 0 & -1 & 1 & 0 & 0 & 0 \\
0 & 0 & 0 & 0 & 0 & 0 & 0 & 0 & -1 & 0 & 1 & 0 & 0 \\
0 & 0 & 0 & 0 & 0 & 0 & 0 & 0 & -1 & 0 & 0 & 1 & 0 \\
0 & 0 & 0 & 0 & 0 & 0 & 0 & 0 & -1 & 0 & 0 & 0 & 1
\end{bmatrix}$$

图 7.3 的供应链网络对应的 Laplacian 矩阵的特征谱为

$$\begin{Bmatrix}
0.0000 \\
0.3920 \\
0.5495 \\
1.0000 \\
1.0000 \\
1.0000 \\
1.0000 \\
1.0000 \\
1.7190 \\
3.4223 \\
3.9791 \\
4.6877 \\
8.2504
\end{Bmatrix}$$

所以，图 7.3 所示的供应链网络的最小非零特征值 $\lambda_2 = 0.3920$。各特征值对应的特征向量为

$$
\begin{bmatrix}
-0.2774 & -0.4475 & -0.5607 & 0.0332 & 0.2664 & -0.0296 & -0.2281 & -0.2925 & 0.3055 & -0.2774 & 0.1567 & -0.0491 & -0.0257 \\
-0.2774 & -0.1917 & -0.2156 & -0.0332 & -0.2664 & 0.0296 & 0.2281 & 0.2925 & -0.5837 & -0.0669 & 0.5270 & -0.0522 & -0.0610 \\
-0.2774 & 0.1679 & -0.0890 & -0.0332 & -0.2664 & 0.0296 & 0.2281 & 0.2925 & 0.6581 & 0.2500 & 0.2640 & 0.3260 & -0.0699 \\
-0.2774 & 0.5035 & -0.1532 & 0.0644 & 0.1952 & -0.6888 & 0.0835 & -0.1702 & -0.1799 & -0.0913 & -0.0181 & 0.2265 & -0.0334 \\
-0.2774 & 0.5035 & -0.1532 & -0.0313 & 0.0712 & 0.6592 & -0.3116 & -0.1222 & -0.1799 & -0.0913 & -0.0181 & 0.2265 & -0.0334 \\
-0.2774 & -0.2721 & -0.2526 & 0.0000 & 0.0000 & 0.0000 & 0.0000 & 0.0000 & -0.2196 & 0.6720 & -0.4667 & 0.1812 & 0.1865 \\
-0.2774 & -0.0361 & -0.0601 & -0.0332 & -0.2664 & 0.0296 & 0.2281 & 0.2925 & 0.0556 & -0.5768 & -0.5763 & -0.0410 & 0.1949 \\
-0.2774 & 0.3061 & -0.0690 & 0.0000 & 0.0000 & 0.0000 & 0.0000 & 0.0000 & 0.1294 & 0.2213 & 0.0539 & -0.8315 & 0.2421 \\
-0.2774 & -0.0704 & 0.1573 & 0.0000 & 0.0000 & 0.0000 & 0.0000 & 0.0000 & -0.0032 & 0.0605 & -0.2267 & -0.2046 & -0.8925 \\
-0.2774 & -0.1158 & 0.3491 & 0.6438 & 0.3581 & -0.0054 & -0.2374 & 0.4050 & 0.0044 & -0.0250 & 0.0761 & 0.0555 & 0.1231 \\
-0.2774 & -0.1158 & 0.3491 & -0.2456 & -0.4841 & -0.2406 & -0.6261 & -0.1363 & 0.0044 & -0.0250 & 0.0761 & 0.0555 & 0.1231 \\
-0.2774 & -0.1158 & 0.3491 & 0.2913 & -0.1452 & 0.1639 & 0.4550 & -0.6507 & 0.0044 & -0.0250 & 0.0761 & 0.0555 & 0.1231 \\
-0.2774 & -0.1158 & 0.3491 & -0.6563 & 0.5377 & 0.0525 & 0.1803 & 0.0895 & 0.0044 & -0.0250 & 0.0761 & 0.0555 & 0.1231 \\
\end{bmatrix}
$$

其中，第 i 列为第 i 个特征值对应的特征向量。

一般情况下，在供应链网络系统中两个有直接供销业务关系的企业之间的可替代性比交易金额对双方的协作紧密程度影响大，而双方的物流量比交易金额对其协作紧密度的影响要小，所以在状态方程中取 $0 < \alpha_i < \beta_i < \gamma_i$。

在算例中，设定任何两个企业间的物流量对其协作紧密程度的影响的权重相同，任何两个企业间的交易金额对其协作紧密程度影响的权重相同，任何两个企业间的可替代性对其协作紧密度的影响也相同，并取

$$\alpha_i = 0.2, \quad \beta_i = 0.3, \quad \gamma_i = 0.5, \quad i = 1, 2, \cdots, 13$$

有 $w_i = (0.2, 0.3, 0.5), \ i = 1, 2, \cdots, 13$。$L_{ij}$、$T_{ij}$、$\dfrac{1}{V_{ij}}$ 分别为

$$
L_{ij} =
\begin{pmatrix}
0.00 & 0.00 & 0.00 & 0.00 & 0.00 & 0.75 & 0.00 & 0.00 & 0.00 & 0.00 & 0.00 & 0.00 & 0.00 \\
0.00 & 0.00 & 0.00 & 0.00 & 0.00 & 0.40 & 0.50 & 0.00 & 0.00 & 0.00 & 0.00 & 0.00 & 0.00 \\
0.00 & 0.00 & 0.00 & 0.00 & 0.00 & 0.60 & 0.25 & 0.00 & 0.00 & 0.00 & 0.00 & 0.00 & 0.00 \\
0.00 & 0.00 & 0.00 & 0.00 & 0.00 & 0.00 & 0.80 & 0.00 & 0.00 & 0.00 & 0.00 & 0.00 & 0.00 \\
0.00 & 0.00 & 0.00 & 0.00 & 0.00 & 0.85 & 0.00 & 0.00 & 0.00 & 0.00 & 0.00 & 0.00 & 0.00 \\
0.20 & 0.30 & 0.00 & 0.00 & 0.00 & 0.00 & 0.40 & 0.00 & 0.00 & 0.00 & 0.00 & 0.00 & 0.00 \\
0.00 & 0.30 & 0.30 & 0.00 & 0.00 & 0.00 & 0.40 & 0.00 & 0.00 & 0.00 & 0.00 & 0.00 & 0.00 \\
0.00 & 0.00 & 0.30 & 0.15 & 0.00 & 0.00 & 0.35 & 0.00 & 0.00 & 0.00 & 0.00 & 0.00 & 0.00 \\
0.00 & 0.00 & 0.00 & 0.00 & 0.00 & 0.10 & 0.10 & 0.15 & 0.00 & 0.15 & 0.20 & 0.15 & 0.15 \\
0.00 & 0.00 & 0.00 & 0.00 & 0.00 & 0.00 & 0.85 & 0.00 & 0.00 & 0.00 & 0.00 & 0.00 & 0.00 \\
0.00 & 0.00 & 0.00 & 0.00 & 0.00 & 0.00 & 0.90 & 0.00 & 0.00 & 0.00 & 0.00 & 0.00 & 0.00 \\
0.00 & 0.00 & 0.00 & 0.00 & 0.00 & 0.00 & 0.95 & 0.00 & 0.00 & 0.00 & 0.00 & 0.00 & 0.00 \\
0.00 & 0.00 & 0.00 & 0.00 & 0.00 & 0.00 & 0.80 & 0.00 & 0.00 & 0.00 & 0.00 & 0.00 & 0.00 \\
\end{pmatrix}
$$

$$T_{ij} = \begin{pmatrix}
0.00 & 0.00 & 0.00 & 0.00 & 0.00 & 0.90 & 0.00 & 0.00 & 0.00 & 0.00 & 0.00 & 0.00 & 0.00 \\
0.00 & 0.00 & 0.00 & 0.00 & 0.00 & 0.35 & 0.55 & 0.00 & 0.00 & 0.00 & 0.00 & 0.00 & 0.00 \\
0.00 & 0.00 & 0.00 & 0.00 & 0.00 & 0.00 & 0.55 & 0.35 & 0.00 & 0.00 & 0.00 & 0.00 & 0.00 \\
0.00 & 0.00 & 0.00 & 0.00 & 0.00 & 0.00 & 0.00 & 0.90 & 0.00 & 0.00 & 0.00 & 0.00 & 0.00 \\
0.00 & 0.00 & 0.00 & 0.00 & 0.00 & 0.00 & 0.00 & 0.95 & 0.00 & 0.00 & 0.00 & 0.00 & 0.00 \\
0.25 & 0.25 & 0.00 & 0.00 & 0.00 & 0.00 & 0.00 & 0.00 & 0.50 & 0.00 & 0.00 & 0.00 & 0.00 \\
0.00 & 0.20 & 0.20 & 0.00 & 0.00 & 0.00 & 0.00 & 0.00 & 0.60 & 0.00 & 0.00 & 0.00 & 0.00 \\
0.00 & 0.00 & 0.20 & 0.15 & 0.10 & 0.00 & 0.00 & 0.00 & 0.55 & 0.00 & 0.00 & 0.00 & 0.00 \\
0.00 & 0.00 & 0.00 & 0.00 & 0.00 & 0.08 & 0.07 & 0.10 & 0.00 & 0.15 & 0.25 & 0.15 & 0.20 \\
0.00 & 0.00 & 0.00 & 0.00 & 0.00 & 0.00 & 0.00 & 0.00 & 0.85 & 0.00 & 0.00 & 0.00 & 0.00 \\
0.00 & 0.00 & 0.00 & 0.00 & 0.00 & 0.00 & 0.00 & 0.00 & 0.95 & 0.00 & 0.00 & 0.00 & 0.00 \\
0.00 & 0.00 & 0.00 & 0.00 & 0.00 & 0.00 & 0.00 & 0.00 & 0.95 & 0.00 & 0.00 & 0.00 & 0.00 \\
0.00 & 0.00 & 0.00 & 0.00 & 0.00 & 0.00 & 0.00 & 0.00 & 0.90 & 0.00 & 0.00 & 0.00 & 0.00
\end{pmatrix}$$

$$\frac{1}{V_{ij}} = \begin{pmatrix}
0.00 & 0.00 & 0.00 & 0.00 & 0.00 & 0.25 & 0.00 & 0.00 & 0.00 & 0.00 & 0.00 & 0.00 & 0.00 \\
0.00 & 0.00 & 0.00 & 0.00 & 0.00 & 0.20 & 0.20 & 0.00 & 0.00 & 0.00 & 0.00 & 0.00 & 0.00 \\
0.00 & 0.00 & 0.00 & 0.00 & 0.00 & 0.00 & 0.33 & 0.17 & 0.00 & 0.00 & 0.00 & 0.00 & 0.00 \\
0.00 & 0.00 & 0.00 & 0.00 & 0.00 & 0.00 & 0.00 & 0.25 & 0.00 & 0.00 & 0.00 & 0.00 & 0.00 \\
0.00 & 0.00 & 0.00 & 0.00 & 0.00 & 0.00 & 0.00 & 0.20 & 0.00 & 0.00 & 0.00 & 0.00 & 0.00 \\
0.25 & 0.20 & 0.00 & 0.00 & 0.00 & 0.00 & 0.00 & 0.00 & 0.50 & 0.00 & 0.00 & 0.00 & 0.00 \\
0.00 & 0.20 & 0.33 & 0.00 & 0.00 & 0.00 & 0.00 & 0.00 & 0.33 & 0.00 & 0.00 & 0.00 & 0.00 \\
0.00 & 0.00 & 0.17 & 0.25 & 0.20 & 0.00 & 0.00 & 0.00 & 0.25 & 0.00 & 0.00 & 0.00 & 0.00 \\
0.00 & 0.00 & 0.00 & 0.00 & 0.00 & 0.50 & 0.33 & 0.25 & 0.00 & 0.10 & 0.17 & 0.20 & 0.10 \\
0.00 & 0.00 & 0.00 & 0.00 & 0.00 & 0.00 & 0.00 & 0.00 & 0.10 & 0.00 & 0.00 & 0.00 & 0.00 \\
0.00 & 0.00 & 0.00 & 0.00 & 0.00 & 0.00 & 0.00 & 0.00 & 0.17 & 0.00 & 0.00 & 0.00 & 0.00 \\
0.00 & 0.00 & 0.00 & 0.00 & 0.00 & 0.00 & 0.00 & 0.00 & 0.20 & 0.00 & 0.00 & 0.00 & 0.00 \\
0.00 & 0.00 & 0.00 & 0.00 & 0.00 & 0.00 & 0.00 & 0.00 & 0.10 & 0.00 & 0.00 & 0.00 & 0.00
\end{pmatrix}$$

因有

$$wr = (\alpha_i, \beta_i, \gamma_i)(L_{ij}, T_{ij}, \frac{1}{V_{ij}})^{\mathrm{T}} = \alpha_i L_{ij} + \beta_i T_{ij} + \frac{\gamma_i}{V_{ij}}$$

所以该供应链网络中企业协作紧密度矩阵为

$$wr = \begin{pmatrix}
0.000 & 0.000 & 0.000 & 0.000 & 0.000 & 0.545 & 0.000 & 0.000 & 0.000 & 0.000 & 0.000 & 0.000 & 0.000 \\
0.000 & 0.000 & 0.000 & 0.000 & 0.000 & 0.285 & 0.365 & 0.000 & 0.000 & 0.000 & 0.000 & 0.000 & 0.000 \\
0.000 & 0.000 & 0.000 & 0.000 & 0.000 & 0.450 & 0.240 & 0.000 & 0.000 & 0.000 & 0.000 & 0.000 & 0.000 \\
0.000 & 0.000 & 0.000 & 0.000 & 0.000 & 0.555 & 0.000 & 0.000 & 0.000 & 0.000 & 0.000 & 0.000 & 0.000 \\
0.000 & 0.000 & 0.000 & 0.000 & 0.000 & 0.555 & 0.000 & 0.000 & 0.000 & 0.000 & 0.000 & 0.000 & 0.000 \\
0.240 & 0.235 & 0.000 & 0.000 & 0.000 & 0.000 & 0.000 & 0.480 & 0.000 & 0.000 & 0.000 & 0.000 & 0.000 \\
0.000 & 0.220 & 0.285 & 0.000 & 0.000 & 0.000 & 0.000 & 0.000 & 0.425 & 0.000 & 0.000 & 0.000 & 0.000 \\
0.000 & 0.000 & 0.205 & 0.210 & 0.160 & 0.000 & 0.000 & 0.000 & 0.360 & 0.000 & 0.000 & 0.000 & 0.000 \\
0.000 & 0.000 & 0.000 & 0.000 & 0.294 & 0.206 & 0.185 & 0.000 & 0.125 & 0.200 & 0.175 & 0.140 \\
0.000 & 0.000 & 0.000 & 0.000 & 0.000 & 0.000 & 0.000 & 0.475 & 0.000 & 0.000 & 0.000 & 0.000 \\
0.000 & 0.000 & 0.000 & 0.000 & 0.000 & 0.000 & 0.000 & 0.550 & 0.000 & 0.000 & 0.000 & 0.000 \\
0.000 & 0.000 & 0.000 & 0.000 & 0.000 & 0.000 & 0.000 & 0.575 & 0.000 & 0.000 & 0.000 & 0.000 \\
0.000 & 0.000 & 0.000 & 0.000 & 0.000 & 0.000 & 0.000 & 0.480 & 0.000 & 0.000 & 0.000 & 0.000
\end{pmatrix}$$

该供应链网络企业协作紧密度矩阵中的最小元素 $(wr)_{\min} = (wr)_{9,10} = 0.125$。所以，$\beta_{\max} = \lambda_2 (wr)_{\min} = 0.049$。因此，$wr\lambda_i \in [0.049, +\infty)$ 时，该供应链网络系统渐近稳定于其协作同步流形，实现渐近协作同步。

7.5 复杂供应链网络拓扑变动与协作同步能力变化

7.5.1 供销关系与企业数量变动下的协作同步能力变化

1. 取消部分企业间的供销关系

在图 7.3 所示供应链网络的基础上，取消二级供应商企业 e2 与一级供应商企业 e7 之间的供销关系以及二级供应商企业 e3 与一级供应商企业 e8 之间的供销关系，如图 7.4 所示。

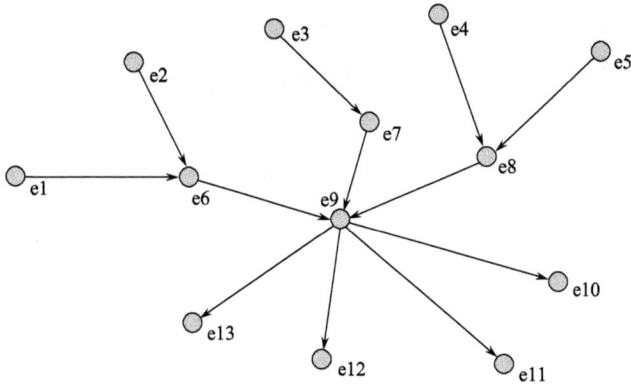

图 7.4　取消部分供销关系的局域供应链网络拓扑

图 7.4 所示供应链网络对应的 Laplacian 矩阵为

$$
\begin{bmatrix}
1 & 0 & 0 & 0 & 0 & -1 & 0 & 0 & 0 & 0 & 0 & 0 & 0 \\
0 & 1 & 0 & 0 & 0 & -1 & 0 & 0 & 0 & 0 & 0 & 0 & 0 \\
0 & 0 & 1 & 0 & 0 & 0 & -1 & 0 & 0 & 0 & 0 & 0 & 0 \\
0 & 0 & 0 & 1 & 0 & 0 & 0 & -1 & 0 & 0 & 0 & 0 & 0 \\
0 & 0 & 0 & 0 & 1 & 0 & 0 & -1 & 0 & 0 & 0 & 0 & 0 \\
-1 & -1 & 0 & 0 & 0 & 3 & 0 & 0 & -1 & 0 & 0 & 0 & 0 \\
0 & 0 & -1 & 0 & 0 & 0 & 2 & 0 & -1 & 0 & 0 & 0 & 0 \\
0 & 0 & 0 & -1 & -1 & 0 & 0 & 3 & -1 & 0 & 0 & 0 & 0 \\
0 & 0 & 0 & 0 & 0 & -1 & -1 & -1 & 7 & -1 & -1 & -1 & -1 \\
0 & 0 & 0 & 0 & 0 & 0 & 0 & 0 & -1 & 1 & 0 & 0 & 0 \\
0 & 0 & 0 & 0 & 0 & 0 & 0 & 0 & -1 & 0 & 1 & 0 & 0 \\
0 & 0 & 0 & 0 & 0 & 0 & 0 & 0 & -1 & 0 & 0 & 1 & 0 \\
0 & 0 & 0 & 0 & 0 & 0 & 0 & 0 & -1 & 0 & 0 & 0 & 1
\end{bmatrix}
$$

图 7.4 中供应链网络的 Laplacian 矩阵对应的特征谱为

$$\begin{cases} 0.0000 \\ 0.2679 \\ 0.3362 \\ 0.5461 \\ 1.0000 \\ 1.0000 \\ 1.0000 \\ 1.0000 \\ 1.0000 \\ 2.5013 \\ 3.4776 \\ 3.7321 \\ 8.1387 \end{cases}$$

图 7.4 所示供应链网络的 Laplacian 矩阵的最小非零特征值 λ_2=0.2679，各特征值对应的特征向量为(第 i 列为第 i 个特征值对应的特征向量)

$$\begin{bmatrix}
-0.2774 & 0.4440 & 0.2824 & 0.1869 & -0.2608 & 0.0000 & 0.0000 & -0.6573 & 0.0000 & 0.0481 & 0.2354 & 0.2299 & -0.0264 \\
-0.2774 & 0.4440 & 0.2824 & 0.1869 & 0.2608 & 0.0000 & 0.0000 & 0.6573 & 0.0000 & 0.0481 & 0.2354 & 0.2299 & -0.0264 \\
-0.2774 & 0.0000 & -0.6277 & 0.4869 & 0.0000 & 0.0000 & 0.0000 & 0.0000 & 0.0000 & 0.5351 & -0.0722 & 0.0000 & -0.0214 \\
-0.2774 & -0.4440 & 0.2824 & 0.1869 & 0.5537 & 0.1555 & 0.2416 & -0.2197 & 0.2503 & 0.0481 & 0.2354 & -0.2299 & -0.0264 \\
-0.2774 & -0.4440 & 0.2824 & 0.1869 & -0.5537 & -0.1555 & -0.2416 & 0.2197 & -0.2503 & 0.0481 & 0.2354 & -0.2299 & -0.0264 \\
-0.2774 & 0.3251 & 0.1874 & 0.0848 & 0.0000 & 0.0000 & 0.0000 & 0.0000 & 0.0000 & -0.0723 & -0.5832 & -0.6280 & 0.1883 \\
-0.2774 & 0.0000 & -0.4166 & 0.2210 & 0.0000 & 0.0000 & 0.0000 & 0.0000 & 0.0000 & -0.8033 & 0.1790 & 0.0000 & 0.1525 \\
-0.2774 & -0.3251 & 0.1874 & 0.0848 & 0.0000 & 0.0000 & 0.0000 & 0.0000 & 0.0000 & -0.0723 & -0.5832 & 0.6280 & 0.1883 \\
-0.2774 & 0.0000 & -0.0655 & -0.1656 & 0.0000 & 0.0000 & 0.0000 & 0.0000 & 0.0000 & -0.1323 & -0.1922 & 0.0000 & -0.9148 \\
-0.2774 & 0.0000 & -0.0987 & -0.3649 & -0.2947 & -0.2035 & 0.1130 & 0.1169 & 0.7716 & 0.0881 & 0.0776 & 0.0000 & 0.1282 \\
-0.2774 & 0.0000 & -0.0987 & -0.3649 & -0.0983 & 0.8373 & -0.1488 & 0.0390 & -0.1248 & 0.0881 & 0.0776 & 0.0000 & 0.1282 \\
-0.2774 & 0.0000 & -0.0987 & -0.3649 & 0.3930 & -0.3813 & -0.6332 & -0.1559 & -0.1581 & 0.0881 & 0.0776 & 0.0000 & 0.1282 \\
-0.2774 & 0.0000 & -0.0987 & -0.3649 & 0.0000 & -0.2526 & 0.6689 & 0.0000 & -0.4886 & 0.0881 & 0.0776 & 0.0000 & 0.1282
\end{bmatrix}$$

由此可见，取消部分企业间的供销关系，供应链网络的 Laplacian 矩阵的特征值 λ_2 有所下降。要实现供应链网络的协作同步运行，就需要增加企业间的协作紧密度。在原有的企业间协作紧密度的情况下将不会实现供应链网络的协作同步运行，表明在取消部分企业间供销关系的情况下，供应链网络的协作同步运行能力将减弱。

2. 减少末端分销商企业

在减少供应链网络成员企业的同时，供应链网络的企业间的供销关系也在减少。在图 7.4 所示的供应链网络的基础上减少一个末端分销商，如图 7.5 所示。

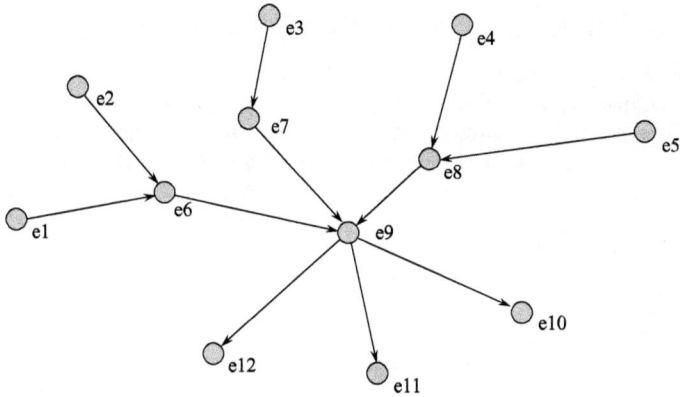

图 7.5 减少分销商的供应链网络拓扑

图 7.5 所示供应链网络的 Laplacian 矩阵为

$$
\begin{bmatrix}
1 & 0 & 0 & 0 & 0 & -1 & 0 & 0 & 0 & 0 & 0 & 0 \\
0 & 1 & 0 & 0 & 0 & -1 & 0 & 0 & 0 & 0 & 0 & 0 \\
0 & 0 & 1 & 0 & 0 & 0 & -1 & 0 & 0 & 0 & 0 & 0 \\
0 & 0 & 0 & 1 & 0 & 0 & 0 & -1 & 0 & 0 & 0 & 0 \\
0 & 0 & 0 & 0 & 1 & 0 & 0 & -1 & 0 & 0 & 0 & 0 \\
-1 & -1 & 0 & 0 & 0 & 3 & 0 & 0 & -1 & 0 & 0 & 0 \\
0 & 0 & -1 & 0 & 0 & 0 & 2 & 0 & -1 & 0 & 0 & 0 \\
0 & 0 & 0 & -1 & -1 & 0 & 0 & 3 & -1 & 0 & 0 & 0 \\
0 & 0 & 0 & 0 & 0 & -1 & -1 & -1 & 6 & -1 & -1 & -1 \\
0 & 0 & 0 & 0 & 0 & 0 & 0 & 0 & -1 & 1 & 0 & 0 \\
0 & 0 & 0 & 0 & 0 & 0 & 0 & 0 & -1 & 0 & 1 & 0 \\
0 & 0 & 0 & 0 & 0 & 0 & 0 & 0 & -1 & 0 & 0 & 1
\end{bmatrix}
$$

图 7.5 所示供应链网络的 Laplacian 矩阵对应的特征谱为

$$
\begin{Bmatrix}
0.0000 \\
0.2679 \\
0.3384 \\
0.5858 \\
1.0000 \\
1.0000 \\
1.0000 \\
1.0000 \\
2.4631 \\
3.4142 \\
3.7321 \\
7.1985
\end{Bmatrix}
$$

图 7.5 中供应链网络的 Laplacian 矩阵的最小非零特征值 λ_2=0.2679，各特征值对应的特征向量为

$$
\begin{bmatrix}
0.2887 & -0.4440 & 0.2706 & -0.1836 & 0.6866 & 0.0000 & -0.0789 & -0.1494 & -0.0619 & -0.2335 & -0.2299 & 0.0371 \\
0.2887 & -0.4440 & 0.2706 & -0.1836 & -0.6866 & 0.0000 & 0.0789 & 0.1494 & -0.0619 & -0.2335 & -0.2299 & 0.0371 \\
0.2887 & 0.0000 & -0.6514 & -0.4433 & 0.0000 & 0.0000 & 0.0000 & 0.0000 & -0.5344 & 0.0967 & 0.0000 & 0.0285 \\
0.2887 & 0.4440 & 0.2706 & -0.1836 & -0.0749 & 0.0046 & -0.7026 & 0.0266 & -0.0619 & -0.2335 & 0.2299 & 0.0371 \\
0.2887 & 0.4440 & 0.2706 & -0.1836 & 0.0749 & -0.0046 & 0.7026 & -0.0266 & -0.0619 & -0.2335 & 0.2299 & 0.0371 \\
0.2887 & -0.3251 & 0.1790 & -0.0761 & 0.0000 & 0.0000 & 0.0000 & 0.0000 & 0.0905 & 0.5637 & 0.6280 & -0.2300 \\
0.2887 & 0.0000 & -0.4310 & -0.1836 & 0.0000 & 0.0000 & 0.0000 & 0.0000 & 0.7819 & -0.2335 & 0.0000 & -0.1770 \\
0.2887 & 0.3251 & 0.1790 & -0.0761 & 0.0000 & 0.0000 & 0.0000 & 0.0000 & 0.0905 & 0.5637 & -0.6280 & -0.2300 \\
0.2887 & 0.0000 & -0.0647 & 0.1836 & 0.0000 & 0.0000 & 0.0000 & 0.0000 & 0.1723 & 0.2335 & 0.0000 & 0.8914 \\
0.2887 & 0.0000 & -0.0978 & 0.4433 & 0.1516 & 0.4088 & 0.0127 & 0.6902 & -0.1178 & -0.0967 & 0.0000 & -0.1438 \\
0.2887 & 0.0000 & -0.0978 & 0.4433 & -0.1512 & 0.4077 & -0.0074 & -0.6911 & -0.1178 & -0.0967 & 0.0000 & -0.1438 \\
0.2887 & 0.0000 & -0.0978 & 0.4433 & -0.0005 & -0.8165 & -0.0053 & 0.0009 & -0.1178 & -0.0967 & 0.0000 & -0.1438 \\
\end{bmatrix}
$$

图 7.5 的供应链网络是在图 7.4 供应链网络的基础上减少了一个末端分销企业。减少一个末端分销企业后，因结构变化，其供应链网络的 Laplacian 矩阵的特征谱有所变化，但是其最小非零特征值没有变化，在原有的企业协作紧密度数值情况下，仍然能保持同步运行，所以和图 7.4 的供应链网络相比，图 7.5 所示供应链网络的协作同步运行能力没有变化。

3. 增加末端分销商企业

在增加供应链网络成员节点企业的同时，企业间的供销关系也随之增加。在图 7.3 所示的供应链网络的基础上增加末端分销商企业，如图 7.6 所示。

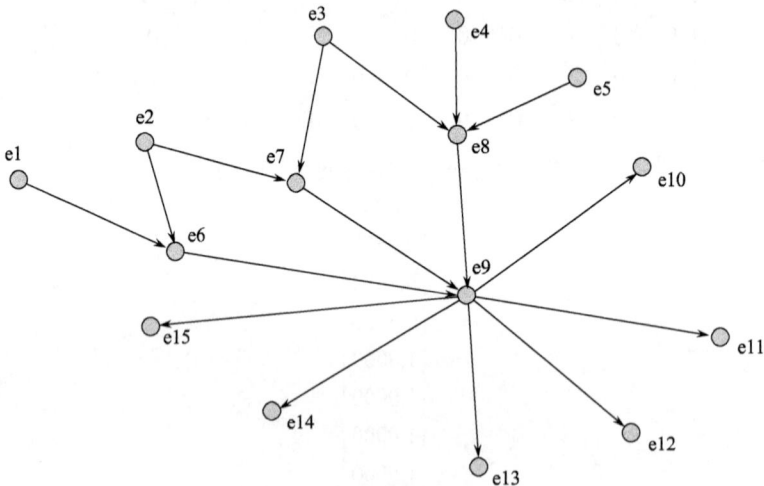

图 7.6　增加末端分销商企业的供应链网络拓扑

图 7.6 所示供应链网络对应的 Laplacian 矩阵为

$$\begin{bmatrix}
1 & 0 & 0 & 0 & 0 & -1 & 0 & 0 & 0 & 0 & 0 & 0 & 0 & 0 & 0 \\
0 & 2 & 0 & 0 & 0 & -1 & -1 & 0 & 0 & 0 & 0 & 0 & 0 & 0 & 0 \\
0 & 0 & 2 & 0 & 0 & 0 & -1 & -1 & 0 & 0 & 0 & 0 & 0 & 0 & 0 \\
0 & 0 & 0 & 1 & 0 & 0 & -1 & 0 & 0 & 0 & 0 & 0 & 0 & 0 & 0 \\
0 & 0 & 0 & 0 & 1 & 0 & 0 & -1 & 0 & 0 & 0 & 0 & 0 & 0 & 0 \\
-1 & -1 & 0 & 0 & 0 & 3 & 0 & 0 & -1 & 0 & 0 & 0 & 0 & 0 & 0 \\
0 & -1 & -1 & 0 & 0 & 0 & 3 & 0 & -1 & 0 & 0 & 0 & 0 & 0 & 0 \\
0 & 0 & -1 & -1 & -1 & 0 & 0 & 4 & -1 & 0 & 0 & 0 & 0 & 0 & 0 \\
0 & 0 & 0 & 0 & 0 & -1 & -1 & -1 & 9 & -1 & -1 & -1 & -1 & -1 & -1 \\
0 & 0 & 0 & 0 & 0 & 0 & 0 & 0 & -1 & 1 & 0 & 0 & 0 & 0 & 0 \\
0 & 0 & 0 & 0 & 0 & 0 & 0 & 0 & -1 & 0 & 1 & 0 & 0 & 0 & 0 \\
0 & 0 & 0 & 0 & 0 & 0 & 0 & 0 & -1 & 0 & 0 & 1 & 0 & 0 & 0 \\
0 & 0 & 0 & 0 & 0 & 0 & 0 & 0 & -1 & 0 & 0 & 0 & 1 & 0 & 0 \\
0 & 0 & 0 & 0 & 0 & 0 & 0 & 0 & -1 & 0 & 0 & 0 & 0 & 1 & 0 \\
0 & 0 & 0 & 0 & 0 & 0 & 0 & 0 & -1 & 0 & 0 & 0 & 0 & 0 & 1
\end{bmatrix}$$

图 7.6 供应链网络的 Laplacian 矩阵的特征谱为

$$\begin{Bmatrix}
0.0000 \\
0.3851 \\
0.5051 \\
1.0000 \\
1.0000 \\
1.0000 \\
1.0000 \\
1.0000 \\
1.0000 \\
1.0000 \\
1.7190 \\
3.4283 \\
4.0646 \\
4.7663 \\
10.1316
\end{Bmatrix}$$

图 7.6 所示供应链网络的 Laplacian 矩阵的最小非零特征值 $\lambda_2 = 0.3851$。各特征值对应的特征向量为

$$
\begin{bmatrix}
0.2582 & -0.3662 & 0.6226 & 0.1350 & -0.2380 & 0.0645 & 0.1293 & -0.0473 & -0.1018 & 0.3254 & 0.3054 \\
0.2582 & -0.1463 & 0.2717 & -0.1350 & 0.2380 & -0.0645 & -0.1293 & 0.0473 & 0.1018 & -0.3254 & -0.5844 \\
0.2582 & 0.1934 & 0.0986 & -0.1350 & 0.2380 & -0.0645 & -0.1293 & 0.0473 & 0.1018 & -0.3254 & 0.6575 \\
0.2582 & 0.5261 & 0.0997 & -0.4434 & -0.4787 & 0.2534 & -0.0134 & 0.1572 & 0.0970 & 0.1714 & -0.1800 \\
0.2582 & 0.5261 & 0.0997 & 0.5784 & 0.2406 & -0.1888 & 0.1426 & -0.2045 & -0.1988 & 0.1540 & -0.1800 \\
0.2582 & -0.2252 & 0.3081 & 0.0000 & 0.0000 & 0.0000 & 0.0000 & 0.0000 & 0.0000 & 0.0000 & -0.2196 \\
0.2582 & -0.0112 & 0.0981 & -0.1350 & 0.2380 & -0.0645 & -0.1293 & 0.0473 & 0.1018 & -0.3254 & 0.0553 \\
0.2582 & 0.3235 & 0.0493 & 0.0000 & 0.0000 & 0.0000 & 0.0000 & 0.0000 & 0.0000 & 0.0000 & 0.1294 \\
0.2582 & -0.0762 & -0.1256 & 0.0000 & 0.0000 & 0.0000 & 0.0000 & 0.0000 & 0.0000 & 0.0000 & -0.0022 \\
0.2582 & -0.1240 & -0.2537 & -0.2176 & 0.0333 & 0.3786 & 0.1558 & -0.7478 & -0.2345 & -0.0948 & 0.0031 \\
0.2582 & -0.1240 & -0.2537 & -0.2099 & 0.2520 & -0.0940 & 0.7317 & 0.4006 & -0.0841 & 0.1410 & 0.0031 \\
0.2582 & -0.1240 & -0.2537 & 0.2915 & -0.5122 & -0.0705 & -0.0763 & 0.2575 & -0.4621 & -0.4487 & 0.0031 \\
0.2582 & -0.1240 & -0.2537 & 0.4383 & 0.0594 & 0.5744 & -0.1017 & 0.1888 & 0.5104 & 0.0849 & 0.0031 \\
0.2582 & -0.1240 & -0.2537 & -0.1655 & 0.2417 & -0.1029 & -0.5803 & 0.1413 & -0.3396 & 0.5205 & 0.0031 \\
0.2582 & -0.1240 & -0.2537 & -0.0018 & -0.3121 & -0.6211 & 0.0000 & -0.2878 & 0.5081 & 0.1225 & 0.0031
\end{bmatrix}
$$

$$
\begin{bmatrix}
-0.2718 & 0.1715 & -0.0250 & -0.0151 \\
-0.0458 & 0.5281 & 0.0086 & -0.0342 \\
0.2655 & 0.2133 & 0.3496 & -0.0375 \\
-0.0887 & -0.0406 & 0.2254 & -0.0180 \\
-0.0887 & -0.0406 & 0.2254 & -0.0180 \\
0.6599 & -0.5255 & 0.0941 & 0.1376 \\
-0.5946 & -0.5648 & -0.1180 & 0.1407 \\
0.2153 & 0.1244 & -0.8490 & 0.1640 \\
0.0349 & -0.1401 & -0.1498 & -0.9319 \\
-0.0144 & 0.0457 & 0.0398 & 0.1021 \\
-0.0144 & 0.0457 & 0.0398 & 0.1021 \\
-0.0144 & 0.0457 & 0.0398 & 0.1021 \\
-0.0144 & 0.0457 & 0.0398 & 0.1021 \\
-0.0144 & 0.0457 & 0.0398 & 0.1021 \\
-0.0144 & 0.0457 & 0.0398 & 0.1021
\end{bmatrix}
$$

通过上述仿真模拟发现，在增加末端分销商的情况下，最小非零特征值微小降低，所以供应链网络的协作同步运行能力有微小下降。经过进一步模拟，发现在分销商企业较多时，如果进一步增加分销商企业数量，供应链网络的协作同步运行能力将不会变化。

4. 增加供应链网络的核心企业

在图 7.3 所示供应链网络的基础上增加一个核心企业，如图 7.7 所示。

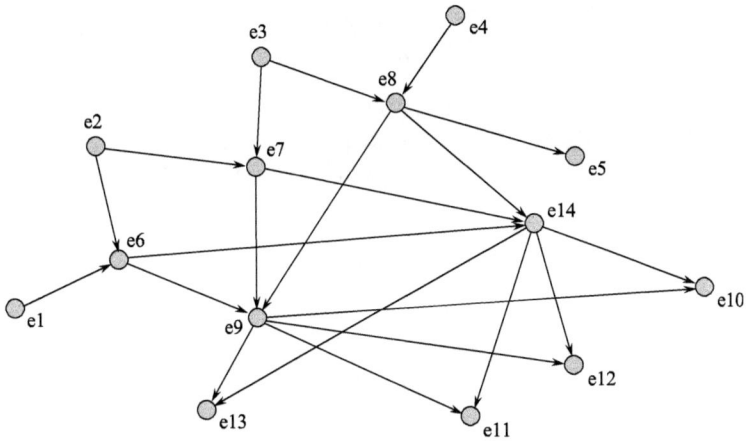

图 7.7 增加核心企业的供应链网络拓扑

图 7.7 所示供应链网络对应的 Laplacian 矩阵为

$$
\begin{bmatrix}
1 & 0 & 0 & 0 & 0 & -1 & 0 & 0 & 0 & 0 & 0 & 0 & 0 & 0 \\
0 & 2 & 0 & 0 & 0 & -1 & -1 & 0 & 0 & 0 & 0 & 0 & 0 & 0 \\
0 & 0 & 2 & 0 & 0 & 0 & -1 & -1 & 0 & 0 & 0 & 0 & 0 & 0 \\
0 & 0 & 0 & 1 & 0 & 0 & 0 & -1 & 0 & 0 & 0 & 0 & 0 & 0 \\
0 & 0 & 0 & 0 & 1 & 0 & 0 & -1 & 0 & 0 & 0 & 0 & 0 & 0 \\
-1 & -1 & 0 & 0 & 0 & 4 & 0 & 0 & -1 & 0 & 0 & 0 & 0 & -1 \\
0 & -1 & -1 & 0 & 0 & 0 & 4 & 0 & -1 & 0 & 0 & 0 & 0 & -1 \\
0 & 0 & -1 & -1 & -1 & 0 & 0 & 5 & -1 & 0 & 0 & 0 & 0 & -1 \\
0 & 0 & 0 & 0 & 0 & -1 & -1 & -1 & 7 & -1 & -1 & -1 & -1 & 0 \\
0 & 0 & 0 & 0 & 0 & 0 & 0 & 0 & -1 & 2 & 0 & 0 & 0 & -1 \\
0 & 0 & 0 & 0 & 0 & 0 & 0 & 0 & -1 & 0 & 2 & 0 & 0 & -1 \\
0 & 0 & 0 & 0 & 0 & 0 & 0 & 0 & -1 & 0 & 0 & 2 & 0 & -1 \\
0 & 0 & 0 & 0 & 0 & 0 & 0 & 0 & -1 & 0 & 0 & 0 & 2 & -1 \\
0 & 0 & 0 & 0 & 0 & -1 & -1 & -1 & 0 & -1 & -1 & -1 & -1 & 7
\end{bmatrix}
$$

图 7.7 供应链网络对应的 Laplacian 矩阵的特征谱为

$$\begin{bmatrix} 0.0000 \\ 0.5417 \\ 0.8124 \\ 1.0000 \\ 1.2829 \\ 1.7751 \\ 2.0000 \\ 2.0000 \\ 2.0000 \\ 4.2761 \\ 4.4783 \\ 5.4299 \\ 7.0000 \\ 9.4035 \end{bmatrix}$$

该特征谱对应的特征向量为

$$\begin{bmatrix} 0.2673 & 0.5182 & -0.6999 & 0.0000 & 0.2274 & 0.2247 & 0.0000 & 0.0000 & 0.0000 & -0.2424 \\ 0.2673 & 0.1976 & -0.0258 & 0.0000 & -0.5628 & -0.6133 & 0.0000 & 0.0000 & 0.0000 & -0.1632 \\ 0.2673 & -0.1277 & 0.0397 & 0.0000 & -0.5195 & 0.6927 & 0.0000 & 0.0000 & 0.0000 & 0.0936 \\ 0.2673 & -0.5170 & -0.2856 & -0.7071 & 0.1176 & -0.1542 & 0.0000 & 0.0000 & 0.0000 & -0.0640 \\ 0.2673 & -0.5170 & -0.2856 & 0.7071 & 0.1176 & -0.1542 & 0.0000 & 0.0000 & 0.0000 & -0.0640 \\ 0.2673 & 0.2375 & -0.1313 & 0.0000 & -0.0643 & -0.1741 & 0.0000 & 0.0000 & 0.0000 & 0.7942 \\ 0.2673 & 0.0507 & 0.1007 & 0.0000 & -0.3392 & 0.0362 & 0.0000 & 0.0000 & 0.0000 & -0.4228 \\ 0.2673 & -0.2369 & -0.0536 & 0.0000 & -0.0333 & 0.1195 & 0.0000 & 0.0000 & 0.0000 & 0.2098 \\ 0.2673 & 0.0527 & 0.1535 & 0.0000 & 0.0803 & 0.0006 & 0.0000 & 0.0000 & 0.0000 & 0.0932 \\ 0.2673 & 0.0723 & 0.2586 & 0.0000 & 0.2240 & 0.0054 & 0.1969 & 0.6822 & -0.4958 & -0.0819 \\ 0.2673 & 0.0723 & 0.2586 & 0.0000 & 0.2240 & 0.0054 & 0.6067 & -0.6106 & -0.0951 & -0.0819 \\ 0.2673 & 0.0723 & 0.2586 & 0.0000 & 0.2240 & 0.0054 & -0.7694 & -0.3179 & -0.2386 & -0.0819 \\ 0.2673 & 0.0723 & 0.2586 & 0.0000 & 0.2240 & 0.0054 & -0.0341 & 0.2463 & 0.8296 & -0.0819 \\ 0.2673 & 0.0527 & 0.1535 & 0.0000 & 0.0803 & 0.0006 & 0.0000 & 0.0000 & 0.0000 & 0.0932 \end{bmatrix}$$

$$\begin{bmatrix} 0.0645 & 0.0657 & 0.0000 & 0.0278 \\ 0.3909 & 0.1113 & 0.0000 & 0.0642 \\ 0.3131 & -0.2210 & 0.0000 & 0.0730 \\ 0.0092 & -0.1916 & 0.0000 & 0.0355 \\ 0.0092 & -0.1916 & 0.0000 & 0.0355 \\ -0.2245 & -0.2911 & 0.0000 & -0.2336 \\ -0.7443 & -0.0906 & 0.0000 & -0.2420 \\ -0.0318 & 0.8486 & 0.0000 & -0.2985 \\ -0.1740 & 0.1196 & -0.7071 & 0.5852 \\ 0.1404 & -0.0698 & 0.0000 & -0.1581 \\ 0.1404 & -0.0698 & 0.0000 & -0.1581 \\ 0.1404 & -0.0698 & 0.0000 & -0.1581 \\ 0.1404 & -0.0698 & 0.0000 & -0.1581 \\ -0.1740 & 0.1196 & 0.7071 & 0.5852 \end{bmatrix}$$

图 7.7 所示供应链网络的 Laplacian 矩阵的最小非零特征值 $\lambda_2 = 0.5417$，比图 7.3 所示网络的 Laplacian 矩阵最小非零特征值有较大增加。当实现协作同步时，图 7.7 供应链网络的成员企业协作紧密度要较大幅度地低于图 7.3 供应链网络的协作紧密度，即对协作紧密度的要求降低了，所以图 7.7 中供应链网络的协作同步性能有较大幅度的提高。通过大量仿真发现，供应链网络核心企业数目的增加（或者核心企业开设分公司和分厂）可以有效地提高供应链网络的协作同步能力。

7.5.2 复杂供应链网络拓扑参数对协作同步能力的影响

由以上模拟分析得知，供应链网络的协作同步运行能力对供应链网络末端分销商数量的变化不敏感。在末端分销商数量不多的情况下，增加末端分销商数量，供应链网络的协作同步运行能力有微小的下降；减少末端分销商数量，供应链网络的协作同步运行能力有微小的增强。如果供应链网络中末端分销商数量众多，增加或减少一小部分分销商对供应链网络系统的同步运行能力没有影响。

在供应链网络系统中，取消部分企业间的供销关系时，因为供应链网络的 Laplacian 矩阵的最小非零特征值下降，要实现供应链网络的协作同步运行就需要增加企业间的协作紧密度，表明在取消部分企业间供销关系的情况下，供应链网络的协作同步运行能力将减弱。

增加供应链网络的核心企业，供应链网络 Laplacian 矩阵的最小非零特征值将有较大增加，使得供应链网络的协作同步运行能力有较大幅度的提高。

通过仿真模拟发现，在供应链网络拓扑结构中添加少量的边可以显著提高供应链网络 Laplacian 矩阵的最小非零特征值，较低的企业协作紧密度也可能实现协作同步运行，使协作同步能力得到显著提升。这意味着，在供应链网络现有企业数目不变的情况下，如果原来无供销业务往来的企业建立起了稳定的供销协作关系，供应链网络的协作同步运行能力就会得到较大的提升。

在实证研究中，使用一定数量的供应链网络样本群绘制了供应链网络 Laplacian 矩阵最小非零特征值 λ 与供应链网络中非核心企业数量关系图，如图 7.8 所示（横坐标为供应链网络中非核心企业数量）。结合前述供应链网络 Laplacian 矩阵最小非零特征值与其协作同步能力的研究结论可以得出，一般情况下，在非核心企业数量不多的供应链网络中，增加少量非核心企业会使得供应链网络系统的协作同步运行能力小幅减弱。但是，当非核心企业数量较多时，随着非核心企业数量的增加，供应链网络系统的协作同步能力变化不大，非核心企业数量的增加对供应链网络系统协作同步运行能力的影响不大。

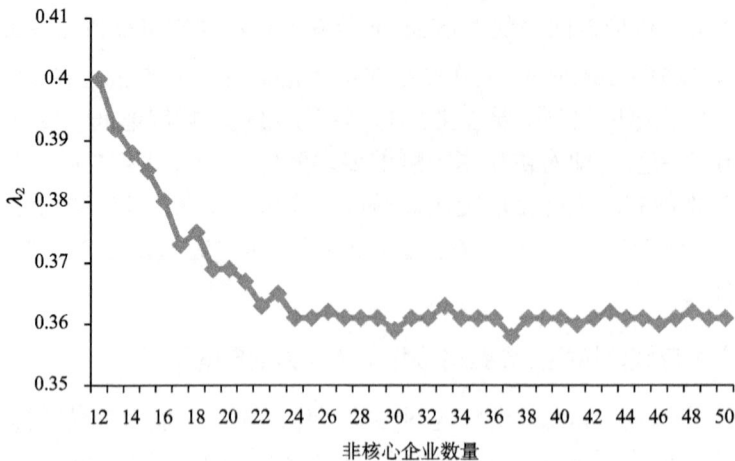

图 7.8　复杂供应链网络的协作同步能力与非核心企业数量的关系

从本书前面章节的研究中已经得知,复杂供应链网络的度分布服从幂律分布,具有无标度网络性质。复杂供应链网络拓扑结构的度分布标度指数和特征渠道路径长度是其最重要的两个统计特征参数。为了研究这两个特征参数与供应链网络协作同步运行能力的相关性,绘制了实证研究中供应链网络样本群的幂律度分布标度指数 γ、特征渠道路径长度 L 与供应链网络 Laplacian 矩阵最小非零特征值 λ_2 之间的相关性,如图 7.9 所示。

从图 7.9 可以看出,在所研究的供应链网络样本中,供应链网络度分布的标度指数与供应链网络的 Laplacian 矩阵最小非零特征值正相关,供应链网络特征渠道路径长度与其 Laplacian 矩阵最小非零特征值也正相关。可见,随着供应链网络度分布标度指数的增加,供应链网络的协作同步能力增强;随着供应链网络特征渠道路径长度的增加,供应链网络的协作同步能力也增强。

供应链网络结构可以分为横向结构和纵向结构。横向结构是指跨越供应链网络层阶的数目,纵向结构指每一个层阶出现的供应商或用户、销售商等的数目。供应链网络核心企业可以拥有多级供应商和分销商、用户,即供应链网络的横向结构可以很长。供应链网络核心企业也可以只具有一级或两级的级数较少的供应商和分销商、用户。层次数目较多的供应链网络,其核心企业的每一级供应商和分销商数目往往不太多,层次数目较少的供应链网络,其核心企业的每一级供应商和分销商数目往往较多。所以,一般情况下有这样的现象,纵向结构较长的供应链网络横向结构较短,而纵向结构较短的供应链网络横向结构较长(特征渠道路径也较长)。

随着复杂供应链网络标度指数的减小,复杂供应链网络的异质性增强,特征渠道路径长度趋向于减小,纵向结构长度与横向结构长度的比值增大,纵向结构

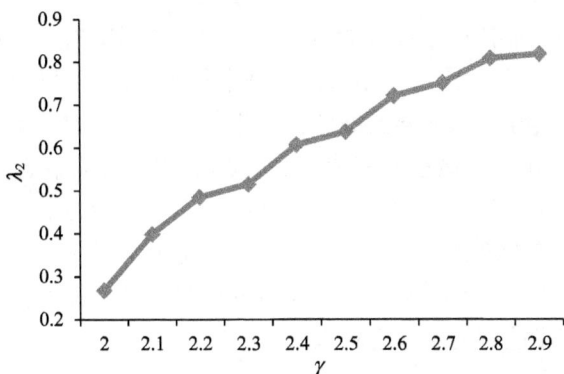

(a) 复杂供应链网络度分布标度指数与同步能力的关系

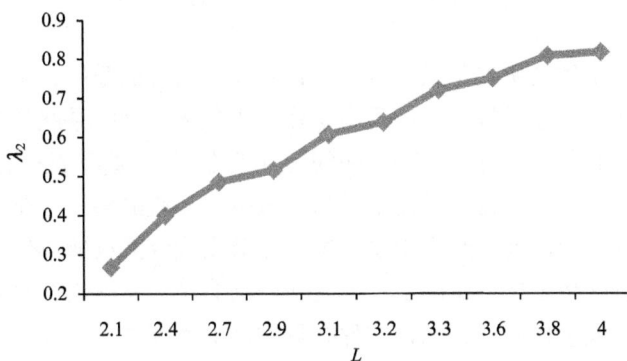

(b) 复杂供应链网络特征渠道路径长度与同步能力的关系

图 7.9　复杂供应链网络的两个重要拓扑参数与同步能力的关系

长度相对增加。这时，复杂供应链网络 Laplacian 矩阵的最小非零特征值减小，供应链网络的协作同步运行能力减弱。反之，随着复杂供应链网络标度指数的增加，网络异质性减弱，特征渠道路径长度增加，横向结构长度与纵向结构长度的比值增大，横向结构长度相对增加。这时，供应链网络 Laplacian 矩阵的最小非零特征值增大，供应链网络的协作同步运行能力增强。

　　上面的结论支持以下定性分析结论：供应链网络纵向结构较长会使企业的资源分散，削弱核心企业的管理能力，从而给供应链网络的企业间协作造成困难，供应链网络的协作同步难以实现。可以用职能剥离的原则减少用户和供应商的数目，例如，将零部件的供应由众多小供应商转移到大的供应商，较小的分销企业的业务转并到大的分销企业。

　　当复杂供应链网络度分布的标度指数较大时，增加非核心企业数量会使供应链网络 Laplacian 矩阵的最小非零特征值减小，供应链网络的标度指数也会减小，故供应链网络的协作同步运行能力下降。当供应链网络度分布的标度指数较大时，增加非核心节点企业数会使网络的同步能力下降幅度有所增大。但是，当非核心企业数目众多时，增加非核心企业数量对供应链网络的标度指数没有明显影响，供应链网络 Laplacian 矩阵的最小非零特征值基本不变动，所以供应链网络的协作同步能力也基本没有变化。供应链网络的标度指数较小时，加入新的核心企业，供应链网络 Laplacian 矩阵的最小非零特征值增长幅度较大，即供应链网络的标度指数越小，增加核心企业的数量时，供应链网络同步协作能力增长幅度越大。供应链网络在其拓扑结构的度分布标度指数较小的情况下，增加核心企业的数量可以有效地增加其标度指数，供应链网络 Laplacian 矩阵的最小非零特征值增长幅度增加，所以其协作同步能力增长幅度较大。

7.6　本 章 小 结

供应链网络主体的协作是供应链网络系统良好运行的基础。研究实现复杂供应链网络的同步协作困难较大，但同步协作对于供应链网络系统具有重要意义，良好的协作不但有利于提升供应链网络的运行效率，降低供应链网络的运行风险，而且可以提高市场反应速度，进而增加供应链网络系统的整体利益。本章从非线性系统动力学的角度，通过几个层次研究了复杂供应链网络的协作同步行为。首先分析了供应链网络主体协作同步的含义和产品 LLC。其次结合复杂供应链网络的运行实际，设置了按照产品结构文件折算的产品库存和生产线实时产量为耦合参量的复杂供应链网络主体同步状态向量，在此基础上构建了自治动态复杂供应链网络耗散耦合协作同步模型，在综合考虑企业间物流量、交易金额和可替代性的基础上设置了企业协作紧密度参数及主体协作紧密度矩阵，使得每两个企业间的协作耦合程度差异化，更符合供应链网络运行的实际。然后基于该模型研究了复杂供应链网络中企业协作同步的稳定性、同步区间和实现协作同步的能力，并进行了仿真算例分析。最后研究了供应链网络的拓扑结构参数对供应链网络同步协作能力的影响。研究结果显示，复杂供应链网络的同步状态是由单个节点的动力学系统、企业间的协作紧密度、状态变量的耦合情况，以及复杂供应链网络的拓扑结构决定的；复杂供应链网络系统协作同步区间左边界的最大值等于供应链网络中企业组织节点协作紧密度矩阵中最小元素值与该供应链网络 Laplacian 矩阵最小非零特征值的乘积；供应链网络 Laplacian 矩阵最小非零特征值和供应链网络成员企业间协作关系的增强都有利于复杂供应链网络系统协作同步行为的实现；在取消部分企业间供销关系的情况下，供应链网络协作同步运行的能力将减弱；末端分销企业的少量增加和减少对复杂供应链网络协作同步能力的影响很小；复杂供应链网络中核心企业数目的增加可以有效提高供应链网络的协作同步能力；随着供应链网络度分布标度指数的增加，供应链网络的协作同步能力增强；在核心企业数目一定的情况下，纵向结构较短的供应链网络更容易实现协作同步行为。

第8章 复杂供应链网络系统的可控性

复杂供应链网络系统的运行是处于不同价值增值环节、不同地域的企业主体的协同运行。复杂供应链网络系统受内部机制和外部环境的约束限制。在市场环境中,供应链网络的运行受到网络系统内部和外部诸多因素的影响,而这些内部因素和外部环境都处在动态变化之中。在研究供应链网络运行时,不仅要知道供应链网络运行的过程特征,而且希望对供应链网络系统进行有效控制,使供应链网络系统在一定的时空范围内达到期望的运行状态。因此,研究供应链网络的可控性是研究供应链网络系统运行的重要内容。

8.1 复杂供应链网络协调运行的基本调控模式

8.1.1 复杂供应链网络的核心企业集中调控模式

根据复杂供应链网络的结构特征,可以归纳出复杂供应链网络协调运行的 3 种基本调控模式,分别是:核心企业集中调控结构模式、多企业分散调控结构模式和递阶调控结构模式。

复杂供应链网络协调运行的核心企业集中调控模式的主要特征如下。

(1)复杂供应链网络的主要调控集中。

在核心企业集中调控模式中,供应链网络的协调运行主要由其核心企业集中管控,由核心企业制定供应链网络的统一管理控制决策并进行协调管控。

(2)复杂供应链网络调控信息处理集中。

供应链网络中各企业的库存、生产计划、生产进度、销售进度等运行状态信息都集中传送到核心企业,核心企业进行统一的信息观测与处理。

(3)复杂供应链网络调控信息流。

核心企业与非核心企业之间的交互信息流,既有供应商企业、分销商企业传输的生产经营状态信息流,也有核心企业向供应商企业、分销商企业传输的核心企业生产经营状态信息流以及核心企业向供应商企业、分销商企业传输的协调管控信息流。

(4)辐射式拓扑结构。

核心企业集中管控与各供应商、分销商之间的管控信息通路,形成辐射式的拓扑结构。

复杂供应链网络的核心企业集中调控模式方案如图 8.1 所示。

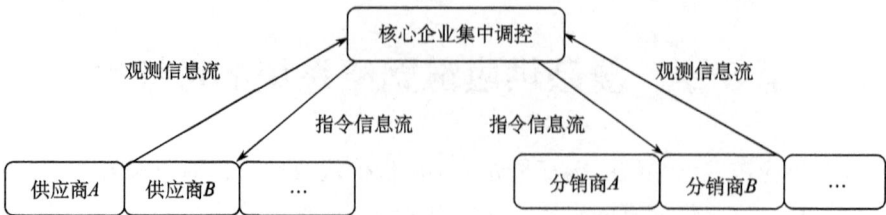

图 8.1   复杂供应链网络核心企业集中调控模式

复杂供应链网络核心企业集中调控模式的主要技术性能特点如下。

(1)复杂供应链网络协调控制的有效性较高。

由于对供应链网络的协调控制集中在核心企业,观测信息流汇集在核心企业,指令信息流集中由核心企业发出,所以权利集中、功能集中。核心企业能够对供应链网络的全局运行状态进行统一集中的观测和调控,不存在多个企业局部控制之间难以协调的问题,供应链网络的调控有效性较高。

(2)复杂供应链网络协调运行可靠性较低。

由于观测集中、调控集中,所以风险与运行故障相对集中。如果核心企业的集中调控发生较大偏差,则会对全局供应链网络造成不利影响。所以,供应链网络系统协调运行的可靠性相对较低。

(3)控制体系规划设计比较简单。

集中的控制和观测信息模式是经典信息模式,规划设计比较简单。供应链网络协调运行的核心企业集中调控模式在结构上可控制、可观测,可以应用控制理论的方法进行规划设计其集中控制体系。

核心企业集中控制方案可用于供应链网络规模不太大、供应链网络系统运行可靠性要求不太高的情况。

8.1.2   复杂供应链网络的多企业分散调控模式

复杂供应链网络协调运行的多企业分散调控模式的主要特征如下。

(1)复杂供应链网络协调运行的控制分散。

在这种模式下,复杂供应链网络由多个主要企业供应链网络进行分散控制,包括主要供应商、核心企业(群)、主要分销商等企业,多个企业对供应链网络进行分散控制,每个局部企业只能对相应的局部供应链网络进行调控。

(2)复杂供应链网络信息收集和信息观测分散。

由多个企业对供应链网络系统进行分散观测,每个企业只能对相应局部供应链网络子系统进行信息观测和信息收集。

（3）复杂供应链网络横向信息流。

为了进行协调，各企业局部控制子系统之间需要相互通信，在局部控制企业之间具有横向信息流，称为不完全分散控制。如果局部控制企业之间没有信息流，则属于完全分散控制。

（4）回路式信息通路拓扑结构。

在复杂供应链网络的多企业分散调控结构中，各个分散的局部控制企业之间的管控信息通路形成回路式拓扑结构。

（5）分散信息模式。

这样的供应链网络调控结构模式是分散调控和分散观测信息模式，局部控制企业对全局供应链网络运行状态在结构上是不可控制的。

复杂供应链网络分散调控方案的结构如图 8.2 所示。

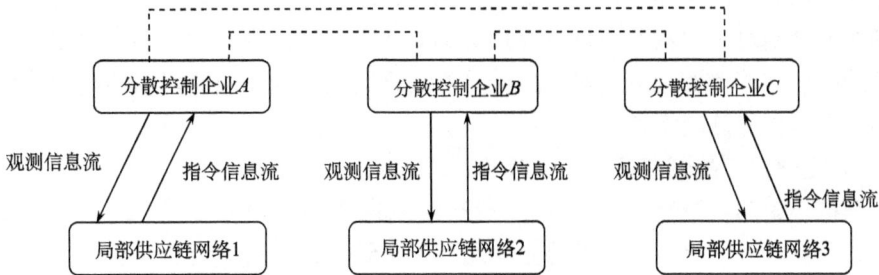

图 8.2　复杂供应链网络分散调控模式

复杂供应链网络的多企业分散调控模式的主要技术性能特点如下。

（1）复杂供应链网络调控的有效性较低。

由于多企业控制分散，信息观测分散，所以供应链网络协调运行控制的权利分散，功能分散。多个分散控制企业之间需要进行协调，而这些协调因分散可能会造成时滞、信息畸变以及其他干扰，难以形成全面、准确、及时的协调运作，导致供应链网络全局控制的有效性较低。

（2）复杂供应链网络协调运行的可靠性较高。

由于供应链网络协调控制分散、信息观测分散，所以供应链网络协调运行控制的风险分散。在分散控制企业发生决策失误、调控偏差大的情况下，不会导致全局供应链网络的全面运行停滞，故供应链网络运行的可靠性较高。

（3）控制体系规划设计难度较大。

局部分散企业控制对整个供应链网络全局状态是不可控制、不可观测的，所以原则上不能直接应用基于经典信息模式的控制理论方法进行供应链网络的分散调控体系设计。

多企业分散控制方案适用于全局供应链网络协调性要求不高，供应链网络规模很大，不能或难以进行核心企业集中调控的情况。

8.1.3　复杂供应链网络的递阶调控模式

复杂供应链网络协调运行的递阶调控模式的主要特征如下。

(1)复杂供应链网络调控的递阶性。

在这种调控模式下，采取核心企业和非核心企业分级递阶式的控制结构。非核心供应商企业、分销商企业分别对相应的局部供应链网络进行直接调控；供应链网络的核心企业通过各局部网络对企业进行协调控制，对全局供应链网络进行间接调控，从而实现供应链网络协调运行的集中与分散相结合的递阶调控。

(2)调控相关信息观测的递阶性。

采取核心企业和非核心的局部调控企业分级式递阶观测结构。各分散的局部控制企业分别对供应链网络进行直接局部观测，供应链网络的核心企业通过对各局部控制企业的协调观测，对供应链网络进行间接的全局观测，以实现分散和集中相结合的供应链网络递阶观测。

(3)复杂供应链网络信息流的递阶性。

在核心企业、非核心局部调控企业和供应链网络的其他企业之间传递信息流。在核心企业与各非核心局部调控企业之间是上级协调控制与观测信息，在局部调控企业和局部供应链网络的其他企业之间是下级的各局部网络的企业调控与观测信息。

(4)金字塔式信息通路拓扑结构。

在递阶调控模式下，核心企业调控和非核心企业局部调控之间的信息通路形成金字塔式的拓扑结构。

复杂供应链网络协调运行的递阶调控模式如图8.3所示。

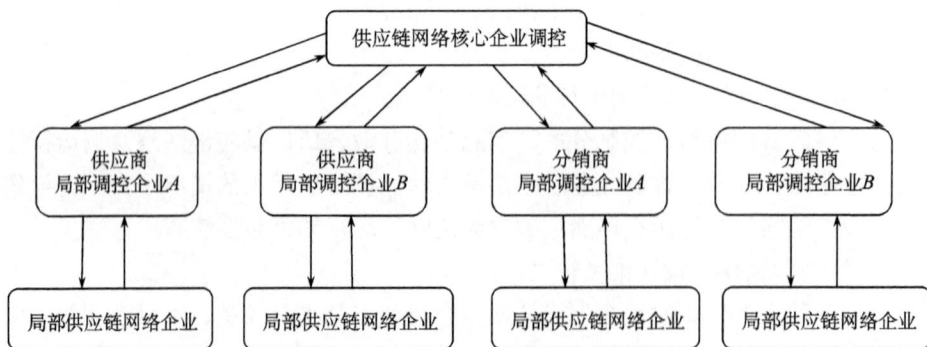

图 8.3　复杂供应链网络递阶调控模式

复杂供应链网络协调运行的递阶调控结构模式的主要技术性能特点如下。

(1)复杂供应链网络调控的有效性较高。

复杂供应链网络递阶调控是以集中调控与分散调控相结合,不但有分散的、直接的、及时的局部控制,而且具有集中的、间接的、全局的调控,兼有集中调控和分散调控的优点。所以供应链网络的全局调控及局部调控有效性都比较高。

(2)复杂供应链网络运行可靠性较高。

由于复杂供应链网络递阶调控的控制是递阶的,信息观测是递阶的,故风险分散。如果实施局部调控的企业发生观测信息畸变、决策失误或调控失败,只会对局部网络造成重大影响,而对全局网络的影响有限,和分散调控的可靠性相近。核心企业的观测信息畸变、决策失误将会导致全局调控失败,然而各局部网络仍可能正常运行。在这种情况下,供应链网络递阶调控将退化为分散调控,整个供应链网络系统不至于产生级联故障而完全进入瘫痪状态,因此运行的可靠性较高。

(3)复杂供应链网络递阶调控体系设计不太困难。

因为递阶调控体系在结构上具有可控性和可观测性,所以可以运用控制理论中的稳定性理论、最优控制及其模型化技术进行供应链网络系统的递阶调控体系设计。

由于供应链网络递阶调控体系兼有核心企业调控结构和分散控制结构的优点,所以供应链网络递阶调控方案可以在各种类型供应链网络的协调运行中广泛应用。

在实际当中,由于复杂供应链网络的结构和协调运行的复杂性,复杂供应链网络系统协调运行的调控模式可能是时变的,不同时间段可能采取不同的方案模式。另外,在复杂供应链网络运行管理中采取的调控模式可能是上述几种基本模式的组合、集成或变形。

8.2 复杂供应链网络控制系统的状态可控性

考虑一个由 N 个企业组织节点组成的复杂供应链网络。本节只考虑供应链网络中的正向物流,不考虑其中的逆向物流。所以,考虑的供应链网络可以视为由 N 个节点构成的有向网络,同时设定供应链网络系统是定常系统。设复杂供应链网络控制系统的企业组织节点状态方程如下

$$\frac{\mathrm{d}x_i}{\mathrm{d}t} = \sum_{j=1}^{N} a_{ij}x_j + \sum_{j=1}^{R} b_{ij}u_j \tag{8.1}$$

复杂供应链网络控制系统状态方程可以写为

$$\dot{x}(t) = Ax(t) + Bu(t), \quad x \in \mathfrak{R}^N, \quad u \in \mathfrak{R}^M, \quad t \geqslant 0 \tag{8.2}$$

其中，x 为供应链网络节点状态向量，$x = (x_1, x_2, \cdots, x_N)^{\mathrm{T}}$；$A = (a_{ij})_{N \times N}$ 是系统矩阵；$u = (u_1, u_2, \cdots, u_R)$ 为控制输入向量；$B = (b_{ij})_{N \times R}, (R \leqslant N)$ 是控制输入矩阵。把供应链网络中 N 个企业组织节点称为供应链网络控制系统的状态节点。受控供应链网络的系统参数 a_{ij} 随状态变量的不同设置而有所变化。例如，设置状态变量为企业状态节点之间的流动资金量与设置状态变量为企业状态节点之间的物流量时的参数 a_{ij} 是明显不同的。在研究供应链网络的协调运行控制时，一般以协调控制企业组织间的物资流动量为主要目的，所以，本章设定企业状态节点变量为物资流动量。在装配型供应链网络的可控性研究中，一般情况下，可以设供应链网络控制系统状态节点变量为按照产品结构文件折算的企业组织节点的生产物资、零部件和产成品流动量。在核心企业上游的局部供应链网络中，参数 a_{ij} 与核心企业物料清单（Bill of Material，BOM）表及同类零部件的供应商数量相关；在核心企业下游的局部供应链网络中，参数 a_{ij} 与分销商数量、区域市场销量及分销商的销量相关。如果控制输入作用在某个企业状态节点上，则称这个节点企业为受控节点企业。

对于某个给定复杂供应链网络控制系统，如果对于任意指定的初始时刻 t_0 的一个初始状态 $x(t_0) = x_0$ 和终态 x_f，存在一个有限时刻 t_f 和一个无约束的控制输入 u，使得 $x(t_f) = x_f$，那么称该复杂供应链网络控制系统是状态可控的。

根据控制理论中卡尔曼可控性条件[147, 148]，供应链网络控制系统（8.2）状态完全可控的充分必要条件是：对于矩阵 $M_C = [B, AB, A^2B, \cdots, A^{N-1}B]$，有

$$\mathrm{rank}(M_C) = \mathrm{rank}[B, AB, A^2B, \cdots, A^{N-1}B] = N \tag{8.3}$$

其中，$\mathrm{rank}(\cdot)$ 是矩阵的秩。称矩阵 $M_C = [B, AB, A^2B, \cdots, A^{N-1}B]$ 为可控性判断矩阵。式（8.3）为系统状态完全可控性判据的秩判据。

根据控制理论，对于复杂供应链网络控制系统（8.2），状态完全可控的充分必要条件还可以设置 PBH 秩判据和 PBH 特征向量判据。对于供应链网络系统矩阵 A 的所有特征值 λ_i $(i = 1, 2, \cdots, N)$ 有

$$\mathrm{rank}[\lambda_i I - A \quad B] = N; \quad i = 1, 2, \cdots, N$$

成立或等价地表示为

$$\mathrm{rank}[SI - A \quad B] = N, \quad \forall S \in C$$

把 $\mathrm{rank}[\lambda_i I - A \quad B] = N$ 称作系统状态完全可控的 PBH 秩判据。与之相应的有 PBH 特征向量判据为：对供应链网络的系统矩阵 A 的任何一个特征值 λ_i，同时满足

$$\alpha^{\mathrm{T}} A = \lambda_i \alpha^{\mathrm{T}}, \quad \alpha^{\mathrm{T}} B = 0$$

的特征向量 $\alpha \equiv 0$。

供应链网络控制系统的状态可控性不仅取决于供应链网络的结构特性，而且受供应链网络系统参数的影响，即供应链网络系统的状态可控性不仅取决于供应链网络控制输入机构和受控对象的结构特征，而且与供应链网络系统矩阵、控制输入矩阵中的参数都相关。在实际供应链网络中存在变参数、非线性等复杂情况。此外，应用式(8.3)的可控性判据时，可能会遇到病态矩阵计算问题，对于较大的供应链网络系统，高阶矩阵的乘积和求秩运算工作量较大，受误差的影响可能会导致死循环或计算错误。在进行供应链网络的控制系统结构方案设计和控制对象结构关联研究中，重点着眼于供应链网络拓扑结构，重点研究其结构特性，不需要考虑其参数的影响。所以，需要在供应链网络系统中剥离参数的影响，只考虑供应链网络结构对可控性的影响，考察供应链网络控制系统的结构可控性。

8.3　复杂供应链网络控制系统的结构可控性

　　复杂供应链网络控制系统的结构可控性只取决于网络拓扑结构特性，而与复杂供应链网络中的参数值大小无关。因此，复杂供应链网络控制系统的结构可控性不仅适用于将复杂供应链网络状态方程线性近似的情况，而且适用于复杂供应链网络状态方程非线性、参数时变的更普遍的情况。

　　如果复杂供应链网络控制系统在结构上可以保证存在输入状态控制信息能使该复杂供应链网络可控，这样的复杂供应链网络控制系统就是结构可控的。可以表述为：如果在复杂供应链网络控制系统(8.2)中存在矩阵 A 和矩阵 B 的非零元素的取值(无论大小)使得系统可控，则该供应链网络控制系统是结构可控的。

　　在复杂供应链网络系统中，本章设定矩阵 $\Pi = (\pi_{ij}) \in \Re^{N \times N}$ 反映供应链网络企业组织间的关联性结构和耦合关系，可称 Π 为供应链网络节点企业状态关联结构矩阵，Π 可以看作受控供应链网络中企业组织节点之间控制信息传输的直接通路。对于不考虑逆向物流的有向供应链网络，设定

$$\pi_{ij} = \begin{cases} 1 \\ 0 \end{cases}, \quad \text{当系统矩阵中参数} \quad a_{ij} \begin{cases} \neq 0 \\ = 0 \end{cases}, \quad i \neq j$$

　　设 $\Gamma = (\gamma_{ij}) \in \Re^{N \times M}$ 为供应链网络的控制输入矩阵去掉参数信息后的关联结构矩阵，设定

$$\gamma_{ij} = \begin{cases} 1 \\ 0 \end{cases}, \quad \text{当} \quad b_{ij} \begin{cases} \neq 0 \\ = 0 \end{cases}, \quad i \neq j, \quad \gamma_{ii} = 0$$

称 Γ 为供应链网络控制输入结构矩阵。

　　规定符号 $\oplus$ 为逻辑加符号，$\otimes$ 为逻辑乘符号。如果矩阵 $U = [u_{ij}]_{m \times n}$，$Z = [z_{ij}]_{m \times n}$，则有

$$U \oplus Z = [u_{ij} \oplus z_{ij}]_{m \times n} = [u_{ij} \vee z_{ij}]_{m \times n}$$

如果矩阵 $U = [u_{ij}]_{m \times n}$，$Z = [z_{ij}]_{n \times s}$，则有

$$U \otimes Z = [\underset{k=1}{\overset{n}{\oplus}}(u_{ik} \otimes z_{kj})]_{m \times s} = [(u_{i1} \wedge z_{1j}) \vee (u_{i2} \wedge z_{2j}) \vee \cdots \vee (u_{in} \wedge z_{nj})]_{m \times s}$$

其中，$\vee$ 是布尔代数加法，$\wedge$ 是布尔代数乘法。

设复杂供应链网络状态关联结构的能通性矩阵为 C_A，有

$$C_A = \Pi \oplus \Pi^2 \oplus \cdots \oplus \Pi^{N-1} = \underset{m=1}{\overset{N-1}{\oplus}} \Pi^m = \Pi \oplus \underset{m=2}{\overset{N-1}{\oplus}} \Pi^m \qquad (8.4)$$

Π^m 是 Π 的 m 次逻辑幂，$\Pi^m = \Pi \otimes \Pi \otimes \cdots \otimes \Pi$。其中，$\Pi$ 是受控供应链网络状态节点之间的直接连接通路，即状态节点之间控制信息传输的直接通路；Π^2 是由两条状态节点之间直接连接通路串联构成的间接通路，Π^3 是由 3 条状态节点之间直接连接通路串联构成的间接通路，以此类推，$\Pi^m (m = 2, 3, \cdots, N-1)$ 是由 m 条供应链网络状态节点之间直接连接通路串联构成的间接通路。

由供应链网络企业组织节点的状态关联结构矩阵 Π 和输入结构矩阵 Γ 可以求得供应链网络状态控制信息流通的结构能通性矩阵

$$C_{AB} = \Gamma \oplus (C_A \otimes \Gamma) \qquad (8.5)$$

复杂供应链网络的 C_{AB} 显示：由控制输入 u 对企业组织节点状态 x 进行控制的信息传输通路在结构上由 Γ 和 $C_A \otimes \Gamma$ 两部分组成，Γ 是由控制输入 B 提供的直接控制信息传输通路。$C_A \otimes \Gamma$ 是由供应链网络的控制输入 B 与受控供应链网络系统 A 串联，利用 C_A 构成的间接控制信息传输通路。式(8.4)显示，供应链网络状态节点之间的连接通路即控制信息传输通路在结构上由受控供应链网络状态节点之间的直接连接通路 Π 和由直接连接通路多次串联构成的间接关联通路 $\underset{m=2}{\overset{N-1}{\oplus}} \Pi^m$ 组成，$\underset{m=2}{\overset{N-1}{\oplus}} \Pi^m = \Pi^2 \oplus \Pi^3 \oplus \cdots \oplus \Pi^{N-1}$。因为 Π 是 N 阶方阵，所以最多可以串联 $N-1$ 次，构成间接通路 Π^{N-1}。

复杂供应链网络系统矩阵 A 和控制输入矩阵 B 有非零元素的取值使得系统可控，则该供应链网络系统是结构可控的。这意味着供应链网络系统和输入系统组成的扩展系统中至少提供一条接受控制的信息链路，在结构上可以保证输入的状态控制信息能到达受控企业状态节点。如果供应链网络结构可控，那么供应链网络中的非零参数 a_{ij} 可以任意变化(只要不为零)都不会破坏系统的可控性。所以，如果复杂供应链网络结构能通性矩阵 C_{AB} 中没有元素全部为零的行，则其非零行数等于状态向量的维数等于 N，即

$$R(C_{AB}) = R[\Gamma \oplus (C_A \otimes \Gamma)] = R\{\Gamma \oplus [(\Pi \oplus \Pi^2 \oplus \cdots \oplus \Pi^{N-1}) \otimes \Gamma]\} = N \quad (8.6)$$

则该复杂供应链网络系统是结构可控的。其中，$R(C_{AB})$ 是矩阵 C_{AB} 中的非零行数；N 是供应链网络的状态向量维数，即供应链网络中成员企业数量。式(8.6)意味着在复杂供应链网络控制系统中，每个状态节点即每个企业组织至少拥有一条接收控制信息的通路，存在控制输入 B 和受控供应链网络 A 相匹配。可以将式(8.6)作为供应链网络控制系统结构可控性判据。

8.4 复杂供应链网络控制系统的可控性分析

8.4.1 供应链网络控制系统结构可控与状态可控的相关性

本节仍设置受控供应链网络状态节点变量为按照产品结构文件折算的企业组织节点的生产物资、零部件和产成品流动量，不考虑供应链网络的逆向物流。在核心企业上游局部供应链网络的连边中，参数 a_{ij} 与核心企业 BOM 表及同一物料的供应商数量相关，在核心企业下游连边中参数 a_{ij} 与分销商数量及其销量等相关。

复杂供应链网络控制系统结构可控性是其状态可控性的结构特性。如果复杂供应链网络控制系统状态可控，则该复杂供应链网络控制系统必然结构可控。若复杂供应链网络控制系统结构可控，却不一定状态可控，这时仅在一定的运行参数和控制输入下才有可能达到状态可控。但是，如果复杂供应链网络控制系统结构不可控，则其状态也不可控。复杂供应链网络控制系统状态可控是其结构可控的充分非必要条件。

为了说明问题，设置一个简单的例子。图 8.4 是两个受控局域供应链网络系统，图 8.4(a) 是包括 3 个企业状态节点和 1 个控制输入的受控局域供应链网络系统，并且控制输入作用在一个状态节点上面。图 8.4(b) 是包括 4 个企业状态节点和 2 个控制输入的受控局域供应链网络系统，并且 2 个控制输入分别作用在 2 个状态节点上面。

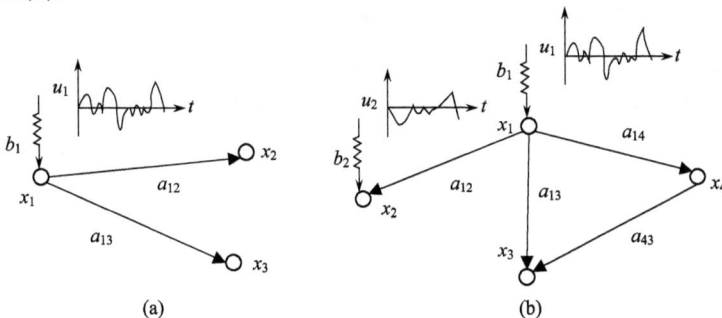

图 8.4 受控局域供应链网络系统

先运用判据式(8.3)来分析图 8.4(a)受控供应链网络系统的状态可控性。

图 8.4(a)所示的供应链网络受控系统的状态方程为

$$\begin{pmatrix} \dot{x}_1 \\ \dot{x}_2 \\ \dot{x}_3 \end{pmatrix} = \begin{pmatrix} 0 & 0 & 0 \\ a_{12} & 0 & 0 \\ a_{13} & 0 & 0 \end{pmatrix} \begin{pmatrix} x_1 \\ x_2 \\ x_3 \end{pmatrix} + \begin{pmatrix} b \\ 0 \\ 0 \end{pmatrix} u$$

图 8.4(a)供应链网络系统的状态可控性判断矩阵为

$$M_C = \begin{bmatrix} B, AB, A^2 B \end{bmatrix} = b \begin{pmatrix} 1 & 0 & 0 \\ 0 & a_{12} & 0 \\ 0 & a_{13} & 0 \end{pmatrix}$$

显然有

$$\operatorname{rank}(M_C) = 2 < N = 3$$

所以，依据判据式(8.3)判定图 8.4(a)供应链网络系统是状态不可控的。

下面根据判据式(8.6)分析图 8.4(a)所示供应链网络系统的结构可控性

$$C_A = \bigoplus_{m=1}^{N-1} \varPi^m = \begin{pmatrix} 0 & 0 & 0 \\ 1 & 0 & 0 \\ 1 & 0 & 0 \end{pmatrix}$$

$$C_{AB} = \varGamma \oplus (C_A \otimes \varGamma) = \begin{pmatrix} 1 \\ 0 \\ 0 \end{pmatrix} \oplus \left(\begin{pmatrix} 0 & 0 & 0 \\ 1 & 0 & 0 \\ 1 & 0 & 0 \end{pmatrix} \otimes \begin{pmatrix} 1 \\ 0 \\ 0 \end{pmatrix} \right) = \begin{pmatrix} 1 \\ 1 \\ 1 \end{pmatrix}$$

$$R(C_{AB}) = R[\varGamma \oplus (C_A \otimes \varGamma)] = R\left\{ \varGamma \oplus [(\varPi \oplus \varPi^2 \oplus \cdots \oplus \varPi^{N-1}) \otimes \varGamma] \right\} = 3$$

所以，根据判据式(8.6)，图 8.4(a)系统是结构可控的。由此可见，当供应链网络的状态不可控时，其结构可控是可能的。

下面分析图 8.4(b)系统的状态可控性，图 8.4(b)所示供应链网络系统的状态方程为

$$\begin{pmatrix} \dot{x}_1 \\ \dot{x}_2 \\ \dot{x}_3 \\ \dot{x}_4 \end{pmatrix} = \begin{pmatrix} 0 & 0 & 0 & 0 \\ a_{12} & 0 & 0 & 0 \\ a_{13} & 0 & 0 & a_{43} \\ a_{14} & 0 & 0 & 0 \end{pmatrix} \begin{pmatrix} x_1 \\ x_2 \\ x_3 \\ x_4 \end{pmatrix} + \begin{pmatrix} b_1 & 0 \\ 0 & b_2 \\ 0 & 0 \\ 0 & 0 \end{pmatrix} \begin{pmatrix} u_1 \\ u_2 \end{pmatrix}$$

$$M_C = \begin{bmatrix} B, AB, A^2B, A^3B \end{bmatrix} = \begin{pmatrix} b_1 & 0 & 0 & 0 & 0 & & 0 & 0 & 0 \\ 0 & b_2 & a_{12}b_1 & 0 & 0 & & 0 & 0 & 0 \\ 0 & 0 & a_{13}b_1 & 0 & a_{43}a_{14}b_1 & & 0 & 0 & 0 \\ 0 & 0 & a_{14}b_1 & 0 & 0 & & 0 & 0 & 0 \end{pmatrix}$$

在此矩阵中，供应链网络系统参数取任何非零值，都有 $\text{rank}(M_C) = 4 = N$。所以，图 8.4(b) 所示的供应链网络系统是状态可控的。

下面分析图 8.4(b) 系统的结构可控性

$$C_A = \mathop{\oplus}\limits_{m=1}^{N-1} \varPi^m = \begin{pmatrix} 0 & 0 & 0 & 0 \\ 1 & 0 & 0 & 0 \\ 1 & 0 & 0 & 1 \\ 1 & 0 & 0 & 0 \end{pmatrix}$$

$$C_{AB} = \varGamma \oplus (C_A \otimes \varGamma) = \begin{pmatrix} 1 & 0 \\ 0 & 1 \\ 0 & 0 \\ 0 & 0 \end{pmatrix} \oplus \left(\begin{pmatrix} 0 & 0 & 0 & 0 \\ 1 & 0 & 0 & 0 \\ 1 & 0 & 0 & 1 \\ 1 & 0 & 0 & 0 \end{pmatrix} \otimes \begin{pmatrix} 1 & 0 \\ 0 & 1 \\ 0 & 0 \\ 0 & 0 \end{pmatrix} \right) = \begin{pmatrix} 1 & 0 \\ 1 & 1 \\ 1 & 0 \\ 1 & 0 \end{pmatrix}$$

$$R(C_{AB}) = R[\varGamma \oplus (C_A \otimes \varGamma)] = N = 4$$

可见，图 8.4(b) 所示供应链网络系统是结构可控的。

8.4.2 控制输入从不同受控点介入的控制效果分析

为了对供应链网络控制系统的可控性作进一步研究，下面对受控供应链网络的控制输入在不同受控点上的控制效果进行分析。构建一个受控供应链网络系统，该供应链网络有 2 个核心企业，3 个供应商，4 个区域分销商。首先，将一个控制输入介入该供应链网络，控制输入分别作用在一个核心企业，一个分销商企业和一个供应商企业上，如图 8.5 所示。

运用受控供应链网络结构可控性判据式 (8.6) 对图 8.5(a) 供应链网络控制系统进行可控性分析。

图 8.5(a) 的供应链网络控制系统状态方程为

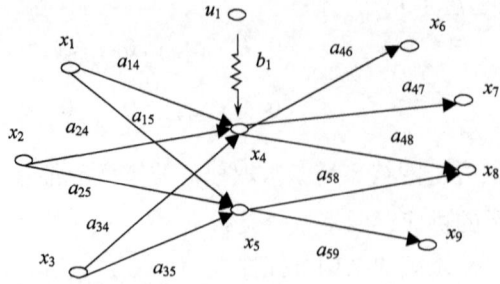

(a) 受控节点是一个核心企业状态节点

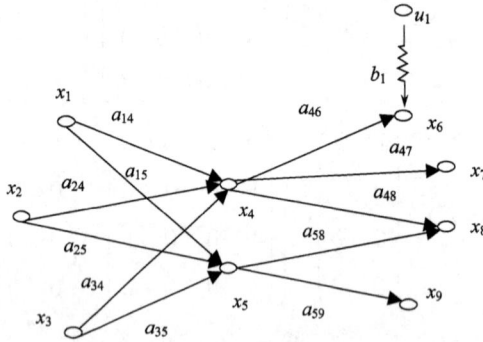

(b) 受控节点是一个分销商企业状态节点

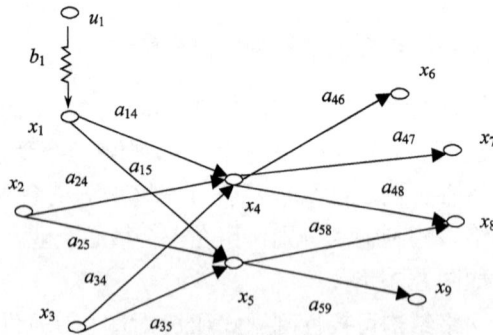

(c) 受控节点是一个供应商企业状态节点

图 8.5 有 1 个控制输入的供应链网络控制系统

$$
\begin{pmatrix} \dot{x}_1 \\ \dot{x}_2 \\ \dot{x}_3 \\ \dot{x}_4 \\ \dot{x}_5 \\ \dot{x}_6 \\ \dot{x}_7 \\ \dot{x}_8 \\ \dot{x}_9 \end{pmatrix} = \begin{pmatrix} 0 & 0 & 0 & 0 & 0 & 0 & 0 & 0 & 0 \\ 0 & 0 & 0 & 0 & 0 & 0 & 0 & 0 & 0 \\ 0 & 0 & 0 & 0 & 0 & 0 & 0 & 0 & 0 \\ a_{14} & a_{24} & a_{34} & 0 & 0 & 0 & 0 & 0 & 0 \\ a_{15} & a_{25} & a_{35} & 0 & 0 & 0 & 0 & 0 & 0 \\ 0 & 0 & 0 & a_{46} & 0 & 0 & 0 & 0 & 0 \\ 0 & 0 & 0 & a_{47} & 0 & 0 & 0 & 0 & 0 \\ 0 & 0 & 0 & a_{48} & a_{58} & 0 & 0 & 0 & 0 \\ 0 & 0 & 0 & 0 & a_{59} & 0 & 0 & 0 & 0 \end{pmatrix} \begin{pmatrix} x_1 \\ x_2 \\ x_3 \\ x_4 \\ x_5 \\ x_6 \\ x_7 \\ x_8 \\ x_9 \end{pmatrix} + \begin{pmatrix} 0 \\ 0 \\ 0 \\ b_1 \\ 0 \\ 0 \\ 0 \\ 0 \\ 0 \end{pmatrix} u_1
$$

根据判据式(8.6)分析图 8.5(a)系统的结构可控性有

$$
C_A = \Pi \oplus \Pi^2 \oplus \cdots \oplus \Pi^{N-1} = \overset{N-1}{\underset{m=1}{\oplus}} \Pi^m = \begin{pmatrix} 0 & 0 & 0 & 0 & 0 & 0 & 0 & 0 & 0 \\ 0 & 0 & 0 & 0 & 0 & 0 & 0 & 0 & 0 \\ 0 & 0 & 0 & 0 & 0 & 0 & 0 & 0 & 0 \\ 1 & 1 & 1 & 0 & 0 & 0 & 0 & 0 & 0 \\ 1 & 1 & 1 & 0 & 0 & 0 & 0 & 0 & 0 \\ 1 & 1 & 1 & 1 & 0 & 0 & 0 & 0 & 0 \\ 1 & 1 & 1 & 1 & 0 & 0 & 0 & 0 & 0 \\ 1 & 1 & 1 & 1 & 1 & 0 & 0 & 0 & 0 \\ 1 & 1 & 1 & 0 & 1 & 0 & 0 & 0 & 0 \end{pmatrix}
$$

$$C_{AB} = \Gamma \oplus (C_A \otimes \Gamma) = \begin{pmatrix} 0 \\ 0 \\ 1 \\ 0 \\ 0 \\ 0 \\ 0 \\ 0 \\ 0 \end{pmatrix} \oplus \left(\begin{pmatrix} 0 & 0 & 0 & 0 & 0 & 0 & 0 & 0 & 0 \\ 0 & 0 & 0 & 0 & 0 & 0 & 0 & 0 & 0 \\ 0 & 0 & 0 & 0 & 0 & 0 & 0 & 0 & 0 \\ 1 & 1 & 1 & 0 & 0 & 0 & 0 & 0 & 0 \\ 1 & 1 & 1 & 0 & 0 & 0 & 0 & 0 & 0 \\ 1 & 1 & 1 & 1 & 0 & 0 & 0 & 0 & 0 \\ 1 & 1 & 1 & 1 & 0 & 0 & 0 & 0 & 0 \\ 1 & 1 & 1 & 1 & 1 & 0 & 0 & 0 & 0 \\ 1 & 1 & 1 & 0 & 1 & 0 & 0 & 0 & 0 \end{pmatrix} \otimes \begin{pmatrix} 0 \\ 0 \\ 0 \\ 1 \\ 0 \\ 0 \\ 0 \\ 0 \\ 0 \end{pmatrix} \right) = \begin{pmatrix} 0 \\ 0 \\ 0 \\ 1 \\ 0 \\ 1 \\ 1 \\ 1 \\ 0 \end{pmatrix}$$

$$R(C_{AB}) = R[\Gamma \oplus (C_A \otimes \Gamma)] = R\left\{ \Gamma \oplus [(\varPi \oplus \varPi^2 \oplus \cdots \oplus \varPi^{N-1}) \otimes \Gamma] \right\} = 5 < 9$$

所以，图 8.5(a)所示的只有一个控制输入且作用在核心企业状态节点 x_4 的供应链网络控制系统是结构不可控的。所以，在该受控供应链网络系统中不存在系统矩阵 A 与控制输入矩阵 B 相匹配的情况，没有任何系统运行参数 a_{ij} 能让供应链网络在调整输入控制信息的情况下达到状态可控。

把控制输入作用在一个分销商企业状态节点上，如图 8.5(b)所示，分别计算 $C_A = \overset{N-1}{\underset{m=1}{\oplus}} \varPi^m$ 与 $C_{AB} = \Gamma \oplus (C_A \otimes \Gamma)$，可得

$$R(C_{AB}) = R[\Gamma \oplus (C_A \otimes \Gamma)] = 1$$

所以，如图 8.5(b)所示，把控制输入作用在一个分销商企业状态节点 x_6 上时，该供应链网络非但结构不可控，而且无论供应链网络运行参数如何，控制输入对供应链网络状态控制的效果都比图 8.5(a)控制输入的控制效果差。

把控制输入作用在一个供应商企业状态节点 x_1 上，如图 8.4(c)所示，分别计算 $C_A = \overset{N-1}{\underset{m=1}{\oplus}} \varPi^m$ 与 $C_{AB} = \Gamma \oplus (C_A \otimes \Gamma)$，可得

$$R(C_{AB}) = R[\Gamma \oplus (C_A \otimes \Gamma)] = 7 < 9$$

所以，如图 8.5(c)所示，把控制输入作用在一个供应商企业状态节点 x_1 上时，该供应链网络仍然不可控，但是控制效果比图 8.5(b)所示受控系统和图 8.5(a)所示受控系统有所改善。

经过对所有企业状态节点的计算，分别将一个供应商企业状态节点、一个核心企业状态节点和一个分销商企业状态节点作为受控节点时，都不会使得整个供

应链网络可控。还可以看到，当把一个控制输入作用在供应商企业上比作用在核心企业上的控制效果好，而作用在核心企业上的控制效果又比作用在分销商企业节点上时控制效果好，作用在分销商企业节点上时控制效果最差。

下面将两个控制输入分别作用在两个受控节点上，如图 8.6 所示。

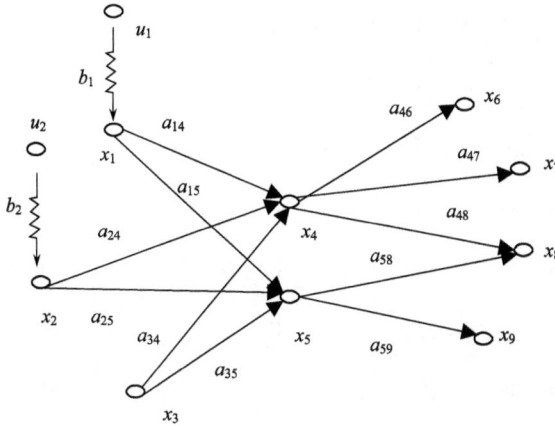

(a) 受控节点是两个供应商企业

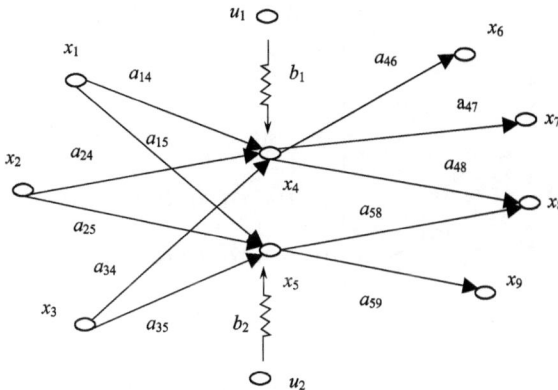

(b) 受控节点是两个核心企业

图 8.6　有两个控制输入的供应链网络控制系统

图 8.6(a) 的供应链网络控制系统状态方程为

$$
\begin{pmatrix}
\dot{x}_1 \\
\dot{x}_2 \\
\dot{x}_3 \\
\dot{x}_4 \\
\dot{x}_5 \\
\dot{x}_6 \\
\dot{x}_7 \\
\dot{x}_8 \\
\dot{x}_9
\end{pmatrix}
=
\begin{pmatrix}
0 & 0 & 0 & 0 & 0 & 0 & 0 & 0 & 0 \\
0 & 0 & 0 & 0 & 0 & 0 & 0 & 0 & 0 \\
0 & 0 & 0 & 0 & 0 & 0 & 0 & 0 & 0 \\
a_{14} & a_{24} & a_{34} & 0 & 0 & 0 & 0 & 0 & 0 \\
a_{15} & a_{25} & a_{35} & 0 & 0 & 0 & 0 & 0 & 0 \\
0 & 0 & 0 & a_{46} & 0 & 0 & 0 & 0 & 0 \\
0 & 0 & 0 & a_{47} & 0 & 0 & 0 & 0 & 0 \\
0 & 0 & 0 & a_{48} & a_{58} & 0 & 0 & 0 & 0 \\
0 & 0 & 0 & 0 & a_{59} & 0 & 0 & 0 & 0
\end{pmatrix}
\begin{pmatrix}
x_1 \\
x_2 \\
x_3 \\
x_4 \\
x_5 \\
x_6 \\
x_7 \\
x_8 \\
x_9
\end{pmatrix}
+
\begin{pmatrix}
b_1 & 0 \\
0 & b_2 \\
0 & 0 \\
0 & 0 \\
0 & 0 \\
0 & 0 \\
0 & 0 \\
0 & 0 \\
0 & 0
\end{pmatrix}
\begin{pmatrix}
u_1 \\
u_2
\end{pmatrix}
$$

根据判据式(8.6)分析图 8.6(a) 系统的可控性有

$$
C_A = \bigoplus_{m=1}^{N-1} \Pi^m =
\begin{pmatrix}
0 & 0 & 0 & 0 & 0 & 0 & 0 & 0 & 0 \\
0 & 0 & 0 & 0 & 0 & 0 & 0 & 0 & 0 \\
0 & 0 & 0 & 0 & 0 & 0 & 0 & 0 & 0 \\
1 & 1 & 1 & 0 & 0 & 0 & 0 & 0 & 0 \\
1 & 1 & 1 & 0 & 0 & 0 & 0 & 0 & 0 \\
1 & 1 & 1 & 1 & 0 & 0 & 0 & 0 & 0 \\
1 & 1 & 1 & 1 & 0 & 0 & 0 & 0 & 0 \\
1 & 1 & 1 & 1 & 1 & 0 & 0 & 0 & 0 \\
1 & 1 & 1 & 0 & 1 & 0 & 0 & 0 & 0
\end{pmatrix}
$$

$$C_{AB} = \Gamma \oplus (C_A \otimes \Gamma) = \begin{pmatrix} 1 & 0 \\ 0 & 1 \\ 0 & 0 \\ 0 & 0 \\ 0 & 0 \\ 0 & 0 \\ 0 & 0 \\ 0 & 0 \\ 0 & 0 \end{pmatrix} \oplus \left(\begin{pmatrix} 0 & 0 & 0 & 0 & 0 & 0 & 0 & 0 & 0 \\ 0 & 0 & 0 & 0 & 0 & 0 & 0 & 0 & 0 \\ 0 & 0 & 0 & 0 & 0 & 0 & 0 & 0 & 0 \\ 1 & 1 & 1 & 0 & 0 & 0 & 0 & 0 & 0 \\ 1 & 1 & 1 & 0 & 0 & 0 & 0 & 0 & 0 \\ 1 & 1 & 1 & 1 & 0 & 0 & 0 & 0 & 0 \\ 1 & 1 & 1 & 1 & 0 & 0 & 0 & 0 & 0 \\ 1 & 1 & 1 & 1 & 1 & 0 & 0 & 0 & 0 \\ 1 & 1 & 1 & 0 & 1 & 0 & 0 & 0 & 0 \end{pmatrix} \otimes \begin{pmatrix} 1 & 0 \\ 0 & 1 \\ 0 & 0 \\ 0 & 0 \\ 0 & 0 \\ 0 & 0 \\ 0 & 0 \\ 0 & 0 \\ 0 & 0 \end{pmatrix} \right) = \begin{pmatrix} 1 & 0 \\ 0 & 1 \\ 0 & 0 \\ 1 & 1 \\ 1 & 1 \\ 1 & 1 \\ 1 & 1 \\ 1 & 1 \\ 1 & 1 \end{pmatrix}$$

$$R(C_{AB}) = R[\Gamma \oplus (C_A \otimes \Gamma)] = R\left\{ \Gamma \oplus [(\Pi \oplus \Pi^2 \oplus \cdots \oplus \Pi^{N-1}) \otimes \Gamma] \right\} = 8 < 9$$

由此可见，图 8.6(a) 的供应链网络控制系统是不可控的。在该控制系统中，任何运行参数和控制输入都不能使该系统状态可控。

把控制输入作用在两个核心企业状态节点 x_4 和 x_5 上，如图 8.6(b) 所示，分别计算 $C_A = \overset{N-1}{\underset{m=1}{\oplus}} \Pi^m$ 和 $C_{AB} = \Gamma \oplus (C_A \otimes \Gamma)$，可得

$$R(C_{AB}) = R[\Gamma \oplus (C_A \otimes \Gamma)] = 6 < 9$$

所以，如图 8.6(b) 所示，如果把控制输入作用在两个核心企业状态节点 x_4 和 x_5 上，供应链网络系统是不可控的，其控制效果比把两个控制输入作用在两个供应商企业状态节点上的效果弱。

同样，选择两个分销商状态节点作为受控节点，其控制效果比选择两个核心企业作为受控节点的控制效果弱。所以，可以拓展图 8.5 的供应链网络控制系统的分析结论，将更多的控制输入作用在供应链网络的节点企业上时，作用在供应链上游的供应商节点上的控制效果最好，作用在供应商比作用在核心企业的控制作用明显，作用在核心企业比作用在分销商的控制效果好，作用在分销商节点上的控制效果最弱，即选择供应链上游的供应商企业作为受控节点的控制效果相对最好。

基于上面分析得出的这些结论，选择 3 个供应商状态节点作为受控节点企业，检验供应链网络控制系统是否可控，如图 8.7 所示。

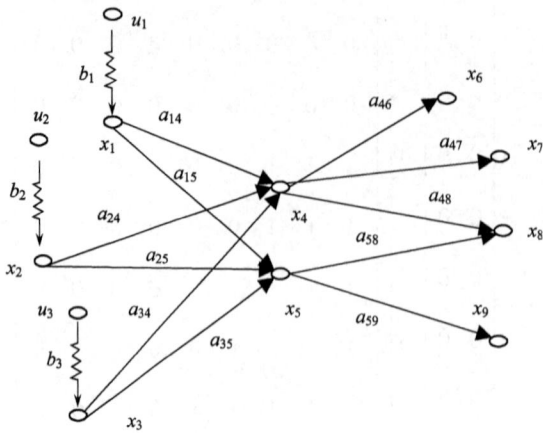

图 8.7　有 3 个控制输入的供应链网络控制系统

图 8.7 的供应链网络控制系统状态方程为

$$
\begin{pmatrix} \dot{x}_1 \\ \dot{x}_2 \\ \dot{x}_3 \\ \dot{x}_4 \\ \dot{x}_5 \\ \dot{x}_6 \\ \dot{x}_7 \\ \dot{x}_8 \\ \dot{x}_9 \end{pmatrix} = \begin{pmatrix} 0 & 0 & 0 & 0 & 0 & 0 & 0 & 0 & 0 \\ 0 & 0 & 0 & 0 & 0 & 0 & 0 & 0 & 0 \\ 0 & 0 & 0 & 0 & 0 & 0 & 0 & 0 & 0 \\ a_{14} & a_{24} & a_{34} & 0 & 0 & 0 & 0 & 0 & 0 \\ a_{15} & a_{25} & a_{35} & 0 & 0 & 0 & 0 & 0 & 0 \\ 0 & 0 & 0 & a_{46} & 0 & 0 & 0 & 0 & 0 \\ 0 & 0 & 0 & a_{47} & 0 & 0 & 0 & 0 & 0 \\ 0 & 0 & 0 & a_{48} & a_{58} & 0 & 0 & 0 & 0 \\ 0 & 0 & 0 & 0 & a_{59} & 0 & 0 & 0 & 0 \end{pmatrix} \begin{pmatrix} x_1 \\ x_2 \\ x_3 \\ x_4 \\ x_5 \\ x_6 \\ x_7 \\ x_8 \\ x_9 \end{pmatrix} + \begin{pmatrix} b_1 & 0 & 0 \\ 0 & b_2 & 0 \\ 0 & 0 & b_3 \\ 0 & 0 & 0 \\ 0 & 0 & 0 \\ 0 & 0 & 0 \\ 0 & 0 & 0 \\ 0 & 0 & 0 \\ 0 & 0 & 0 \end{pmatrix} \begin{pmatrix} u_1 \\ u_2 \\ u_3 \end{pmatrix}
$$

根据判据式(8.6)分析图 8.7 系统的可控性有

$$C_A = \overset{N-1}{\underset{m=1}{\oplus}} \varPi^m = \begin{pmatrix} 0 & 0 & 0 & 0 & 0 & 0 & 0 & 0 & 0 \\ 0 & 0 & 0 & 0 & 0 & 0 & 0 & 0 & 0 \\ 0 & 0 & 0 & 0 & 0 & 0 & 0 & 0 & 0 \\ 1 & 1 & 1 & 0 & 0 & 0 & 0 & 0 & 0 \\ 1 & 1 & 1 & 0 & 0 & 0 & 0 & 0 & 0 \\ 1 & 1 & 1 & 1 & 0 & 0 & 0 & 0 & 0 \\ 1 & 1 & 1 & 1 & 0 & 0 & 0 & 0 & 0 \\ 1 & 1 & 1 & 1 & 1 & 0 & 0 & 0 & 0 \\ 1 & 1 & 1 & 0 & 1 & 0 & 0 & 0 & 0 \end{pmatrix}$$

$$C_{AB} = \varGamma \oplus (C_A \otimes \varGamma) = \begin{pmatrix} 1 & 0 & 0 \\ 0 & 1 & 0 \\ 0 & 0 & 1 \\ 0 & 0 & 0 \\ 0 & 0 & 0 \\ 0 & 0 & 0 \\ 0 & 0 & 0 \\ 0 & 0 & 0 \\ 0 & 0 & 0 \end{pmatrix} \oplus \left(\begin{pmatrix} 0 & 0 & 0 & 0 & 0 & 0 & 0 & 0 & 0 \\ 0 & 0 & 0 & 0 & 0 & 0 & 0 & 0 & 0 \\ 0 & 0 & 0 & 0 & 0 & 0 & 0 & 0 & 0 \\ 1 & 1 & 1 & 0 & 0 & 0 & 0 & 0 & 0 \\ 1 & 1 & 1 & 0 & 0 & 0 & 0 & 0 & 0 \\ 1 & 1 & 1 & 1 & 0 & 0 & 0 & 0 & 0 \\ 1 & 1 & 1 & 1 & 0 & 0 & 0 & 0 & 0 \\ 1 & 1 & 1 & 1 & 1 & 0 & 0 & 0 & 0 \\ 1 & 1 & 1 & 0 & 1 & 0 & 0 & 0 & 0 \end{pmatrix} \otimes \begin{pmatrix} 1 & 0 & 0 \\ 0 & 1 & 0 \\ 0 & 0 & 1 \\ 0 & 0 & 0 \\ 0 & 0 & 0 \\ 0 & 0 & 0 \\ 0 & 0 & 0 \\ 0 & 0 & 0 \\ 0 & 0 & 0 \end{pmatrix} \right) = \begin{pmatrix} 1 & 0 & 0 \\ 0 & 1 & 0 \\ 0 & 0 & 1 \\ 1 & 1 & 1 \\ 1 & 1 & 1 \\ 1 & 1 & 1 \\ 1 & 1 & 1 \\ 1 & 1 & 1 \\ 1 & 1 & 1 \end{pmatrix}$$

所以有

$$R(C_{AB}) = R[\varGamma \oplus (C_A \otimes \varGamma)] = 9$$

由此可见，分别给 3 个供应商节点输入控制信息时，图 8.7 所示的供应链网络控制系统是结构可控的，存在一定的系统运行参数 a_{ij} 和控制输入 b_{ij} 可以使该供应链网络控制系统达到状态可控。

8.5　复杂供应链网络全局可控的控制输入数下限值及控制方案

研究供应链网络系统运行的一个重要目标是希望能对其进行有效控制,使得供应链网络的运行达到期望的状态。如果把控制输入作用在每个供应链网络中的节点企业上,即把所有企业作为受控节点时,供应链网络显然是可控的。但是,在一般情况下,不可能对复杂庞大的供应链网络中的所有节点企业进行控制。所以,在进行供应链网络控制时,应该选取什么样的节点企业作为受控节点,这是个重要问题。人们总是希望以最少的控制输入数对最少的节点企业加以控制使得整个供应链网络系统得到有效控制,从而使供应链网络系统运行进入所期望的状态。实际上,在复杂供应链网络系统中,对每个供应链网络企业进行供应链网络协调运行方面的控制往往是不大可能实现的,且费时费力,成本很高。所以,有必要找到一个可行的方法,以控制输入的下限数实现供应链网络全局的调控。

8.5.1　全局结构可控的控制输入数下限值及控制方案

由前面的论述可知,对于结构可控的供应链网络,把供应链网络的上游供应商作为受控节点,即把控制输入作用在上游供应商的控制效果比把核心企业与分销商企业作为受控节点的效果要好得多。对于供应链网络控制系统的结构可控性而言,要使一个受控供应链网络完全结构可控,控制输入数的下限值应如何确定或者说最少的受控节点企业数应如何确定,本书提出下面的命题并给以证明。

命题 8.1　给定一个具有 N 个企业组织节点的供应链网络 $S(X,E)$, X 是成员节点企业集, E 是网络拓扑有向边集合,设节点企业 x_i 对应第 i 个状态节点, x_j 是其上游节点企业。如果 $E_{ji}=\{e_{ji}\}=\varnothing$ 或 $X_j=\{x_j\}=\varnothing$,那么 $X_i=\{x_i\mid i=1,2,\cdots,m\}$ 是供应链网络 $S(X,E)$ 全局结构可控的最少受控节点企业数集合,且 m 是供应链网络 $S(X,E)$ 全局结构可控的控制输入数的下限。

证明:反证法。

假设在 x_i 不是受控节点企业的情况下,供应链网络 $S(X,E)$ 是全局结构可控的。

因 $E_{ji}=\{e_{ji}\}=\varnothing$ 或 $X_j=\{x_j\}=\varnothing$,所以供应链网络系统状态方程中 $a_{ji}=0$。所以关联结构矩阵 $\varPi$ 中的 $\pi_{ji}=0$, $j=1,2,\cdots,N$,则 $C_A=\overset{N-1}{\underset{m=1}{\oplus}}\varPi^m$ 的第 i 行元素全为零。

又因为 x_i 为非受控节点,则该供应链网络控制输入结构矩阵 $\varGamma$ 中第 i 行为零。所以 $C_{AB}=\varGamma\oplus(C_A\otimes\varGamma)$ 的第 i 行元素全部为零,那么

$$R(C_{AB})=R[\varGamma\oplus(C_A\otimes\varGamma)]<N$$

依据供应链网络结构可控判据式 (8.6)，供应链网络 $S(X, E)$ 非结构可控，这与前提假设矛盾。命题得证。

所以，确定供应链网络控制系统全局结构可控的控制输入数下限应该从供应链网络最上游的一层供应商着眼。设 $X_S = \{x_{si}\}$，$X_C = \{x_{ci}\}$，$X_D = \{x_{di}\}$ 分别表示供应链网络中供应商节点企业集合、核心节点企业集合和分销商节点企业集合，设 $X_K = \{x_{ki}\}$ 是供应链网络控制系统全局结构可控所需最少受控节点企业的集合，即最少控制输入方案，则有 $X_K \subseteq X_S$。

下面运用命题 8.1 对实际供应链网络 (图 8.8) 进行分析，计算出这些供应链网络全局结构可控的控制输入数下限，给出全局可控的最少控制输入方案。图 8.8(a) 比较简单，是一幅仅由 59 个企业组成的供应链网络拓扑结构图，其中有 16 个二级供应商 (图中编号为 s1~s16)，11 个一级供应商 (图中编号为 s17~s27)，2 个核心企业 (图中编号为 c1 和 c2)，7 个一级分销商 (图中编号为 d1~d7)，23 个二级分销商 (图中编号为 d8~d30)。图 8.8(b) 比较复杂，是一幅由 526 个农业产业经营主体 (其中包括 497 个农产品种植生产主体) 组成的农产品供应链网络拓扑结构图。

图 8.8(a) 中全局结构可控的控制输入数下限值是 9，控制方案是分别在 s2、s14、s13、s5、s6、s16、s9、s10、s11 等 9 个企业状态节点施加控制输入，如图 8.8(a) 所示。

计算 $R(C_{AB})$

$$R(C_{AB}) = R[\Gamma \oplus (C_A \otimes \Gamma)] = R\{\Gamma \oplus [(\Pi \oplus \Pi^2 \oplus \cdots \oplus \Pi^{58}) \otimes \Gamma]\} = 59$$

当图 8.8(a) 所示控制方案中的一个受控节点企业不受控制时，有

$$R(C_{AB}) = R[\Gamma \oplus (C_A \otimes \Gamma)] < 59$$

存在两种情况，一种情况是控制输入数少于 9 个，这样图 8.8(a) 所示控制方案中势必存在至少一个受控节点企业不受控制；另一种情况是控制输入数大于等于 9，但是图 8.8(a) 控制方案中的受控节点企业没有全部受控，有至少一个控制输入没有作用在图 8.8(a) 控制方案中的受控节点企业上。

对于图 8.8(b) 的比较复杂的供应链网络，全局结构可控的最少受控节点多达 487 个，这反映了目前我国农产品供应链网络的结构可控性较差，对一定规模的农产品供应链网络的控制很难，控制成本很高。

加强供应商之间的联系，尤其是最上游供应商之间的联系，可以减少供应链网络控制系统全局结构可控的最少受控节点企业数，降低控制输入数下限值。所以，加强供应链网络上游供应商之间的联系有利于增强供应链网络的结构可控性。对于较难控制的农产品供应链网络，增加农产品种植主体之间的联系与增大农产品种植主体规模都有利于增加农产品供应链网络的可控性。

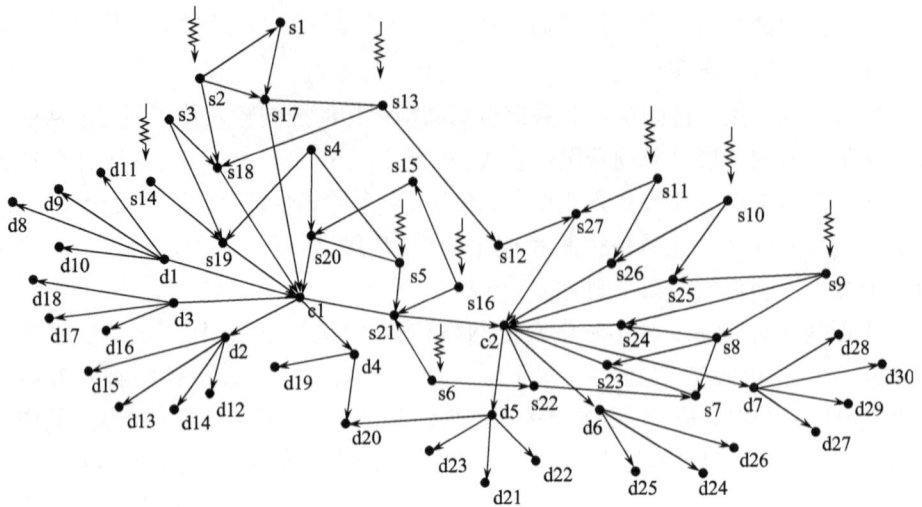

(a) 供应链网络控制方案

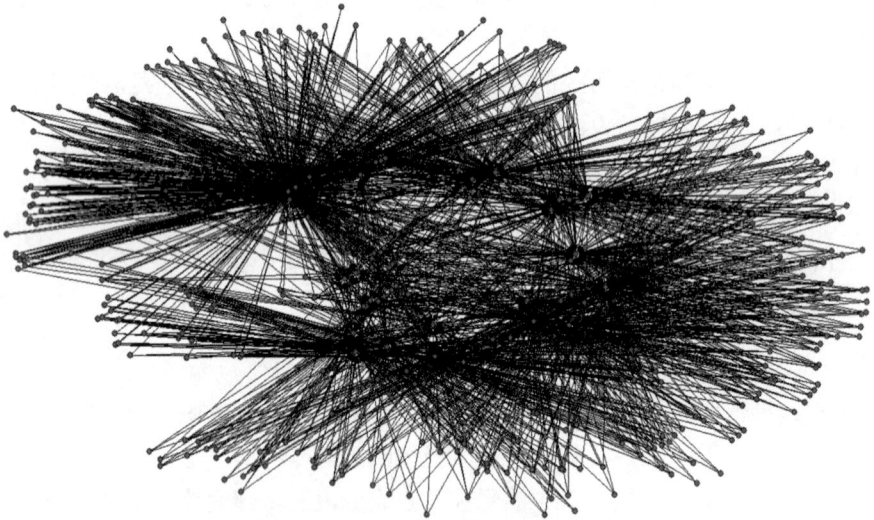

(b) 农产品复杂供应链网络

图 8.8　复杂供应链网络控制系统的结构可控性

8.5.2　全局完全状态可控的控制输入数下限值及控制方案

将包含 N 个企业组织节点的给定供应链网络记为 $S(V_A, E_A)$，N 个企业组织节点为供应链网络控制系统的状态节点，其节点集合设为 V_A，$V_A = (x_1, x_2, \cdots, x_N)$，连边集合设为 E_A，$E_A = \{(x_j, x_i) \mid a_{ij} \neq 0\}$。在 $S(V_A, E_A)$ 的基础上构造一个网络

$D(V,E)$，D 中节点集 $V=V_A\bigcup V_B$，边集 $E=E_A\bigcup E_B$。V_B 是输入节点集合，$V_B=\{u_1,u_2,\cdots,u_M\}$ 对应于 M 个输入节点，E_B 是输入节点和状态节点之间的连边集合，$E_B=\{(u_j,x_i)\,|\,b_{ij}\neq 0\}$。把所构造的网络 $S(A,B)$ 称为受控网络。如果有一条或几条从某个控制输入节点指向某一状态节点的边，那么该状态节点就是受控节点。如果供应链网络中的每个节点企业都是受控节点（$M=N$），那么供应链网络显然是状态可控的。问题是，在实际复杂供应链网络系统中，对每个供应链网络企业进行供应链网络协调运行方面的控制往往是不大可能实现的，也是不经济的。按照供应链网络控制系统的结构可控并结合供应链网络运行参数、控制输入来制定完全控制方案似乎是可行的，但这样会出现因参数变化造成的供应链网络控制系统在可控和不可控之间摆动的不完全状态可控的情况（参见后面对图 8.12(b) 中供应链网络控制系统的分析），造成供应链网络控制系统不稳定。所以，需要找到一个可行的方法，确定实现供应链网络系统完全状态可控的控制输入数下限值，用最少的控制输入实现全局供应链网络控制系统的完全状态调控。

从前面的论述和算例来看，要控制全局供应链网络，每一个企业组织节点都需要具有与该企业有供需关系的上游企业，反映在供应链网络拓扑中就是，每一个企业状态节点都需要具有一个有向边指向该状态节点的上游节点。所以，控制输入节点数目应不少于供应链网络中不具有上游节点企业的企业状态节点的数量。将供应链网络转化成二部图，并计算出其匹配子集。匹配子集中的节点都有其上游节点，如果对所有匹配子集之外的未匹配节点施加控制输入，就可以实现供应链网络的完全控制。所以，全局供应链网络控制系统完全状态可控的最少受控节点是最大匹配子集之外未匹配的节点企业数，其最少的控制输入数是最大匹配子集之外的节点企业数。因此，可以这样说，全局供应链网络控制系统完全状态可控的控制输入数下限值是由供应链网络转化成的二部图的最大匹配数确定的。

设有一个二部图 $G(X,E,Y)$，X、Y 是两个顶点集合，$X\bigcap Y=\varnothing$，$E=\{X,Y\}$ 是连接 X、Y 之间顶点的有向边的集合，有向边从 X 指向 Y。在二部图 G 的一个子图 M 中，M 的边集内任意两条边都不具有公共顶点，则称 M 是一个匹配，包含这样边数最多的子集称为图 G 的最大匹配，即 G 的所有匹配中边数最多的匹配为图 G 的最大匹配。供应链网络全局状态可控的最少受控节点是最大匹配子集之外未匹配的节点企业，全局供应链网络完全状态可控的控制输入数的下限值是最大匹配子集之外的节点企业数。

对于上述给定的包含 N 个企业组织节点的供应链网络拓扑 $S(V_A,E_A)$，设供应链网络拓扑 $S(V_A,E_A)$ 的二部图为 $G(X,E,Y)$，其中 $X=\{x_1^c,x_2^c,\cdots,x_N^c\}$ 是供应链网络系统矩阵的 N 列状态节点，$Y=\{x_1^r,x_2^r,\cdots,x_N^r\}$ 是供应链网络系统矩阵的 N

行状态节点，边集 $E = \{x_j{}^c, x_i{}^r\}$。下面以小规模供应链网络为例来说明问题。构建供应链网络系统，包含 5 个企业组织节点，其中包括 2 个供应商企业组织节点、1 个核心企业组织节点和 2 个分销商企业组织节点，如图 8.9(a) 所示，转化成二部图如图 8.9(b) 所示。

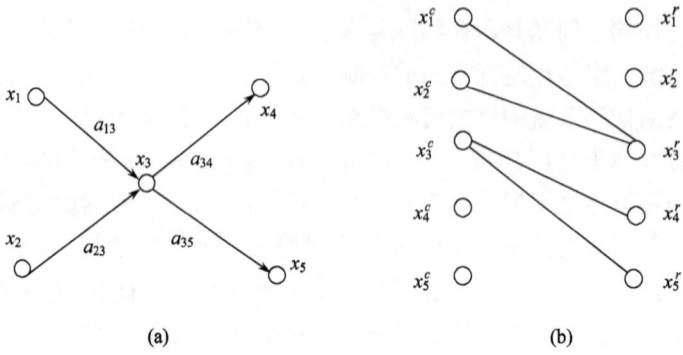

图 8.9　供应链网络及其转化的二部图

图 8.9(b) 中二部图的最大匹配为 $x_1{}^c$ - $x_3{}^r$，$x_3{}^c$ - $x_4{}^r$，或 $x_1{}^c$ - $x_3{}^r$，$x_3{}^c$ - $x_5{}^r$，或 $x_2{}^c$ - $x_3{}^r$，$x_3{}^c$ - $x_4{}^r$，或 $x_2{}^c$ - $x_3{}^r$，$x_3{}^c$ - $x_5{}^r$，如图 8.10 中粗线所示。

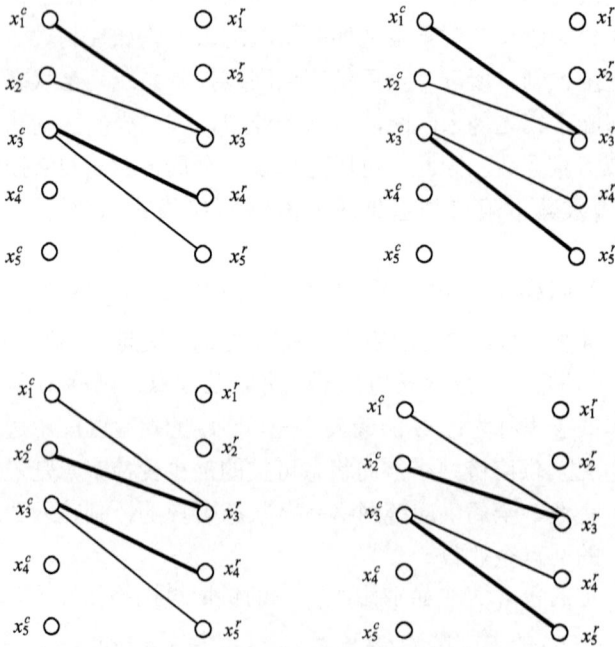

图 8.10　供应链网络对应二部图的最大匹配

因此，图 8.9 所示的供应链网络完全状态可控所需的控制输入数下限值等于 3。对节点 x_1、x_2 和 x_4 或者 x_1、x_2 和 x_5 进行控制，图 8.9 所示的供应链网络才能完全可控。控制方案如图 8.11 所示。

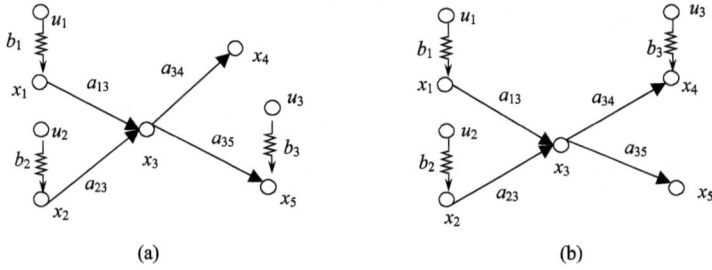

图 8.11　供应链网络系统的控制方案

以下对上面的结果进行验证，分别对图 8.12(a)~(c)进行分析验证。

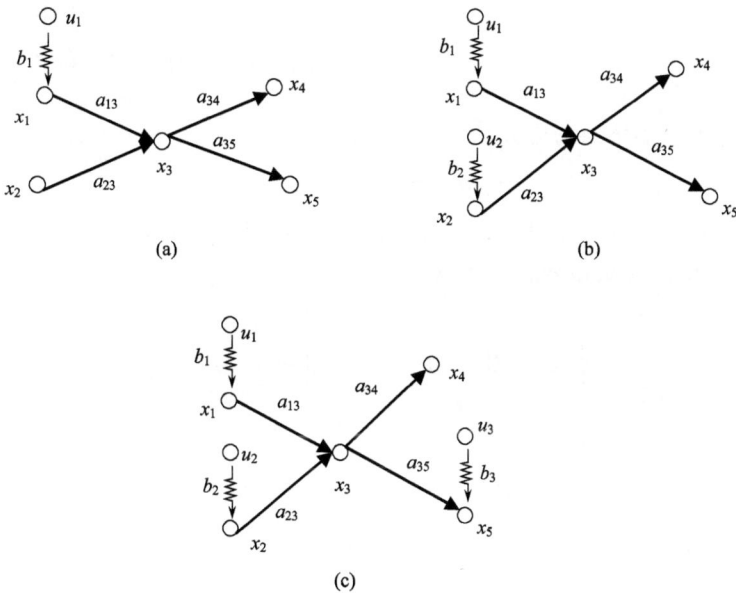

图 8.12　供应链网络控制系统

图 8.12(a)供应链网络控制系统状态方程为

$$\begin{pmatrix} \dot{x}_1 \\ \dot{x}_2 \\ \dot{x}_3 \\ \dot{x}_4 \\ \dot{x}_5 \end{pmatrix} = \begin{pmatrix} 0 & 0 & 0 & 0 & 0 \\ 0 & 0 & 0 & 0 & 0 \\ a_{13} & a_{23} & 0 & 0 & 0 \\ 0 & 0 & a_{34} & 0 & 0 \\ 0 & 0 & a_{35} & 0 & 0 \end{pmatrix} \begin{pmatrix} x_1 \\ x_2 \\ x_3 \\ x_4 \\ x_5 \end{pmatrix} + \begin{pmatrix} b_1 \\ 0 \\ 0 \\ 0 \\ 0 \end{pmatrix} u_1$$

供应链网络控制系统状态可控判断矩阵为

$$M_C = \begin{bmatrix} B, AB, A^2 B, A^3 B, A^4 B \end{bmatrix} = b_1 \begin{pmatrix} 1 & 0 & 0 & 0 & 0 \\ 0 & 0 & 0 & 0 & 0 \\ 0 & a_{13} & 0 & 0 & 0 \\ 0 & 0 & a_{13}a_{34} & 0 & 0 \\ 0 & 0 & a_{13}a_{35} & 0 & 0 \end{pmatrix}$$

该矩阵中，无论参数取任何非零值，都有

$$\max[\mathrm{rank}(M_C)] = 3$$

因此，图 8.12(a) 系统状态不可控 ($\max[\mathrm{rank}(M_C)] < 5$)。

图 8.12(b) 供应链网络控制系统状态方程为

$$\begin{pmatrix} \dot{x}_1 \\ \dot{x}_2 \\ \dot{x}_3 \\ \dot{x}_4 \\ \dot{x}_5 \end{pmatrix} = \begin{pmatrix} 0 & 0 & 0 & 0 & 0 \\ 0 & 0 & 0 & 0 & 0 \\ a_{13} & a_{23} & 0 & 0 & 0 \\ 0 & 0 & a_{34} & 0 & 0 \\ 0 & 0 & a_{35} & 0 & 0 \end{pmatrix} \begin{pmatrix} x_1 \\ x_2 \\ x_3 \\ x_4 \\ x_5 \end{pmatrix} + \begin{pmatrix} b_1 & 0 \\ 0 & b_2 \\ 0 & 0 \\ 0 & 0 \\ 0 & 0 \end{pmatrix} \begin{pmatrix} u_1 \\ u_2 \end{pmatrix}$$

供应链网络控制系统可控性判断矩阵为

$$M_C = \begin{bmatrix} B, AB, A^2B, A^3B, A^4B \end{bmatrix} = \begin{pmatrix} b_1 & 0 & 0 & 0 & 0 & 0 & 0 & 0 & 0 & 0 \\ 0 & b_2 & 0 & 0 & 0 & 0 & 0 & 0 & 0 & 0 \\ 0 & 0 & a_{13}b_1 & a_{23}b_2 & 0 & 0 & 0 & 0 & 0 & 0 \\ 0 & 0 & 0 & 0 & a_{13}a_{34}b_1 & a_{23}a_{34}b_2 & 0 & 0 & 0 & 0 \\ 0 & 0 & 0 & 0 & a_{13}a_{35}b_1 & a_{23}a_{35}b_2 & 0 & 0 & 0 & 0 \end{pmatrix}$$

在该矩阵中，随着参数取值不同，矩阵的秩存在两种可能值 $\mathrm{rank}(M_C) = 5$ 和 $\mathrm{rank}(M_C) = 4$。如果参数 a_{13}、a_{23}、a_{34}、a_{35} 选取适当，上述矩阵的秩可以有 $\mathrm{rank}(M_C) = 4$。也就是说，在供应链网络控制系统的参数影响下，图 8.12(b)所示供应链网络控制系统不是完全状态可控的。

图 8.12(c)供应链网络控制系统的状态方程为

$$\begin{pmatrix} \dot{x}_1 \\ \dot{x}_2 \\ \dot{x}_3 \\ \dot{x}_4 \\ \dot{x}_5 \end{pmatrix} = \begin{pmatrix} 0 & 0 & 0 & 0 & 0 \\ 0 & 0 & 0 & 0 & 0 \\ a_{13} & a_{23} & 0 & 0 & 0 \\ 0 & 0 & a_{34} & 0 & 0 \\ 0 & 0 & a_{35} & 0 & 0 \end{pmatrix} \begin{pmatrix} x_1 \\ x_2 \\ x_3 \\ x_4 \\ x_5 \end{pmatrix} + \begin{pmatrix} b_1 & 0 & 0 \\ 0 & b_2 & 0 \\ 0 & 0 & 0 \\ 0 & 0 & 0 \\ 0 & 0 & b_3 \end{pmatrix} \begin{pmatrix} u_1 \\ u_2 \\ u_3 \end{pmatrix}$$

$$M_C = \begin{bmatrix} B, AB, A^2B, A^3B, A^4B \end{bmatrix}$$

$$= \begin{pmatrix} b_1 & 0 & 0 & 0 & 0 & 0 & 0 & 0 & 0 & 0 & 0 & 0 & 0 & 0 \\ 0 & b_2 & 0 & 0 & 0 & 0 & 0 & 0 & 0 & 0 & 0 & 0 & 0 & 0 \\ 0 & 0 & 0 & a_{13}b_1 & a_{23}b_2 & 0 & 0 & 0 & 0 & 0 & 0 & 0 & 0 & 0 \\ 0 & 0 & 0 & 0 & 0 & 0 & a_{13}a_{34}b_1 & a_{23}a_{34}b_2 & 0 & 0 & 0 & 0 & 0 & 0 \\ 0 & 0 & b_3 & 0 & 0 & 0 & a_{13}a_{35}b_1 & a_{23}a_{35}b_2 & 0 & 0 & 0 & 0 & 0 & 0 \end{pmatrix}$$

在该矩阵中，参数取任何非零值，都有 $\mathrm{rank}(M_C) = 5$，所以图 8.12(c)所示供应链网络控制系统是完全状态可控的。对图 8.11(b)的供应链网络控制系统进行可控性分析计算，也得到完全相同的结果。所以，该供应链网络最少需要 3 个控制输入分别作用在 3 个受控节点企业时，系统才完全状态可控。该供应链网络完全状态可控所需的控制输入数下限值等于 3。该供应链网络控制系统完全状态可控方案是将 3 个控制输入分别作用在供应商企业 x_1、x_2 和分销商 x_4 上，或者作用在供应商节点企业 x_1、x_2 和分销商 x_5 上，如图 8.11 所示，这与前面得到的控制方案结果一致，验证了前述结论。

8.6　本章小结

本章对复杂供应链网络控制系统的状态可控性和结构可控性进行了研究，给出了全局复杂供应链网络控制系统结构可控和完全状态可控的相应判据，分析了复杂供应链网络控制系统的控制输入从不同受控节点企业介入的控制效果，提出了复杂供应链网络控制系统完全状态可控和全局结构可控的控制输入数下限值确定方法。研究表明，本章建立的可控性判据可以判定供应链网络控制系统的全局可控性，建立的全局可控的控制输入下限值确定方法可以有效地确定实现复杂供应链网络控制系统全局可控所需的最少控制输入。

研究发现，与人们的预想不同，实现全局供应链网络控制系统的完全状态可控并不需要将控制输入作用在该供应链网络的核心企业上，只要适当选择上游的供应商节点和下游的分销商节点加以控制就可以实现供应链网络的完全状态控制。但是，供应链网络企业群协调控制的组织者应该是核心企业。对上游供应商的控制可以显著增强受控供应链网络的可控性。建立和增强位于供应链网络同层供应商之间的联系与业务往来可以有效地降低供应链网络全局结构可控所需控制输入数的下限值，可以减少供应链网络控制系统全局可控的最少受控节点企业数，从而增强供应链网络控制系统的可控性。对于较难控制的农产品复杂供应链网络，增加农产品种植主体之间的联系和增大农产品种植主体规模都有利于增加农产品供应链网络控制系统的可控性。

参 考 文 献

[1] 马士华, 林勇. 供应链管理[M]. 北京: 高等教育出版社, 2015.

[2] 刘宝红. 采购与供应链管理: 一个实践者的角度[M]. 北京: 机械工业出版社, 2015.

[3] WATTS D J, STROGATZ S H. Collective dynamics of "small-world" networks[J]. Nature, 1998, 393(6684): 440-442.

[4] BARABÁSI A L, ALBERT R. Emergence of scaling in random networks[J]. Science, 1999, 286(5439): 509-512.

[5] LATORA V, MARCHIORI M. Efficient behavior of small-world networks[J]. Physical review letters, 2001, 87(19): 198701.

[6] GOL'DSHTEIN V, KOGANOV G A, SURDUTOVICH G I. Vulnerability and hierarchy of complex networks[J]. Physics, 2004, arXiv: cond-mat/0409298.

[7] NEWMAN M E J. Assortative mixing in networks[J]. Physical review letters, 2002, 89(20): 208701.

[8] CATANZARO M, CALDARELLI G, PIETRONERO L. Assortative model for social networks[J]. Physical review E statistical nonlinear & soft matter physics, 2004, 70(3 Pt. 2): 037101.

[9] PARK J, NEWMAN M E. Origin of degree correlations in the Internet and other networks[J]. Physical review E, 2003, 68(2): 026112.

[10] BERG J, LÄSSIG M, WAGNER A. Structure and evolution of protein interaction networks: A statistical model for link dynamics and gene duplications[J]. BMC evolutionary biology, 2004, 4(1): 51.

[11] BREDE M, SINHA S. Assortative mixing by degree makes a network more unstable[J]. Physics, 2005, arXiv: cond-mat/0507710.

[12] BERNARDO M D, GAROFALO F, SORRENTINO F. Synchronization of degree correlated physical networks[J]. Physics, 2005, arXiv: cond-mat/0504335.

[13] BERNARDO M D, GAROFALO F, SORRENTINO F. Synchronizability of degree correlated networks[J]. To appear in international journal of bifurcations and chaos, arXiv: cond-mat/0504335 v1.

[14] MADAR N, KALISKY T, COHEN R, et al. Immunization and epidemic dynamics in complex networks[J]. The european physical journal B, 2004, 38(2): 269-276.

[15] ZHOU T, FU Z Q, WANG B H. Epidemic dynamics on complex networks[J]. Progress in natural science: Materials international, 2006, 16(5): 452-457.

[16] FARKAS I J, DERÉNYI I, BARABÁSI A L. Spectra of "real-world" graphs: Beyond the semicircle law[J]. Physical review E statistical nonlinear & soft matter physics, 2001, 64(2 Pt. 2): 026704.

[17]　GOH K I, KAHNG B, KIM D. Spectra and eigenvectors of scale-free networks[J]. Physical review E statistical nonlinear & soft matter physics, 2001, 64(1): 051903.

[18]　赵永毅, 史定华. 复杂网络的特征谱及其应用. 复杂系统与复杂性科学, 2006, 3(1): 1-10.

[19]　FARKAS I, DERÉNYI I, JEONG H, et al. Networks in life: Scaling properties and eigenvalue spectra[J]. Physical a statistical mechanics & its applications, 2002, 314(1): 25-34.

[20]　RAVASZ E, BARABÁSI A L. Hierarchical organization in complex networks[J]. Physical review E statistical nonlinear & soft matter physics, 2003, 67(2): 026112.

[21]　JINLI G. Scale-free networks with self-similarity degree exponents[J]. Chinese physics letters, 2010, 27(27): 038901.

[22]　ANDRADE R F S. Erratum: Apollonian networks: Simultaneously scale-free, small world, euclidean, space filling and with matching graphs[J]. Physical review letters, 2009, 102(7): 079901.

[23]　JUNG S, KIM S, KAHNG B. Geometric fractal growth model for scale-free networks[J]. Physical review E, 2002, 65(5 Pt. 2): 056101.

[24]　ZHANG Z, RONG L, ZHOU S. A general geometric growth model for pseudofractal scale-free web[J]. Physica A statistical mechanics & its applications, 2007, 377(1): 329-339.

[25]　NEWMAN M E J. Spread of epidemic disease on networks[J]. Physical review E, 2002, 66(1): 016128.

[26]　MORENO Y, PASTOR-SATORRAS R, VESPIGNANI A. Epidemic outbreaks in complex heterogeneous networks[J]. The european physical journal B, 2002, 26(4): 521-529.

[27]　SHAW L B, SCHWARTZ I B. Fluctuating epidemics on adaptive networks[J]. Physical review E Statistical nonlin soft matter physical, 2008, 77(6 Pt.2): 066101.

[28]　SHAW L B, SCHWARTZ I B. Enhanced vaccine control of epidemics in adaptive networks[J]. Physical review E statistical nonlinear & soft matter physics, 2010, 81(2): 046120.

[29]　宋玉蓉, 蒋国平, 徐加刚. 一种基于元胞自动机的自适应网络病毒传播模型[J]. 物理学报, 2011, 60(12): 110-119.

[30]　YOO J, LEE J S, KAHNG B. Disease spreading on fitness-rewired complex networks[J]. Physica A statistical mechanics & its applications, 2011, 390(23-24): 4571-4576.

[31]　JOLAD S, LIU W, SCHMITTMANN B, et al. Epidemic spreading on preferred degree adaptive networks[J]. PLOS one, 2012, 7(11): e48686.

[32]　LIU Z, HU B. Epidemic spreading in community networks[C] // 全国复杂动态网络学术论坛, 2005: 315-321.

[33]　WU X, LIU Z. How community structure influences epidemic spread in social networks[J]. Physica A statistical mechanics & its applications, 2008, 387(2): 623-630.

[34]　ZHOU Y Z, LIU Z H, ZHOU J. Periodic wave of epidemic spreading in community networks [J]. Chinese physics letters, 2007, 24(2): 581-584.

[35]　SALATHÉ M, JONES J H. Dynamics and control of diseases in networks with community structure [J]. PLOS computational biology, 2010, 6(4): 387-395.

[36]　KITSAK M, GALLOS L K, HAVLIN S, et al. Identification of influential spreaders in

complex networks[J]. Nature physics, 2010, 6(11): 888-893.

[37] MORENO Y, GÓMEA J B, PACHECO A F. Instability of scale-free networks under node-breaking avalanches[J]. Europhysics letters, 2002, 58(4): 630-636.

[38] MOTTER A E, LAI Y C. Cascade-based attacks on complex networks[J]. Physical review E statistical nonlinear & soft matter physics, 2002, 66(6 Pt. 2): 065102.

[39] MORENO Y, PASTOR-SATORRAS R, et al. Critical load and congestion instabilities in scale-free networks[J]. Europhysics letters, 2003, 62(2): 292-298.

[40] CRUCITTI P, LATORA V, MARCHIORI M. Model for cascading failures in complex networks[J]. Physical review E statistical nonlinear & soft matter physics, 2004, 69(4 Pt. 2): 045104.

[41] WANG X F, XU J. Cascading failures in coupled map lattices[J]. Physical review E statistical nonlinear & soft matter physics, 2004, 70(5 Pt. 2): 056113.

[42] ALBERT R, JEONG H, BARABDSI A L. Error and attack tolerance of complex networks[J]. Nature, 2000, 406(6794): 378-382.

[43] ASH J, NEWTH D. Optimizing complex networks for resilience against cascading failure[J]. Physica A statistical mechanics & its applications, 2007, 380(1): 673-683.

[44] GALLOS L K, COHEN R, ARGYRAKIS P, et al. Stability and topology of scale-free networks under attack and defense strategies[J]. Physical review letters, 2005, 94(18): 188701.

[45] 谭跃进, 吴俊, 邓宏钟. 复杂网络抗毁性研究进展[J]. 上海理工大学学报, 2011, 33(6): 653-669.

[46] WANG X F, CHEN G R. Pinning control of scale-free dynamical networks[J]. Physica A statistical mechanics & its applications, 2002, 310(3-4): 521-531.

[47] LI X, WANG X F, CHEN G R. Pinning a complex dynamical network to its equilibrium[J]. IEEE transactions on circuits and systems I, 2004, 51(10): 2074-2087.

[48] PAREKH N, SINHA S. Controlling spatiotemporal dynamics in excitable systems[J]. SFI working papers, 2000: 006-06-031.

[49] CHEN T P, LIU X, LU W L. Pinning complex network by a single controller[J]. IEEE Transactions on circuits and systems I, 2007, 54(6): 1317-1326.

[50] ZHAN M, GAO J, WU Y, et al. Chaos synchronization in coupled systems by applying pinning control [J]. Physical review E, 2007, 76(3 Pt. 2): 036203.

[51] LIU Z X, CHEN Z Q, YUAN Z Z, Pinning control of weighted general complex dynamic network with time delay[J]. Physica A, 2007, 375(1): 345-354.

[52] XIANG L Y, LIU Z X, CHEN Z Q, et al. Pinning control of complex dynamical networks with general topology[J]. Physica A statistical mechanics & its applications, 2007, 379(1): 298-306.

[53] LU W L. Adaptive dynamic network via neighborhood information: synchronization and Pinning control[J]. Chaos, 2007, 17(2): 23122.

[54] XUAN Q, DU F, DONG H, et al. Structural control of reaction-diffusion networks[J]. Physical review E, 2011, 84(3 Pt. 2): 036101.

[55]   席裕庚. 大系统控制论与复杂网络——探索与思考[J]. 自动化学报, 2013, 39(11): 1758-1768.

[56]   陈关荣. 复杂动态网络环境下控制理论遇到的问题与挑战[J]. 自动化学报, 2013, 39(4): 313-321.

[57]   HELBING D, ARMBRUSTER D, MIKHAILOV A S, et al. Information and material flows in complex networks[J]. Physica A statistical mechanics & its applications, 2006, 363(1): XI-XVIII.

[58]   IVANOV D, SOKOLOV B, DOLGUI A. The ripple effect in supply chains: Trade-off "efficiency-flexibility-resilience" in disruption management[J]. International Journal of production research, 2014, 52(7): 2154-2172.

[59]   MIZGIER K J, WAGNER S M, JÜTTNER M P. Disentangling diversification in supply chain networks [J]. International journal of production economics, 2015, 162: 115-124.

[60]   LAUMANNS M, LEFEBER E. Robust optimal control of material flows in demand-driven supply networks[J]. Physica A statistical mechanics & its applications, 2006, 363(1): 24-31.

[61]   KÜHNERT C, HELBING D, WEST G B. Scaling laws in urban supply networks[J]. Physica A statistical mechanics & its applications, 2006, 363(1): 96-103.

[62]   CHOI T Y, DOOLEY K J, RUNGTUSANATHAM M. Supply networks and complex adaptive systems: Control versus emergence[J]. Journal of operations management, 2001, 19(3): 351-366.

[63]   VENKATASUBRAMANIAN V, KATARE S, PATKAR P R, et al. Spontaneous emergence of complex optimal networks through evolutionary adaptation[J]. Computers & chemical engineering, 2004, 28(9): 1789-1798.

[64]   STRADER T J, LIN F R, SHAW M J. Simulation of order fulfillment in divergent assembly supply chains[J]. Journal of artificial societies & social simulation, 1998, 1(1): 5.

[65]   PATHAK S D, DILTS D M, BISWAS G. On the evolutionary dynamics of supply network topologies[J]. IEEE transactions on engineering management, 2007, 54(4): 662-672.

[66]   PATHAK S D. An investigative framework for studying the growth and evolution of complex supply networks[D]. Nashville: Vanderbilt University, 2005.

[67]   TAN G W. The impact of demand information sharing on supply chain networks[D]. Urbana-Champaign: University of Illinois, 1999.

[68]   LANGDON C S, SIKORA R T. Conceptualizing co-ordination and competition in supply chains as complex adaptive system[J]. Information systems and e-business management, 2006, 4(1): 71-81.

[69]   王丹力, 王宏安, 戴国忠. 供应链管理的复杂性研究[J]. 系统仿真学报, 2002, 14(11): 1439-1442.

[70]   张景涛, 王丹力, 王宏安, 等. 敏捷供应链管理的综合集成研讨厅[J]. 系统工程学报, 2003, 18(6): 515-520.

[71]   张涛, 孙林岩, 孙海虹, 等. 供应链的系统运作模式分析与建模——基于复杂自适应系统范式的研究[J]. 系统工程理论与实践, 2003, 23(11): 8-13.

[72]   周庆, 陈剑. 基于 Swarm 的供应链多主体聚集模型及其仿真[J]. 系统仿真学报, 2004,

16(6): 1308-1313.

[73] 王文利, 白世贞. 基于离散-连续联合建模的供应链混合 Petri 网仿真研究[J]. 科学技术与工程, 2006, 6(15): 2402-2406.

[74] 刘三伢, 王红卫, 孙建华. 供应链中共享信息价值的量化: 基于 Agent 的仿真研究[J]. 系统工程学报, 2004, 19(1): 66-73.

[75] 路应金. 集成供应链管理系统动态演化的复杂性研究[D]. 成都: 电子科技大学, 2004.

[76] 杨南川, 陈宏. 自组织理论在供应链管理中的应用探讨[J]. 现代管理科学, 2005(6): 34-35.

[77] 周健, 李必强. 供应链组织的复杂适应特征及其推论[J]. 运筹与管理, 2004, 13(3): 120-125.

[78] 白世贞, 郑小京. 供应链管理复杂系统三层回声模型的研究[J]. 科学技术与工程, 2006, 6(5): 576-581.

[79] 盛方正, 季建华, 徐行之. 基于极值理论和自组织临界特性的供应链突发事件协调[J]. 系统工程理论与实践, 2009, 29(4): 67-74.

[80] 胡一竑. 基于复杂网络的交通网络复杂性研究[D]. 上海: 复旦大学, 2008.

[81] 胡一竑, 朱冰心. 复杂网络理论在供应链管理中的应用[J]. 物流科技, 2007, 30(9): 100-103.

[82] SUN H J, WU J J. Scale-free characteristics of supply chain distribution networks[J]. Modem physics letters B, 2005, 19(17): 841-850.

[83] 王红卫, 郭敏. 供应链系统复杂性研究[J]. 系统工程理论与实践, 2008, 28(Suppl): 132-141.

[84] HUANG J, XIAO T J. Modeling an evolving complex supply network[J]. Journal of systems science and information, 2007, 5(4): 327-338.

[85] 张怡, 熊杰, 冯春. 基于复杂网络的供应链网络鲁棒性分析[J]. 计算机仿真, 2012, 29(11): 370-373.

[86] 陈晓, 张纪会. 复杂供需网络的局域演化生长模型[J]. 复杂系统与复杂性科学, 2008, 5(1): 54-61.

[87] 郭进利. 供应链型网络中双幂律分布模型[J]. 物理学报, 2006, 55(8): 3916-3921.

[88] 刘小峰, 陈国华. 基于复杂网络的供应链鲁棒性分析[J]. 东南大学学报(自然科学版), 2007(S2): 237-242.

[89] 张昕瑞, 王恒山. 复杂供应链网络结构模型研究[J]. 工业技术经济, 2008, 27(2): 79-81.

[90] 闫妍, 刘晓, 庄新田. 基于复杂网络理论的供应链级联效应检测方法[J]. 上海交通大学学报, 2010, 44(3): 322-325.

[91] 卫良, 李发旭. 动态供需复杂网络演化模型拓扑性质的研究[J]. 计算机应用与软件, 2011, 28(8): 54-56.

[92] 沈小平. 基于自组织的供应链战略协同机制探讨[J]. 系统科学学报, 2011, (4): 42-46.

[93] 王树国, 姚洪兴. 拓扑结构时变的多时滞耦合供应链复杂网络的牵制控制[J]. 江苏大学学报(自然科学版), 2012, 33(2): 239-243.

[94] 柳虹, 周根贵, 傅培华. 分层供应链复杂网络局部演化模型研究[J]. 计算机科学, 2013, 40(2): 270-273.

[95] 严建援, 李凯, 师斌. 供应链建模方法研究综述[J]. 物流技术, 2008, 27(10): 184-189.

[96] 廖巍, 刘勤. 供应链设计与管理[M]. 北京: 中国物资出版社, 2007.

[97] 丁青艳. 复杂网络结构下供应链企业间合作关系研究[D]. 北京: 北京交通大学, 2012.

[98] Cranfield Management School. Supply chain vulnerability[R]. Cranfield University, 2002.

[99] DELOITTE. Supply Chain risk management: Better control of your business environment[R]. Deloitte Touche Tohmatsu, 2004.

[100] TANG C S. Perspectives in supply chain risk management[J]. International journal of production economics, 2006, 103(2): 451-488.

[101] BAILEY M, CLAYTON T. Managing risk in the supply chain[C]. SAPICS 2004 Proceedings, 2004.

[102] 马士华. 供应链系统设计——如何构造与优化供应链[J]. 物流技术, 2003, (5): 44-45.

[103] HARLAND C, BRENCHELEY H, WALKER H. Risk in supply network[J]. Journal of purchasing and supply management, 2003, 9(2): 51-62.

[104] CAVINATO J L. Supply chain logistics risks: From the back room to the board room[J]. International journal of physical distribution & logistics management, 2004, 34(5): 383-387.

[105] AGRAWAL V, SESHADRI S. Risk intermediation in supply chains[J]. IIE transactions, 2000, 32(9): 819-831.

[106] 周勇, 郑丕鄂, 张浩. 供应链中信任影响的博弈分析[J]. 西安电子科技大学学报(社会科学版), 2004, 14(3): 85-89.

[107] 王燕, 邬跃, 魏国辰. 基于 Stackelberg 博弈的供应链信用风险分析[J]. 物流技术, 2008, 27(2): 89-91.

[108] 杨康, 张仲义. 供应链网络风险传播 SIS-RP 模型及仿真[J]. 北京交通大学学报, 2013, 37(3): 122-126.

[109] 赵钢, 杨英宝, 包旭. 供应链网络风险扩散动力学模型及其应用[J]. 系统工程理论与实践, 2015, 35(8): 2014-2024.

[110] 徐翔斌, 李恒. 基于供需能力的供应链网络鲁棒性[J]. 系统工程, 2015, (8): 17-23.

[111] SIMON H A. On the application of servomechanism theory in the study of production-control[J]. Econometrica, 1952, 20(2): 247-268.

[112] VASSIAN H J. Application of discrete variable servo theory to inventory control[J]. Journal of the operations research society of America, 1955, 3(3): 272-282.

[113] TOWILL D R. Dynamic analysis of an inventory and order based production control system[J]. International journal of production research, 1982, 20(6): 671-687.

[114] DEJONCKHEERE J, DISNEY S M, LAMBRECHT M R, et al. Measuring and avoiding the bullwhip effect: A control theoretic approach[J]. European journal of operational research, 2003, 147(3): 567-590.

[115] DISNEY S M, TOWILL D R. On the bullwhip and inventory variance produced by an ordering policy[J]. Omega, 2003, 31(3): 157-167.

[116] JOHN S, NAIM M M, TOWILL D R. Dynamic analysis of a WIP compensated decision support system[J]. International journal of manufacturing system design 1994, 1: 283-297.

[117] CHEN F, DREZNER Z, RYAN J K, et al. Quantifying the bullwhip effect in a simple supply

chain: The impact of forecasting, lead times and information[J]. Management science, 2000, 46(3): 436-443.

[118] RIDDALLS C E, BENNETT S. The stability of supply chains[J]. International journal of production research, 2002, 40(2): 459-475.

[119] KAI H, BRADLEY J R, THONEMANN U W. Analyzing the effect of the inventory policy on order and inventory variability with linear control theory[J]. European journal of operational research, 2007, 176(3): 1620-1642.

[120] OUYANG Y. The effect of information sharing on supply chain stability and the bullwhip effect[J]. European journal of operational research, 2007, 182(3): 1107-1121.

[121] DISNEY S M, TOWILL D R. A discrete transfer function model to determine the dynamic stability of a vendor managed inventory supply chain[J]. International journal of production research, 2002, 40(1): 179-204.

[122] LALWANI C S, DISNEY S M, TOWILL D R. Controllable, observable and stable state space-representations of a generalized order-up-to policy[J]. International journal of production economics, 2006, 101(1): 172-184.

[123] 徐君群. 动态供应链网络的H_∞控制[J]. 管理科学学报, 2012, 15(9): 58-63.

[124] 李翀, 刘思峰. 含时滞的不确定性供应链网络系统牛鞭效应控制策略及其经济性能分析[J]. 控制与决策, 2013, 28(1): 13-19.

[125] 刘会新. 一种简单供应链系统的复杂行为[J]. 计算机集成制造系统, 2007, 13(3): 585-607.

[126] 刘会新, 王红卫, 王正国. 二级链式供应链系统的动态特性分析[J]. 华中科技大学学报, 2005, 33(12): 92-95.

[127] AHARON B T, BOAZ G, SHIMRIT S. Robust multi-echelon multi-period inventory control[J]. European journal of operational research, 2009, 199(3): 922-935.

[128] 程永生. 大系统方法在供应链管理中的应用[J]. 工业工程, 2007, 10(3): 34-37.

[129] 张学龙. 具有时滞特征的动态供应链建模与稳定性分析[J]. 管理工程学报, 2015, 29(4): 95-101.

[130] MOUSAVI S M, BAHREININEJAD A, MUSA S N, et al. A modified particle swarm optimization for solving the integrated location and inventory control problems in a two-echelon supply chain network[J]. Journal of intelligent manufacturing, 2017, 28(Pt. 3): 1-16.

[131] PISHVAEE M S, RAZMI J, TORABI S A. Robust possibilistic programming for socially responsible supply chain network design: A new approach[J]. Fuzzy sets & systems, 2012, 206(6): 1-20.

[132] JABBARZADEH A, FAHIMNIA B, SEURING S. Dynamic supply chain network design for the supply of blood in disasters: A robust model with real world application[J]. Transportation research part E logistics & transportation review, 2014, 70(1): 225-244.

[133] NEWMAN M E J. Assortative mixing in networks[J]. Science, 2002, 296(5569): 910-913.

[134] SHANG M, LU L, ZHANG Y C, et al. Empirical analysis of web-based user-object bipartite networks[J]. EPL, 2009, 90(4): 1303-1324.

[135] ZHOU T, WANG B H, JIN Y D, et al. Modelling collaboration networks based on nonlinear preferential attachment[J]. International journal of modern physics C, 2011, 1840(87): 550-297.

[136] JEONG H, TOMBOR B, ALBERT R, et al. The large-scale organization of metabolic networks[J]. Nature, 2000, 407(6804): 651-654.

[137] WHITE E P, ENQUIST B J, JESSICA L. On estimating the exponent of power-law frequency distributions[J]. Ecology, 2008, 89(4): 905-912.

[138] GOLDSTEIN M L, MORRIS S A, YEN G G. Problems with fitting to the power-law distribution[J]. The european physical journal B, 2004, 41(2): 255-258.

[139] PASTORSATORRAS R, VÁZQUEZ A, VESPIGNANI A. Dynamical and correlation properties of the internet [J]. Physical review letters, 2002, 87(25): 258701.

[140] WATERS C D J. Supply Chain Risk Management : Vulnerability and Resilience in Logistics[M]. London: Kogan Page Ltd, 2007.

[141] 李季芳. 我国生鲜农产品供应链管理思考[J]. 中国流通经济, 2007, 21(1): 17-19.

[142] 申屠步生. 关于欧洲农业产业化经营的考察与启示[J]. 商业经济与管理, 2002, (10): 25-28.

[143] 《农业现代工程读本》编委会. 农业现代工程读本[M]. 南京: 江苏人民出版社, 2013.

[144] 贺昱曜, 闫茂德. 非线性控制理论及应用[M]. 西安: 西安电子科技大学出版社, 2007.

[145] PECORA L M, CARROLL T L. Master stability functions for synchronized coupled systems[J]. Physical review letters, 1998, 80(10): 2109-2112.

[146] HU G, YANG J, LIU W. Instability and controllability of linearly coupled oscillators: Eigenvalue analysis[J]. Physical review E statistical physics plasmas fluids & related interdisciplinary topics, 1998, 58(4): 4440-4453.

[147] LIU Y, SLOTINE J, BARABÁSI A L. Controllability of complex networks[J]. Nature, 2011, 473(7346): 167-173.

[148] KALMAN R E. Mathematical description of linear dynamical systems[J]. Journal of the society for industrial & applied mathematics, 1963, 1(2): 152-192.